梁小民 著

回望商帮

生活·讀書·新知 三联书店

Copyright © 2024 by SDX Joint Publishing Company.
All Rights Reserved.

本作品版权由生活·读书·新知三联书店所有。
未经许可，不得翻印。

图书在版编目（CIP）数据

回望商帮 / 梁小民著. —北京：生活·读书·新知三联书店，2024.6（2024.11 重印）
ISBN 978-7-108-07819-3

Ⅰ.①回⋯ Ⅱ.①梁⋯ Ⅲ.①商业史－研究－中国－明清时代 Ⅳ.① F729.4

中国国家版本馆 CIP 数据核字 (2024) 第 056296 号

责任编辑	李　佳
装帧设计	赵　欣
责任校对	曹忠苓
责任印制	董　欢
出版发行	生活·讀書·新知 三联书店
	（北京市东城区美术馆东街 22 号 100010）
网　　址	www.sdxjpc.com
经　　销	新华书店
印　　刷	北京隆昌伟业印刷有限公司
版　　次	2024 年 6 月北京第 1 版
	2024 年 11 月北京第 2 次印刷
开　　本	635 毫米 × 965 毫米 1/16 印张 21.5
字　　数	260 千字
印　　数	6,001－9,000 册
定　　价	59.00 元

（印装查询：01064002715；邮购查询：01084010542）

目 录

序　言　我与商帮的情结_1

导　言　商帮概论_7
　　　　商帮的含义_7
　　　　国退民进才有商帮_16
　　　　"十大商帮"的说法由何而来_26

第一章　天下第一商帮——晋商_35
　　　　晋商的历史_35
　　　　晋商的制度创新_45
　　　　以"义"为核心的商业伦理观_58
　　　　晋商的官商结合_64
　　　　晋商的群体精神_69

第二章　家族文化与徽商_74
　　　　徽州的家族文化_74
　　　　徽商的历史_79
　　　　徽商的经营_85

徽商经营中的家族文化 _92
　　　徽商的经营理念 _101
　　　徽商在文化上的贡献 _104

第三章　开放的粤商 _111
　　　粤商的历史 _112
　　　十三行的演变 _118
　　　夹缝中的粤商 _125
　　　粤商的涅槃 _136

第四章　持剑经商的闽商 _144
　　　朝贡贸易体制下的闽商 _144
　　　闽商与郑氏武装海商集团 _153
　　　清以后的闽商 _161

第五章　华丽转身的宁波商帮 _168
　　　浙江的经济、商业与文化 _169
　　　商帮形成前的宁波商人 _175
　　　商帮形成后的宁波商人 _181

华丽的转身 _192

转型后的宁波商帮 _204

第六章　遍地龙游成一帮 _213

龙游商帮的历史 _213

龙游商帮的经营地区与行业 _216

龙游商帮的特色 _221

第七章　钻天洞庭小而强 _226

鸦片战争前的洞庭商帮 _226

洞庭商帮的特色 _232

鸦片战争后的洞庭商帮 _242

第八章　活跃于西部的陕商 _252

陕商与盐业 _252

陕商与其他行业 _261

陕商的特色 _268

第九章　人口流动与江右商帮 _277
　　　　江右商帮的形成 _278
　　　　江右商帮的经营 _281
　　　　江右商帮的特色 _293

第十章　儒家文化与鲁商 _297
　　　　鲁商的形成 _297
　　　　明清的鲁商 _303
　　　　鲁商的特色 _311

结束语　对商帮的再认识 _317
　　　　商帮活跃于传统社会 _317
　　　　制度约束下的官商结合 _320
　　　　传统文化与商帮 _325
　　　　商帮的本质 _329

参考书目 _335

序言　我与商帮的情结

我对商帮的兴趣来自读书和我的乡情。

一个人的兴趣，甚至终生事业，有时是小时读书的结果。一位美国青年恐龙专家的书中提到，他对恐龙的兴趣来自小时读的有关恐龙的书。他成年后以研究恐龙为业，且颇有成就，发现了十几种恐龙新品种。一本美国考古学家的书中也讲过，他对考古的兴趣也来自小时读的考古学儿童读物。

我对历史的兴趣也来自幼时读的书，不过，我的事业与成就远不如那位恐龙专家和考古学家。父亲是医生，但喜欢读历史书，家中有不少通俗历史故事书，我就拿来半懂不懂地读，不知不觉爱上了历史。中学时历史老师换了几个，都学问颇高而有"历史问题"：一位毕业于东京帝国大学，是"历史反革命"；一位毕业于南开大学，是"右派"。他们讲课好，我当时也没有"政治头脑"，频频向他们请教，读他们推荐的书。考大学时我想上历史系，没想到阴差阳错进了经济系，不过对历史的兴趣一直未减。我上大学时不仅读了翦伯赞先生主编的《中国通史》、周一良先生主编的《世界通史》，而且对当时讨论的"中国资本主义萌芽"问题颇有兴趣，读了不少相关的文章和文集。学《资本论》时还结合马克思对资本主义起源问题的分析，写了一份学习笔记。毕业后当中学老师，还讲过历史课。考研后，工作以经济学为主了，但我仍读了不少历史学书，也发过一些文章。有些文章收在我的

《在历史与经济之间》一书中。

我是山西太谷人，我上的小学由明代凤山书院演变而来，至今仍然是当地名校。太谷曾经是清代晋商的繁荣之地。20世纪50年代初我在太谷时，晋商已衰落了近五十年，但太谷依然有当年繁荣富庶时的痕迹。一座座深宅大院，正月十五街上各式各样的宫灯，小摊上的各种文物，都显示出"祖上富过"的痕迹。我的同学中也不乏晋商子弟。著名晋商、书法家乔致庸的孙女婿赵铁山的小儿子就在我们班。这些晋商子弟家中的明清家具、名人字画、父辈豪华的葬礼，让我领略了什么叫富贵人家。怪不得连见过大世面的宋霭龄随孔祥熙回太谷时，也为这里的繁华惊叹，称之为"中国的华尔街"。我的中学时代是在太原度过的，离当年晋商的活动中心平遥、祁县、太谷都不远。中学时我还去过乔家大院，不过不是去寻访晋商乔家，而是去拜访志愿军荣军战士。当时乔家大院是荣军疗养院，那时整个社会都遗忘了晋商的辉煌历史。

使我把历史、乡情与晋商联系起来的是历史小说《白银谷》。《白银谷》是山西作家成一先生在十余年研究晋商的基础上写成的，严肃而认真，对晋商衰亡的描述可当作"信史"。小说中写到的晋商天元成票号康家就在太谷，故事也是在太谷展开的。书中多次提到的凤凰山和乌马河是我童年常去玩耍的地方，东大街是我每天上学的必走之路。这一切勾起了我儿时美好的回忆，也引起我对晋商的强烈兴趣，于是我找了有关晋商的学术专著来读。当时让我受益至深的是张正明先生的《晋商兴衰史》、黄鉴晖先生的《明清山西商人研究》、刘建生和刘鹏生先生的《晋商研究》，以及山西经济出版社出的《山西票号史料》。在此基础上写了我第一篇晋商的文章《探求晋商衰败之谜：读〈白银谷〉》。文章在《读书》杂志发表之后，不少朋友都来与我探讨晋商问题。这样，一个晋商问题就把我的经济学专业和对历史的兴趣，以及对儿时家乡的美好回忆融合在一起了。

之后,我就用各种办法收集与晋商相关的书与文章,读这些书,并思考相关问题,在报刊上发表关于商帮与晋商的文章,有些还受到重视。贺三宝先生的博士论文《江右商帮兴衰》中就引用了我的观点与文章。2006年,我在研究与读书的基础上写了《小民话晋商》一书,由北京大学出版社出版,反响不错,著名历史学家雷颐先生还在《中国新闻周刊》上发表了题为"晋商的兴衰"的书评。他认为,这本书在晋商热中是迟来之作,乍看甚至有"凑热闹"之感,"但由于作者是资深经济学家,所以独特的创见与深入的分析却并不少"。2015年,这本书经过修改与补充,以《游山西,话晋商》为名出版。

2002年,我开始为清华大学等二十多所高校的EMBA班讲授"管理经济学"。传统的"管理经济学"内容相当抽象,且多用数学分析。考虑到学生的接受能力,我决定保留基本框架,但用案例来说明理论,尤其是现实的企业案例。这些EMBA学员都是事业有成的企业家,熟悉企业的各种问题。课程的目的还是让他们在理论上有所提升:过去做对了的,现在知道为什么对;过去做错了的,也知道错在什么地方。我举的大量案例中就有晋商。例如,讲激励机制时就以晋商的身股制分析分享制,讲诚信在商业竞争中的作用也以晋商为例。学员们听了后对晋商极有兴趣,让我给他们系统地讲讲晋商。这样我就做了一些讲座,系统介绍晋商。多所高校的EMBA还去了山西平遥等地,让我在实地边参观边讲晋商。

在学习研究晋商的过程中,我深感仅仅研究晋商是不够的。要全面了解中国的商帮,还要研究其他商帮。而且,即使仅仅研究晋商,也必须了解其他商帮,这样才有对比。比如,粤商转型成功了而晋商没有,关键在于开放。这说明开放对经济的重要性。

而且，许多学员也希望我向他们介绍其他商帮。如广东的学员希望了解粤商，浙江的学员希望了解宁波商和龙游商，福建的学员希望了解闽商，陕西的学员还想了解陕商。于是我就去收集其他商帮的书籍、文章及相关资料，去学习研究这些商帮。在此基础上，我在有些学校开设了"中国商帮文化"课，并把研究结果写成文章，发表在《经济观察报》上。这些文章经过修改、补充，形成《走马看商帮》一书，2011年收入上海书店出版社的"海上文库"丛书出版。据说在这一套丛书中，《走马看商帮》是销售最好的。

我一直关注商帮不仅是因为"情结"，还因为研究商帮很有意义。第一，在明清经济史，尤其是商业史中，商帮有重要的地位。从历史学、经济学、政治学和社会学的多个角度研究明清商帮，对认识这段历史极有意义。商帮史中包含经济、政治制度、社会风俗的许多内容，是深化明清史研究所需要的。第二，商帮及他们的活动反映了传统文化。传统文化绝不仅仅是"四书五经"和一些抽象的原则，而是渗透于社会生活的各个方面。了解商帮可以更深刻地理解传统文化。商帮的成功的确有传统文化中的精华在起作用，是这种文化指导了商帮所从事的经商活动，并成为他们商业伦理的基础。但传统文化中的糟粕，尤其是保守和封闭，也成为商帮在清末民初衰亡的根本原因。通过商帮，我们可以认识到传统文化的两面性，从而传承传统文化中优秀的内容，抛弃其糟粕。第三，商帮的商业伦理观、经营策略、企业管理方法等对现代企业来说也并没有过时。尤其对民营企业，可以传承学习的地方有很多。把商帮经营的经验总结出来，对现代企业家也极有意义。改革开放以来，我们更重视学习西方企业的经营管理经验与理论。这当然是重要的，但并不够。中国的企业成长在中国这块大地上，有自己文化、传统的特殊性。商帮正是中国土生土长的企业，既学习西方的经验，又学习历史上的商帮，中国的企业才能在世界上发挥自己独特的作用。

商帮重要，但我们对商帮的研究还远远不够，甚至远不如日本学者。他们对晋商、徽商等商帮的研究令我们汗颜。比如，藤井宏先生作于20世纪50年代的《新安商人的研究》，至今仍是徽商研究中的经典。

其实自从上世纪30年代以来就有陈其田等学者关注并研究商帮，尤其是晋商。1949年后关于"资本主义萌芽问题"的讨论中，历史学家对明清时的商业和商帮的研究中也有许多优秀成果。80年代后，对商帮的研究热起来，也出版了许多有价值的成果。但我觉得还有一些不足。首先是对资料的收集、整理不够充分。历史上"重农轻商"，商业和商人的活动难以进入正史，许多有水平的学者也没有触及这个题目。商帮的资料分散而零落，许多资料在地方志和文人笔记中，可惜我们对这些资料的整理、利用很不充分。其次，研究者还是以历史学家为主体，其他学者，如经济学家、政治学家、社会学家、民俗学家等加入得很少。这样就难以全方位多角度地研究商帮。最后是学术著作有不少，或"大话"或严肃的文艺作品也不少，但供大众读的通俗著作少。这些作品就是类似科普的，既有学术性，又有趣味性的通俗著作。商帮的研究还任重而道远。

我一向重视通俗著作的写作，我写的许多经济学著作都属于这一类。这本《回望商帮》就是这种写法。

以前出的《走马看商帮》也是这种通俗性商帮著作。可惜写得都不长，全书才八万字。许多朋友读了，都说十分爱看，可惜太短了，不过瘾。于是我决定在此基础上再写一本详细点的，这本的内容应该是上一本的四五倍。当然，内容多了，读者朋友是否喜欢，还需检验。

这本书学术性与通俗性兼备：所讲的历史都有所依据，参照了其他学者的研究成果和相关资料；分析则是见仁见智。因为是通俗性读物，为了方便阅读，引文都不加注说明来源。参考书并没有把我读过的相关书与资料都列出，只列了主要的参考资料，读者朋友有兴趣可以阅读。

我的著作一向得到三联书店的关注。从二十多年前的《经济学的开放》，到近期的《经济学夜话》和《书中自有经济学》。在我提出写这本书的设想时，就得到了副总编何奎博士的关注。三联书店的各位编辑认真而负责，尤其我交的都是字写得不好的手写本，他们都耐心地编辑，对这些仅仅说个"谢谢"是不够的。

愿各位朋友关注商帮，喜欢这本书。

导言　商帮概论

进入市场经济的时代，随着全国商业活动的兴旺与繁荣，久违的"商帮"一词又一次流行起来。有关商帮的学术研究著作、小说、影视作品炙手可热。许多历史上有商帮的地方，如山西、广东、浙江、山东等地，新一代企业家都以新晋商、新粤商、新浙商、新鲁商自居，俨然自己就是历史上辉煌过的本地商帮的"转世灵童"。历史上没有形成公认的商帮的地方，如河南、重庆等地，也力图拼凑出一个历史上辉煌过的商帮，以证明"祖上富过"，自己传承有序。看来了解历史上的商帮还是当务之急。本书正是力图还原历史上商帮的真相。

商帮的含义

宽泛地讲，商帮就是某地商人。不过一个地方经商的人多了，力量强了，在一定条件下就形成以地域为中心、以乡情为纽带的互助型自发组织，称为"某商帮"。中国经商的历史悠久。李硕先生在《翦商》一书中证明，建立商朝的商族人正是因热衷于经商而被称为"商族"，但商帮的形成是在明清时期。

中国、日本的历史学家和其他学者早在上世纪二三十年代就注意到明清时的中国商帮。山西财经大学晋商研究院主编的"晋商研究经典文库"（共5册，经济管理出版社，2008年）收入了

20世纪30—40年代中国学者陈其田的《山西票号考略》与卫聚贤的《山西票号史》，以及其他相关论文。60年代，中国人民银行组织当时的山西财经学院（今山西财经大学）整理晋商票号的资料，从事研究，可惜由于政治运动而中断。1990年山西经济出版社出版的《中国票号史料》正是在当时研究的基础上补充、加工而成的。当时参加研究的孔祥毅、黄鉴晖等先生已成为当代晋商研究的大师。中国经济史权威傅衣凌先生对徽商、洞庭商、闽商、陕商都有研究。经济史学家梁嘉彬、梁方仲也研究了粤商。日本学者宫崎市定、斯波义信、藤井宏等都对晋商、徽商有相当深的研究。

什么是商帮？清人徐珂在他编纂的《清稗类钞》中指出："客商之携货远行者，咸以同乡或同业关系，结成团体，俗称客帮。"这本书记载的不少是当时的"八卦新闻"，不过对客帮的记述还是当年普通的看法。这里说的"客帮"就是今天我们所说的商帮。徐珂也抓住了商帮含义的核心：以同乡或同业为纽带结成的团体。

现代学者张海鹏、张海瀛先生在他们主编的《中国十大商帮》中给商帮下了一个被广为接受的定义："商帮是以地域为中心，以血缘、乡谊为纽带，以'相亲相助'为宗旨，以会馆、公所为其在异乡的联络、计议的一种既'亲密'而又松散的自发形成的商人群体。商帮的出现，标志着我国封建商品经济发展到了最后阶段。"应该说，这个定义抓住了商帮的关键要素。

我根据上述学者和其他学者对商帮的论述，给商帮下了这样一个简单的定义：

商帮是明清两代，以地域为纽带形成的一种商业联盟。

对这个定义，需要做以下几点解释。

第一，商帮形成并存在于明清两代，这是商帮在时间上的范围。

中国的商业活动起源极早，仅就有文字资料而言，最少可以追溯至商朝，甚至更早。汉、唐、宋已有发达的商业。宋代虽是中国商业的顶峰时期，但形成商帮是在明代初期。到清亡之后，商业活动仍然在不断发展，繁荣程度超过历史上任何一个时代，但传统意义上的商帮整体上不存在了，或者转换为其他与传统商帮有本质差别的联合形式。商帮是明清两代历史条件下的产物。

商帮为什么只在明清两代出现并存在？

商帮的形成当然与商品经济和商业活动的发达相关。没有发达的商业，不可能形成商帮；但仅有发达的商业也不一定能形成商帮。宋代的商业也相当发达，但并没有形成商帮。世界许多国家历史上商业也相当发达，甚至超过了明清时代的中国，但也没有形成中国这样的商帮。这说明，商帮的形成，除了发达的商业之外，还需要其他特殊的历史条件。这些条件是什么呢？

明清两代是中国历史上疆域广阔的大一统时代。强大的中央政府控制着广阔领土，交通发达且社会基本安定，形成了统一的国内市场。这就为商业发展、商帮形成创造了条件。在此之前北宋时政府控制的地区限于河南、山东、河北与山西部分地区和江南，南宋则偏安江南一隅。发达的商业实际上是在汴京（开封）、临安（杭州）这样的大城市及其周边地区，以及广州、泉州这样的沿海城市。商业活动市场范围有限，限制了全国统一大市场的形成和商业发展，也缺乏商帮形成的条件。

商帮的形成还与明清两代的政治制度密切相关。过去我们习惯于把秦到清称为封建社会，把这种社会的政治制度称为封建制度。许多历史学家已经指出，这是一种误解。中国这个历史时期中的政治制度完全不同于欧洲中世纪的封建制度，也不同于马克思分析的封建制度。我个人觉得，如果没什么更合适的名称，称为中央集权制度更能反映出这种制度的本质特点。从秦开始的中央集权制度,在明清两代达到顶峰。与这种政治制度相适应的意识形态是"表儒里法"的儒家文化。这种制度对商人和商业活动的态度,正是商帮形成的条件。

中央集权制下的社会和任何社会一样,离不开商业活动。在中国传统文化中,各种职业的社会排序是"士农工商",商人的社会地位最低,与印度的贱民一样受到歧视。官员与士人不屑于经商,恐怕也不会经商。尽管政府用"盐铁专卖"来控制当时社会经济生活的"制高点",或者说具有战略意义的行业,但主要的商业活动还要由商人来进行。经商是当时容易大富的行业。专制者离不了商业,但又担心商人大富之后对自己的专制统治形成威胁。"富可敌国"就是富到能与政府对抗的程度。因此,政府就会用各种手段来限制商人的活动和大富,明初的沈万三就是由于富可敌国,被朱元璋迫害致死的。

不让商人富到可以敌国的程度,就要对商人的活动进行各种粗暴的干预。而且在当时的社会里这种干预无章可循,商人的正当活动处处受到限制与挤压。同时,这种体制下,从最上面的皇帝到最下层的官员都用权力来满足自己的私欲,对商人进行盘剥。面对这样的局势,商人要表述并实现自己的合理要求。一个商人的力量是有限的,合理要求往往不会有任何结果。但商人团结起来力量就大了。政府可以忽略一个商人的合理要求,但不能忽视一个商人集团的合理要求。商业不可缺,商人不可无,政府即使从自己统治的利益出发,也不得不重视一个商人集团的合理要求。这样,商人就有必要团结起来,形成一股整体的力量,与政府讨价还价,商帮的形成就有了必要。中国历史上历代政府,包括宋代政府,以及外国历史上的各种政府都对商业和商人进行限制、干预、盘剥,但都没有明清这样严重,所以,商帮就成为明清两代的特殊历史现象。

商帮形成于明清的另一个重要因素是全球经济格局的变化。1492年哥伦布发现新大陆是全球一体化的开端。欧洲国家对中国瓷器、茶叶和丝绸及其他商品的需求，以及中国对国外白银的需求，使中国不得不卷入全球化的进程之中，而且当时中国还成为东亚贸易的中心。中国的传统文化是保守和封闭的，但又不得不卷入全球化。政府不愿与洋人打交道，也不想从事对外贸易活动，这就催生了从事对外贸易的粤商形成。亦盗亦商的闽商则是政府对抗对外贸易与全球化的结果。对外贸易的发展对国内其他商帮的发展也有不同程度的影响。仅仅从国内商业发展来认识商帮是不够的，还必须考虑到当时全球化的背景。这是过去许多人所忽视的。

第二，商帮的形成以地域为纽带。

商帮中有的以省为纽带，如晋商以山西省为纽带，粤商以广东省为纽带，闽商以福建省为纽带。有的以地区为纽带，如徽商以安徽省徽州地区为纽带，宁波商以浙江省宁波地区为纽带。有的以县为纽带，如龙游商以浙江省衢州市的龙游县为纽带。还有的以镇为纽带，如洞庭商以江苏省苏州市吴中区的东山镇和西山镇两个镇为纽带。

应该强调的是，血缘和行业在商帮形成中也起了一定作用，但并不是关键的。血缘关系在形成企业时是关键的，当时的商业企业以有血缘关系的家族企业为主。但一个商帮包括了许多商业企业，这些企业之间并没有什么血缘关系。维系一个商帮的是地域关系而不是血缘关系。一个商帮中相互的信任是以地域为基础，而不是以血缘为基础的。一个商帮也有许多不同行业的商人，不同行业的商人会在商帮之下形成自己的小组织，但仍为一个共同的商帮。如晋商经营许多不同行业，各个行业都可以有自己的组织，但共同在晋商之下。中国商帮主体是以地域为中心组织的，并不像中世纪欧洲各国那样按行业组织。

以地域为纽带既反映了中国文化中对"乡党情"的重视，也反映了在中国文化基础上建立的信任关系并没有突破社会学家弗朗西斯·福山所说的"低层次信任"。明清时代中国社会的流动性相当低，绝大多数人生活在一个有限的区域内。共同生活，朝夕相处，使他们容易互相了解，并拥有许多共同的风俗、爱好与生活习惯。尤其是在方言众多，操不同方言的人甚至难以互相用语言交流的情况下，同乡人相互交流十分方便。这就自然促进了同乡人之间的交流、熟悉，并达到相互了解和信任的程度。甚至过去并不认识的同乡人，说起同样的方言，就有了进一步沟通的基础。这就是"老乡见老乡，两眼泪汪汪"的原因吧。而且同一地区的人，也有共同的利益。更为重要的是，中国人注重人治，以道德为约束，没有一种建立在制度之上的高层次信任，无法建立普遍的社会信任关系，而成功的商业活动是以相互之间的信任为基础。明清两代没有以制度为基础的高层次信任、普遍信任，就只有靠"乡党情"为基础的低层次信任了。这在当时的背景下，这对商业的发展有不可忽视的作用，但也限制了以后商业的更大发展。

第三，以商业活动为中心。

明清时代中国社会是自给自足的农业社会。农业几乎就是全部经济活动，手工业和商业占的比重相当低。但商业的重要性不可忽视。各地的资源条件不一样，比如生活中必不可少的盐就不是各地都能生产的；社会收入差距大，富人消费的奢侈品也只在有限的地方生产；且不同地方不同年份都会遇到不期而至的自然灾害，这就需要在相当大范围内，甚至全国范围内的商品流通。因此任何社会都离不了商业，经济越发达，对商业的需求也越大。同时，在市场不发达的情况下，从事商品化农产品生产和从事手工业的工匠很难自己找到需求市场，这就需要商人从事中介工作，把供求双方连接起来。所以马克思说,在这种传统社会中,商业资本"发生过压倒一切的影响"。当时的商品化农业和手工业都由商人来组织,生产者和消费者并没有直接的联系。商人起到如此重要的中介作用,利润丰厚。这正是商人容易大富的重要原因之一。因此,当时的商人主要从事贸易中介等商业活动。尽管个别商帮的商人也有从事加工业的,如龙游商人从事过开矿、印刷、首饰加工等,晋商中的西裕成也从事过颜料制造,但在各个商帮的活动中,与商业活动相比,这些都可以忽略不计。所以,商帮的商就是商业,而不包括加工、手工业。

在传统社会里,手工业者和商品化农产品的生产者都是独立的,并不受商人直接控制。但他们的产品进入市场靠商人作为中介,他们在资金困难时也需要得到商人的帮助。商人自己并不从事这些生产活动。徽商从事盐业贸易,但并不是盐的生产者。洞庭商从事粮、棉、布等大宗农产品交易,但也并不是这些产品的生产者。商人控制了产品的流通就可以压价收购,剥削生产者。生产者都是个人或小企业,无法对抗。商人还可以提高销售价格,剥削消费者。因此商人可以大富,这也有了"无商不奸""为富不仁"的说法。

在传统社会中商人控制了流通,也间接控制了生产,因此发生过压倒一切的影响。但在现代社会中,产业资本才有这种作用。所以,随着社会由传统社会转型为现代社会,商业资本也必须转变为产业资本,意大利的美第奇家族和日本的三菱、三井家族都完成了这种转型。可惜中国各商帮中,除了宁波商和部分粤商、洞庭商,都没有完成这种转型,所以当中国进入现代社会时,这些商帮整体上都失去了昨日的辉煌。

第四,"帮"就是一个联盟或团体,类似于今天的非政府组织。

根据《现代汉语词典》的解释,"帮"的含义之一是"群;伙;集团(多指为政治或经济目的而结成的)"。例如,刘、关、张三人的桃园结义,形成一个以政治为目的的团伙,就可以称为"三人帮"。商帮就是为商业利益而结成的联盟。经"商",并结为联盟,就是商帮。这种联盟以正式的组织形式出现。可以作为行会或商会,如粤商的十三行行会,徽商在扬州的盐商总会。此外还有设在各地的会馆或公所,如遍及全国的各种名称的晋商山西会馆或山陕会馆。

作为一个正式的组织,内部都有自己的行规,加入这个组织的商人要交纳会费,遵守行规,如若违反,有相应的惩罚措施。当然,加入组织也可以参加活动,享受到各种利益,特别是受到组织的保护和帮助。在正式组织之外,一个商帮的不同商人,甚至没有形成"帮"的地方的商人,也有一些联系,如不同商人家族之间的姻亲关系,不同商人之间"拜把子"结义的关系。

商帮的目的就是通过这种正式的组织关系实现共存共荣。其基本作用是通过一个正式的组织维持各成员的共同利益。对内是规范各个商人的行为,制止一个帮内各商人之间的恶性竞争,并实现互相帮助,协调帮内各成员之间的关系,为本帮商人活动提供各种有利的条件,进行信息沟通,等等。对外则是排除非本帮商人进入竞争,实现自己对某个地区或某个行业的垄断。尤其是与政府沟通,与当地政府建立良好的关系,争取政府对本帮商人商业活动的支持,或代表本帮商人打官司,保护本帮商人的利益。从这些作用看,"帮"就是互相帮助之"帮"。

不少人认为中国的商帮相当于欧洲中世纪的"基尔特"式行会。这是一种误解。商帮和基尔特有共同之处,都是商人联合组织起来,抵制外部竞争,协调内部关系,规范商人行为,保护成员利益的自发组织。但由于欧洲中世纪和中国传统社会历史的本质差别,它们之间存在重大的差异。

首先,由于中国与欧洲城市形成的历史不同,商帮和基尔特的作用也不同。

中国的所有城市无论大小都是各地的政治中心,由政府委派的官员统治。商帮仅仅是一个非政府的群众组织,也要受政府的统治。欧洲一些大城市也是政治中心,但有许多城市是由封建庄园逃出来的手工业者自发组织形成的。这些城市由这些手工业者自己统治和管理。统治者就是这些手工业者自发组成的基尔特。从这种意义上说,基尔特的作用和权力比中国的商帮大得多,也重要得多。

其次,基尔特是按行业组织的,与地域或血缘关系都不大。

这反映了中国与欧洲的文化差异。中国人生于斯,长于斯,长期共同生活在一个地方使他们产生了浓厚的乡土情,也培养了相互之间的感情。有共同的乡土利益,这种强烈而鲜明的乡土意识就成为形成"帮"的基础。欧洲人是从不同的庄园来到一个地方形成城市,他们没有这种乡土情,看重的还是一个行业从业者之间的相互关系和共同利益。这就形成了以行业为纽带的基尔特。

最后,在一个组织内部,基尔特的权力也比商帮大得多。商帮对其成员并没有很多硬性规定,更多的还是协调作用,总体上看它是一个松散的组织。但基尔特不仅包括一个行业的商人,还包括生产者。这就是说,基尔特的控制是从生产到流通的整个生产链。在中国,不加入商帮的商人还可以生存、活动,但在欧洲,不加入行会的手工业者就无法生存。当然,基尔特内的每个成员,无论生产还是经营,仍然是独立的,但基尔特对各个生产者或手工作坊有许多严格的规定,比如学徒制,几年能出师,什么人可以当师傅都由基尔特规定,并严格执行。手工业者进入一个行业须由行会批准。基尔特对每个成员的要求,比商帮多得多,也严格得多。如果说商帮是一个松散的组织，基尔特则是一个相当严密的组织。

各国的商人都有过自己的组织，但各种组织的差别相当大。这与一国的历史传统和其他因素相关。每个组织都是历史的产物。中国明清时的商帮是中国历史上特定条件的特殊产物，从这一点出发，才能更好地理解商帮。

国退民进才有商帮

自秦以来，中国一直实行中央集权制度。在这种制度下，商业的发展与商帮的形成完全取决于政府政策的调整。所以，**国退民进才有商业的发达，才有商帮的形成。**

在中国传统社会中，政治制度与意识形态的结合形成了中国商业的三个基本特点。一是始终不变的重农抑商政策，对商人和商业活动实行系统的制度化歧视，使商业的发展受到不同程度的限制。二是关系国计民生且利润高的行业由政府实行直接控制，这就是实行了两千多年的"盐铁专卖"制度。春秋时期齐国的管仲实行的盐铁专卖，到西汉汉武帝时成为一种代代相承的制度。"专卖"就是政府直接控制这两种最重要商品的经营，或由政府直接经营，或由政府授权给私人垄断经营。三是对商业活动的限制并没有具体的法律条文，完全由统治者决定。这也是传统社会人治的特点。

但一个社会无论各家各地自给自足的程度有多高，商品交换和商业活动都是不可或缺的，是经济本身的内在需求，因此没有一个社会能消灭商业活动。任何专制政府或出于社会稳定的需求，或出于统治者自身消费的需求，或出于增加政府财政收入或个人敛财的需求，都会允许商业的发展。而且由于商业政策完全由统治者自己决定，不同时期的统治者，或出于巩固自己统治地位的需求，或出于形势逼迫的无奈，或由于皇帝和官员个人好恶，会调整甚至改变限制商业活动的政策，许多时候也会放松对商业的管制。另一方面，专卖的制度不变，但专卖的形式会变。专卖可以由政府直接经营，但政府自己并不善于经营，而且让官员直接经商又有损政府形象，所以政府往往授权私人进行经营，自己利用放权收取高额回报。商业政策的放松，或把垄断经营权交给私人就是我们所说的"国退"，这种"国退"引起私人企业的进入就是"民进"。"国退民进"促进了商业的发展，也为商帮的形成创造了机会。这正是商帮形成的背景。

晋商、陕商和徽商进入盐业贸易，并形成商帮，正是这种"国退民进"的结果，是明初政府盐业专卖制度实行"开中制"及以后这种制度变化的结果。

"开中制"并不是明代的首创。早在北宋雍熙三年（986年），政府已经开始实施开中法。开中法就是商人把粮草等军需物资运送到边防地区换取盐引，然后可凭盐引到指定盐场领盐，并运到指定地区销售。北宋庆历八年（1048年）又改为用钱换盐引的"钞盐法"。宋灭亡之后，这种制度也不存在了。

明初朱元璋又实行"开中制"，实际上是形势所逼的无奈之举。明朝建立之后，退居漠北的蒙元残余势力经常南下入侵，成为明政府严重的边患。明太祖朱元璋四次远征，都未能根除蒙元的威胁。于是不得不加修长城，并在东起鸭绿江，西到嘉峪关的沿线，相继设立了辽东、宣府、蓟州、大同、山西、延绥、宁夏、固原、甘肃九个边防重镇，史称"九边"。"九边"常驻军队80万左右，战马30万匹左右。为了解决边防的物资保证，朱元璋实行历史上常用的"屯田"制度，由政府划拨空闲荒地，配给耕牛、农具、种子，由士兵进行垦殖。一般每个士兵授田10亩，三成时间用于防御,七成时间用于屯田,以实现"养兵而不病农"。但这些地区天寒地冻,屯田生产的粮草仅够日常所需的十分之一左右。政府只好命令北部各省将粮草运往边关,但路途艰辛,成本高昂,加之刚刚经历了战争,人民苦不堪言。

明洪武三年(1370年),山西省行省参议员(亦是朱元璋的朋友)杨宪上书,建议实行北宋时已出现过的让商人纳粮换盐引的"开中法"。朱元璋接受了这个建议,开始实行"开中制"。"开中制"一直实施到明弘治五年(1492年),其间从明洪武三年到洪熙六年(1430年)的五十多年中最为兴盛。开始是纳粮换盐引,以后扩大到纳纱、纳铁、纳金、纳银、纳麦、纳豆、纳马、纳茶、纳绢、纳布、纳谷草等十二种东西。盐引几乎成了北部边防地区交换一切商品的"硬通货"。

最早直接从"开中制"中获益的首先是山西商人。他们有三点其他商人不具备的优势。一是离边关重镇大同、山西近,有地理上的优势。二是他们早就有从事粮食贸易的传统。尤其是晋南一带地质条件适于挖窑洞,这些窑洞防水、防潮、防虫害,是储粮最好的地方。这就为他们从事粮食贸易创造了条件。当时他们基本垄断了北方的粮食贸易。三是当时运城的盐地早就是北方最重要的产盐基地。山西商人利用近水楼台之便,早已从事盐业走私。即使在最严厉的专卖时期也从事走私贩盐的活动。因为有经营盐业的经验,山西商人抓住了实行"开中制"的时机,进入盐业贸易,并形成晋商。与晋商同时利用"开中制"形成商帮的还有陕西商人的陕帮。十大商帮中最早的两个商帮——晋商和陕商——都是在盐业中"国退民进"的"开中制"实施后形成的。

"开中制"在实施过程中也出现了许多问题,如商人行贿,弄虚作假,以次充好;官员介入营私舞弊等。更重要的是,明中期北部边防的军需问题已经基本解决,政府更迫切的需要是增加财政收入。明弘治五年（1492年），在户部尚书叶淇主持下，由在边防重地纳粮换盐引改为在内地纳银换盐引，这种政策称为"折色制"。

盐业政策由"开中制"改变为"折色制"之后，盐商分为"边商"与"内商"。"边商"指仍在北部边疆纳粮换盐引的盐商，"内商"指在内地纳银换盐引的盐商。"边商"利用地理优势对盐业的控制消失了，一天天衰落下去。"内商"控制着两淮地区的主要盐场，资金雄厚，发展迅速，成为盐业贸易的主导。同时，扬州由于临近两淮盐场，交通便利，成为全国盐业贸易的中心。

也正是在"折色制"实行之后，徽商迅速发展，成为一个重要的商帮。当时集中在扬州的盐商来自各地，仍然从事盐业的晋商、陕商也移居扬州，但扬州盐商的主体是徽商。控制扬州盐业的盐商总会基本由徽州人担任总商。当时在扬州的盐商们自发地形成了自己的行帮。这些行帮就是商帮的雏形，当时称为"纲"。清雍正时的《长芦盐法志》中记载："明初，分商之纲领者五：曰浙直之纲，曰宣大之纲，曰泽潞之纲，曰平阳之纲，曰蒲州之纲。"这五个"纲"之中，除"浙直之纲"外，均为山西商人之纲。"折色制"之后，这些"纲"都衰落了，兴起的是徽州纲，而且唯徽州纲最大。

在"开中制"和"折色制"下，纳粮或纳银换盐引无须什么资格，没有任何限制，只要有粮有银就可以。而且，为了防止官员从这些政策中腐败获利，政府还规定，禁止监临盐业的官员、权势之家和公、侯、伯及四品以上文武百官及家人、奴仆从事盐业贸易。但早在明宣德、正统年间，这些规定就成了一纸空文。到明成化年间，原来被禁的官僚显贵直接奏请皇帝取得巨额盐引，然后转售给商人谋取暴利，或由其家人直接从事盐业贸易。这时盐引本身就是钱。这就刺激政府和官员滥发盐引，使所发的盐引大大超过实际的盐产量。到明代中后期，已经纳银但尚未支盐的盐引约为200万引，以每引200斤盐计，共4亿斤。

为了疏清旧引，政府把持有盐引的商人分为十纲，并以"圣、德、超、千、右、皇、凤、扇、九、围"命名。每纲的盐引为20万，每年对其中一纲的旧引支盐，对其他九纲的新引支盐，用10年时间把旧引清完。政府还按纲编造纲册，登记入纲商人姓名及持有的旧引数量，未入纲者不能从事盐业贸易。这种制度称为"纲盐制"，从明万历四十五年（1617年）开始实施。

这种记有入纲盐商名字的纲册称为"纲本"或"窝本"。进入纲册的盐商领有纲本，纲册上无名，没有纲本者没有资格纳银换盐引，不能进入盐业贸易。谁能进入纲本尽管也有种种规定，实际上完全由官员说了算。能进入纲本者都是资本雄厚且有官场背景的大盐商。"纲盐制"形成了盐业贸易中的垄断。因为谁能进入纲本由政府说了算，这时盐业贸易就是政府授权的私人垄断。这也是盐业贸易中官商勾结、贪污腐败最为严重的根本原因。这种垄断为盐商带来巨额垄断利润，因此当时社会上有"金窝银窝不如引窝"之说。徽商凭借资本实力和官场背景进入"纲本"者最多。他们垄断了盐业贸易，极为富裕。因此，"纲盐制"实施之后是徽商最辉煌时期。

"纲盐制"下盐价之高引起群众不满，同时"纲盐制"下的官场腐败也使政府头痛。清道光十二年（1832年），当时户部尚书陶澍的主持把"纲盐制"改为了任何人都可以纳银换盐引的"票盐制"。徽商在盐业中的垄断地位被打破了，徽商整体上衰亡了。徽商的存在是从明中期"开中制"改为"折色制"开始，到"纲盐制"时最为辉煌，在清中期"票盐制"实施后衰亡。所以有"徽商辉煌三百年"之说。这说明徽商的兴衰完全由政府的盐业政策决定。

"折色制"之后,晋商尽管有少数盐商迁到扬州,但总体上成为衰落的"边商",晋商总体上已无法从事盐业贸易。但这时政策的变化又给了晋商新的商机。这种政策变化就是"隆庆开关"。晋商抓住这个时机,又一次创造了辉煌。

自古以来,山西商人就与北部少数民族之间存在时断时续、时高时低的贸易关系。他们用内地产的铁器、茶叶、布等物品交换少数民族的马匹、牛羊及皮毛。明代初期,政府与蒙古等少数民族处于对立状态,政府实行"禁运",这种贸易处于走私状态,风险极大。

在明隆庆四年(1570年),这种状态出现了转机。当时,蒙古俺答汗之孙把那汉吉由于蒙古人上层的内部矛盾宣布弃蒙降明,并提出开放边界贸易的要求。当时的宣大总督王崇古提出了"封俺答、定朝贡、通互市"的"朝贡八议"。这个建议当时在朝廷争议极大,但在内阁权臣高拱、张居正的支持下通过。从明隆庆五年(1571年)到万历十五年(1587年),先在长城沿线宣府的张家口,大同的守口堡、得胜堡、新平堡,山西的水泉营等地开设马市十三处,史称"隆庆开关"。这就拉开了山西商人与北部少数民族(不仅有蒙古族,还有女真人等)大规模贸易的大幕。晋商抓住这个机会进入与少数民族的多元化贸易,并以其替代盐业,发展为晋商当时的主业。政策的变化又一次给了晋商发展的机会。

粤商的形成与发展也直接与政策的变化相关。广州很早就是中国对外贸易的四大港口之一。这四大港口是广州、泉州、宁波、云台山(今江苏连云港),其中广州最为重要。广东商人早就有从事对外贸易的传统,但作为一个商帮,粤商的形成是在清初,而且完全是受益于政府闭关锁国的对外贸易政策。

清政府实行严厉的海禁政策,视洋人为未开化的"夷",不与其打交道。但哥伦布发现新大陆之后,全球经济一体化开始了,中国也被迫卷入其中，还成为东亚国际贸易的中心。欧洲需要中国的茶叶、瓷器、丝绸等产品，中国也需要欧洲来自美洲的白银，统治者和达官显贵也需要欧洲的奢侈品及各种珍奇异宝，如钟表等。而且，外贸也能给政府带来财政收入。但政府不愿与洋人打交道，不愿也无能力从事对外贸易，就把对外贸易权给了擅长对外贸易的粤商。粤商代表政府与洋人交往、贸易，成为政府与洋人的中间人，这给了粤商发展的机会。

早在明代就有与洋人打交道、进行贸易的牙商，这些牙商也形成了行商。清康熙二十五年（1686年），广东省招了十三家较有实力的行商，指定他们代表皇帝接受外国人的贡品，进行"朝贡贸易"体制下的对外贸易，代征关税，代为约束洋人，并作为政府与洋人打交道的中介。这十三家行商就称为"十三行"。十三行的出现是粤商作为一个商帮形成的标志。十三行就是从事对外贸易的粤商的行会。显然后来的行商不一定是十三家，在发展过程中有退出的，也有新进的。因此有时多于十三家，有时少于十三家，但一直沿用"十三行"的名称。

清乾隆二十二年（1757年），乾隆皇帝决定关闭泉州、宁波、云台山三个对外贸易港，只保留广州作为唯一的对外贸易港口，这就形成"东西南北中，一齐到广东"的局面。粤商垄断了对外贸易，得到迅速发展。他们也利用这种垄断地位成为当时中国最富有的商人。2000年，美国《华尔街日报》评出千年五十名最有钱的人，中国有六人上榜，但商人只有一个，就是曾任十三行行首的粤商伍秉鉴。这种垄断权力是政府给的，政府当然要从他们身上敛财，粤商成为"天子南库"，受尽政府勒索。政府把对外贸易的垄断权交给粤商也是一种"国退民进"的形式。正因为国家退出了对外贸易，粤商才能进去，乾隆皇帝的一口通商政策又使他们大富。鸦片战争之后，五口通商打破了粤商的对外贸易垄断地位,粤商作为一个商帮整体上衰亡了。

闽商的形成也与政府的政策直接相关。不过不是"国退民进"的政策,而是海禁的政策。但不是海禁政策给了闽商形成与发展的机遇,而是海禁政策逼他们成为"持剑经商"的海商兼海盗集团式的商帮。这在十大商帮中是颇为独特的。

福建闽南、广东潮汕一带沿海山多地少,百姓主要靠到海上打鱼或贸易为生。但明初实行极为严厉的海禁政策。他们无以为生,只好走上与政府对抗的海盗之路。同时,地理大发现之后,欧洲许多国家的海盗也来中国海上活动,政府不保护人民,人民不得不与外国海盗斗。当时闽南、潮汕以及浙江沿海一带,海盗极多,也形成不少海盗集团。如来自安徽歙县的王直、许栋集团,来自广东潮州澄海的林道乾集团,来自潮州镇平的林凤集团,以及来自闽南泉州的郑芝龙集团等。王直、林道乾、林凤等先后被消灭,最后成为亦盗亦商的闽商的是郑芝龙、郑成功父子的海商兼海盗集团。

郑芝龙集团是被政府的海禁政策逼出来的,但它在发展中利用了政府的政策做大做强。当时政府无力消灭中国与外国的海盗,猖狂的海盗活动给沿海带来严重的社会动乱,于是就对某些海盗实行"招安",以盗治盗。郑芝龙利用"招安"的政策,成为明朝的"南海长城",同时以政府的名义,借助政府的军事力量消灭了当时的其他海盗,成为称霸南海的海盗集团。清人入关后郑芝龙投降清政府,后被政府所杀。他的儿子郑成功领导了这个海商兼海盗集团,与南明合作反清,失败后收复了台湾。康熙皇帝收复台湾后,闽商作为亦盗亦商的商帮终结了。由此可见,闽商的形成与发展也与政府的政策相关,既是被海禁政策所逼,也是利用了招安政策。如果没有这些政策,他们完全可以成为另一个对外贸易集团的商帮。

在明清的十大商帮中,最重要的晋商、徽商、粤商、闽商都与政府对商业的政策密切相关。

任何社会,无论专制的力量多强大,总会存在许多与民生相关,但对整个经济无足轻重而又利润甚低的商业,如粮食、棉布之类生活必需品的贸易。这些商业一般规模都不大,也难以产生沈万三、伍秉鉴这样的大富翁。政府对它们一般并不关注,任其自生自灭。它们的存在与发展与政府的商业政策关系也不大。但在这些商业活动中,也出现了商帮。

从小商业活动中成长起来的商帮,最重要的是宁波商。在历史上宁波早就有活跃的商业,宁波历史上称过"鄞",从这个字就可以看出,它的商业历史之长。他们靠海,一直从事运输海产品、零售贸易、医药等与老百姓生活密切相关的各种商业活动。这些商业以小商人为主,资本不大,利润也不高。他们与政府也没有关系,并不依赖政府政策的支持,不受政府政策的限制,也不必官商勾结,故有"草根商人"之称。他们在乾隆年间才成为一个商帮,但真正辉煌是在鸦片战争之后。鸦片战争之后,中国社会进入转型期,宁波商人抓住时机转型成功,由传统社会的商业资本转变为现代社会的产业资本,成为近代史上举足轻重的商帮。他们能做大还在于机遇。与宁波商类似的还有洞庭商、陕商、江右商、鲁商、龙游商这五个商帮,洞庭商中还有转型成功,在鸦片战争后做大者,但陕商、江右商、鲁商、龙游商作为商帮则在鸦片战争后转型时期整体上就烟消云散了。

从商帮的起源看,有三个问题对理解中国商业的发展和商帮的形成极为重要。

第一,中国自秦以来就是一个大一统的国家,不仅在领土上是统一的,在文化上也是统一的。即使在分裂的时代,如魏晋南北朝和五代十国时期,人心是向往大一统的,文化始终是一致的。

甚至少数民族建立的王朝，无论是北魏、元或清，它们在地域上仍然是大一统的中国，文化上一直延续中国传统文化，少数民族在文化上，甚至种族上完全融入了中国的主体民族汉族。这种大一统不仅保证了中国文化与历史的延续性，而且也有利于商业的发展。大一统为商业提供了广阔的市场，文化则为商业的发展提供了伦理道德的基础。中国的商帮正是在这个基础上形成的。

第二，从秦到清，中国一直是中央集权的专制制度。这种制度对中国商业和商帮的影响是深远的。首先是这种制度和与之适应的传统文化限制了商业的发展。重农轻商的制度和文化是中国商业发展最大的障碍。这也影响了总体经济的发展与转型。从明代起，中国经济总体处于停滞状态，尽管国人多为乾隆时期中国GDP占世界三分之一而骄傲，但实际上人均GDP并不高，且始终处于停滞状态。其次是这种制度下政府政策决定了商业的发展，就使中国商业走上"官商结合"的歧路。在各个商帮中，只要是能做大的，都靠与政府的勾结获得的垄断权力。最后是这种制度下的传统文化中有顽固的保守与封闭传统。应该说中国文化中优秀的成分，如诚信等，对中国商业和商帮的成功起到了重要作用，但它的保守与封闭也严重阻碍了中国商业与商帮的发展。这一点笔者会在最后进行较详细的分析。

第三，从秦到清，中国一直是一个高度自给自足的自然经济社会。商业一直处于附属地位，处于边缘。这也是重农轻商可以实现的原因。与欧洲许多国家相比，中国商业发达的程度相对较低，这对经济的整体发展不利，也使向现代社会转型极为艰难。从这个角度去理解商帮的意义更有启发。

把商帮放在中国历史的大背景中，放在明清两代的特殊时期中，放在与其他各国比较的角度，我们对商帮的理解才会更深刻，也才能从商帮的历史中去理解中国社会的诸多问题。

"十大商帮"的说法由何而来

现在普遍承认，中国明清时代出现过十大商帮。这就是晋商、徽商、粤商、闽商、宁波商、龙游商、洞庭商、陕商、江右商和鲁商。但这十大商帮是谁确定并命名的呢？

中国的文化传统是轻商的，传统社会的历史学家并没有把商业作为一个主题来研究，更不用说商帮了。在官方的正史，例如"二十五史"中，只有包括那个时代经济状况的"食货志"。"食货志"中的内容涉及那个时代的商业活动和商人，但是不够详细具体。没有独立的商业与商人的专篇。据我所知只有晋商范毓馪进入了《清史稿》，有独立的传记。但他并不是由于经商活动而进入，是由于他在康熙皇帝平定准噶尔叛乱时运送军粮有功而有传记的。

各地县志中关于当地商人和商业活动的记载要详细得多，但都是作为当地风土人情和当地名人记录下来的，并没有专门的研究。即使在出过商帮的地方，地方志也没有把本地商人作为一个商帮来记载，甚至没有出现过商帮的名称。这些记载为商帮研究提供了丰富的资料，但并不是对商帮的系统研究。

笔记小品之类文人的作品广收当时的各种传闻或"八卦新闻"，如明人谢肇淛的《五杂俎》、清人徐珂的《清稗类钞》中，也有不少关于商人和商业活动的记载。明代小说"三言""二拍"中有许多关于商人和商业活动的小说，虽然是"小说家言"，但也反映了当年商业活动与商人的状况，还有"钻天洞庭遍地徽"这样关于洞庭商与徽商的说法。不过这些仅仅是关于中国商业和商人的零星资料，谈不上商业、商人和商帮的研究，也没有"十大商帮"的说法。

20世纪之后,中外学者都重视了对中国历史上商业和商人的研究,也出现了一些专门研究某个商帮的专著或论文。日本学者相当关注对商帮的研究,他们对晋商、徽商的研究都成果颇丰,但并没有提出"十大商帮"的概念。民国时期,国内学者对晋商、徽商、粤商都有许多出色的研究,有些已成经典,如广东学者梁嘉彬先生作为十三行中梁氏天宝行的后人所写的《广东十三行考》,至今仍是研究粤商十三行的权威之作。不过当时也还没有十大商帮之说。

80年代之后,学术研究活跃,不少学者开始关注并研究商帮,整理出许多资料,也有许多相当有水平的论文和专著发表。在我读过的书中,黄山出版社出版的张海鹏、张海瀛两位学者主编的《中国十大商帮》中提出了十大商帮的说法。在该书的"前言"中,主编者指出,对商帮的研究不仅需要"对某个商帮进一步深入研究",而且需要"进而开展对整个商帮的全面研究"。基于这种认识,"在中国商业史学会1987年第二届年会之后,学会会长吴慧教授、中国人民大学李华教授积极倡议、支持编写一本明清商帮的历史"。于是在次年第三届年会上,与会同志经过协商、讨论,最后决定"撰写较有影响的十个商帮"。这就有了1993年的《中国十大商帮》这本书。

由此看来,十大商帮的说法不是哪个学者提出的,而是研究中国商业史的众多专家讨论、协商的产物,是学者共同的看法。这种说法以后被大家接受,有了不少关于十大商帮的著作,中国十大商帮成为学界的一种共识。

但对十大商帮的说法,要注意几个问题。

首先,**商帮史并不等于商业史,而仅仅是商业史研究中的一个专题**。仅就明清而言,商帮史也不是明清商业史的全部。

张海鹏、张海瀛教授指出:"在明代之前,我国商人的经商活动,多是单个的、分散的,是'人自为战',没有出现具有特色的商人群体,也即是'有商'而无'帮'。"这就是说,明代之前并无商帮,但有相当发达的商业活动。明代之后,商帮出现,但不属于任何一个商帮而独立活动的商人仍大有人在,且其商业活动极为重要。如清末著名的商人胡雪岩,浙江人称之为"浙商",安徽人称之为"徽商"。在我看来,胡雪岩哪个商帮都不是,他就是一个独立的商人,并没有与任何商人结为严格意义上的商帮。先说他不是"浙商"。十大商帮中并没有浙商之说,传统上浙商包括宁波商和龙游商,这两个商帮是完全不同的,不能归结为一个浙商。浙江的南浔商也相当有影响,尽管由于它产生于清末民初,没有被列为十大商帮之一,但称它为一个商帮也未尝不可。胡雪岩尽管在湖州从事过生丝贸易,与南浔商帮的业务有共同之处,而且与南浔商帮中的一些商人也有贸易来往,但他不是南浔人,且以后的许多商业活动也与南浔商帮无关,不能算入南浔商帮之中。至于金华一带的小商帮与胡雪岩就更无关系了。尽管胡雪岩是徽州人,但他很早就离开了徽州,且一生的商业活动与徽商没什么关系,更别说当胡雪岩经商时,作为一个商帮徽商整体上已经不存在了,他的经商活动与徽商在整体消亡后的其他商业活动也无关。仅凭祖籍而把某人拉入自己的商帮,恐怕是不严肃的。浙江人把胡雪岩拉入浙商,徽州人把胡雪岩拉入徽商,其实都是"拉大旗,作虎皮",作为一种宣传或艺术未尝不可,作为严肃的历史,是不行的。还有许多地方也有巨商,但并未形成商帮。如河南巨商康氏,号称"康百万",从事商业颇有成就,但并没有形成以他为中心的"豫商"。所以,不能认为"有商必有帮,凡商人必属一帮"。

其次,"十大商帮"仅仅是一种说法,并没有包括明清时代的所有商帮。比如湖州南浔商帮。湖州是丝绸产地。无论陆上丝绸之路,还是海上丝绸之路,丝绸主要来自湖州,湖州才是丝绸之路的真正起点。自唐末宋初时,这里的商人就在太湖流域活动,通过水路把丝绸外运。明清以后活跃于苏、杭、松江一带,在清末民初又进入上海。在宋代,湖州的丝绸业已走向专业化。蚕桑为业"育蚕有致数百箔,兼工机织者不在少数"。到明代,蚕桑之利莫甚于湖,已有"湖丝遍天下"之说。湖州丝绸品种繁多,有些还是历代皇帝龙袍的专用料。到清末民初,湖州又是最大的生丝出口基地。在1874年,生丝出口已占上海出口总量的63.3%。1915年,在巴拿马国际博览会上,生丝与茅台酒一同获金奖。南浔商人正是经营生丝出口的商人。他们的财富折算总资产计六千万至八千万两白银,相当于清政府一年的财政收入。其中佼佼者称为"四象、八牛、七十二狗"——家产五百万以上者为"象",其中刘家达两千万,其他"三象"是张家、庞家和顾家;家产一百万以上者为"牛",家产十万以上者为"狗"。民国后南浔商人进入上海,除生丝出口外,还投资于房地产、当铺、银行、信托、运输等行业。南浔一些商人还进入了政治领域。"四象"之一张家的张静江投身孙中山先生领导的辛亥革命,被称为同盟会的"财政部长"。辛亥革命后张静江曾出任浙江省政府主席,为国民党元老。他们与民国政府的许多重要人物如陈果夫、陈立夫、朱家骅等关系密切,在上海有政商聚会的公所。刘家的刘承干以藏书知名,他所建的嘉业堂为江南著名藏书楼之一。以南浔商帮的实力和影响看,超过十大商帮中的龙游商、鲁商、江右商,甚至陕商。南浔商帮对研究中国对外贸易史、辛亥革命史和民国史都极为重要,应该深入研究。

不少学者还提出"潮汕商帮"的概念,认为潮汕地区有自己特殊的商业传统和贡献。他们最早与闽商一样是亦盗亦商,但以后不为盗只经商,且在对外经济关系中起了重要作用。对潮汕商的认识现在还很少,只知道李嘉诚等著名的当代潮汕商人,而缺乏对早期潮汕商人的认识。

最后，十大商帮也并非一致公认的说法。许多书介绍商帮并不以十大商帮为限。如陕西人民出版社 2008 年出版的"大话中国十大商帮"书系中，包括了陕商、晋商、徽商、粤商、浙商、宁波商、怀庆商、潮商、闽商和苏商。所介绍的各商帮的构成也与《中国十大商帮》不同，如苏商中包括了洞庭商，但并不只是洞庭商，还包括了从沈万三以来江苏的其他商人。寿乐英主编、中华工商联合出版社 2008 年出版的"中国商人谋略坊"丛书也包括了十个商帮，为京商、晋商、徽商、沪商、川商、津商、苏商、浙商、粤商和汉商，与"十大商帮"的差别更大。这些看法是把某省的商人都作为一个商帮，而不是严格意义上"帮"的含义。

在我们所说的十大商帮中，有些能否作为一个严格意义上的帮仍然有争议。如江右商帮包括的在江西从商的许多小商人，有在景德镇从事瓷器交易的，有在樟树、建昌从事药材加工、贸易的，有在南昌从事建筑业的，他们如何成为一个商帮？再如山东的鲁商，有在沿海从事贸易的，也有在济南从事商业的，他们的联系何在？从现有的资料和研究还看不出。

尽管"十大商帮"的说法是否科学、严格，还有许多争议与不同看法，对商帮资料收集和研究也不足以做出结论，但我认为，以"十大商帮"为线索，研究明清时中国商业和商人的状况，说明中国传统社会商业的特点，分析政治制度和传统文化与商业的关系，都是有益的。因此，本书中采用了"十大商帮"的说法。

通过十大商帮来认识明清的商业和商人，首先要说明，当时各地都有发达程度不同的商业，为什么有些地方出现了商帮，而有些地方没有？或者说，形成商帮的条件是什么？

从各个商帮的历史来看，一个地方要形成商帮应该具备几个必不可少的条件。

第一，本地有悠久的经商传统，且有相当发达的商业。商帮是明以后出现的，但出现过商帮的地方，在此之前一般已有相当悠久的经商历史和发达的商业。这就是说，只有"商"发达到一定程度，才有"帮"的出现。这种商业的发达包括商业活动发达而且范围广泛，还有一批相当成功的商人，也形成了自己的商业传统与特点。这种商业发达在某种程度上是对传统"重农轻商"观念的反拨。

第二，有一批积累了大量资本和经商经验的巨商出现，他们已成为本地商人中的中坚力量，在当地商人中有相当强的组织号召能力。正是在他们的努力下商帮才得以形成。

第三，在长期经商过程中，从本地文化和历史特点出发形成了自己在经商制度、业务活动范围、文化等方面的特点，这使他们有别于其他地方的商人。一群没有独特性的商人是难以形成自己的商帮的。

第四，许多各自为战的商人出于经营、竞争和其他需求，认识到以地域为中心联合起来的必要性。当组成商帮成为一个地方商人的共同需求时，商帮就应运而生了。

第五，在历史上他们的经商活动在某个地区、全国，甚至全世界产生过重大影响。他们不仅影响了当时全国的商业发展，而且所留下的宝贵传统与文化至今仍有影响。他们留下了自己的历史遗迹，这些均被后人所重视。

第六，建立了自己的正式组织，并有固定的议事和活动的场所。[1]

不同商帮的商人都在中国明清时代经商，都是中央集权专制

---

[1] 我在《商帮产生于明代》中提出了形成商帮的五个条件。贺三宝先生写关于江右商帮兴衰的博士论文时曾就此请教章文焕教授，章教授肯定了这五个条件，并建议加上第六条。这里加上，并感谢贺三宝先生与章文焕教授。

制度下的商人，是传统自给自足社会中的商人，也是深受中国传统文化熏陶的商人。这样，他们必然有某些共性。这些共性中有三点值得注意。

首先，他们都是在专制制度下经商。在这种制度下，政府控制了一切资源，甚至个人的生死。所以要想把企业做大做强，必须走官商结合这样一条路，这也是自古经商的唯一一条路。做一个小商小贩，可以是草根商人，一旦要做大就离不了政府，只能依附政府。十大商帮中成功的大商帮，如晋商、徽商、粤商都是这样的，闽商也是在郑芝龙投靠明政府后才成为重要的持剑经商的海商兼海盗集团的。走官商结合之路结果就是"成也官，败也官"，依靠政府的力量可以迅速致富，一旦失去政府靠山就会迅速土崩瓦解。这些商人无论做到多大都无法掌握自己的命运。这也是中国明清商人的悲剧。

其次，无论他们读没读过书，都深受中国文化的熏陶，自觉或不觉地以中国文化指导自己的经商活动，也以中国文化作为为人处世的宗旨。中国文化中的优秀内容成为他们经商成功的道德基础，如各个商帮都讲的诚信经商就是成功之道。但中国文化中的糟粕也使他们在社会转型时没有实现自身的转型，从而在清亡之后，整体上都走向衰亡。尤其是中国文化中的保守与封闭影响最大。这一点将在本书最后一部分充分展开。

最后，传统文化的特点是重农轻商，所以人走上经商之路并非自觉自愿，而是迫于无奈。许多成功的商人原来都极其贫穷，完全白手起家，这造就了他们勤奋、不怕吃苦、敢冒险，又精明节俭等优秀品质。这些优秀品质体现在每一个成功商人的身上，并作为家风一代一代传承下来。这对他们的经商活动和成功后的作为有重大影响。

这些共同之处体现在每一个商帮的每一个商人身上，甚至也体现在并没有结成商帮的商人身上。但对我们认识商帮而言,更重要的还是每个商帮的特点。

中国是一个统一的大国,有共同的制度与文化,但中国又是一个范围相当广的大国,各地的发展并不平衡。特殊的地理位置、历史传统、文化、人文、风俗等,以及经济发展水平的差别,形成了不同的地方特色。这些特色也影响到不同地方的商帮,形成了不同商帮的特色。各个商帮的特点更值得我们关注。

晋商的最大特点是它在十大商帮中可称为"天下第一商帮"。这就在于首先它经商历史最长,范围最广,且整体上最富。尤其是它开创了由票号所代表的金融业,实现了"物通天下,融通天下",对中国商业和经济的贡献功不可没。其次,它创造了一套相当完善的企业制度。这套制度不仅当年在所有商帮中是独一无二的,而且对今天的企业也不乏启发意义。最后,它以中国文化为基础创造出自己的商业伦理文化,这套文化以"义"为基础,体现出传统文化的生命力。这些特点使晋商无愧于"天下第一商帮"的美誉。

徽商被称为"中国第二商帮"。它从明中期到清中期共辉煌三百年,以盐、茶、木、典为业,以盐业为主。徽州是一个移民社会,家族文化极富特色。徽商的主要特色就是以家族文化为基础。只有从徽州家族文化入手,才能理解徽商。他们对中国的贡献不在商业,而在文化。

粤商是从事对外贸易的。在当时的制度下,粤商受政府与洋人的"夹板气",同时又从双方获利。他们最早与西方人打交道,从事对外贸易,他们是真正"睁开眼睛看世界的第一批人"。他们的开放意识是相当彻底的,也认真学习和领悟了西方的文化。正因为如此,鸦片战争后,他们最早到上海开拓,成为第一批买办,也成为洋务运动的核心力量。

闽商的最大特点是"亦盗亦商"。他们为盗，是当时局势所迫，其实也透出了福建人"爱拼才能赢"的精神，才有了以后下南洋开拓的壮举。过去我们仅仅把闽商作为海盗集团，实际上他们也是对外贸易的商人，盗与商是融为一体的，盗只是为了商。

宁波商帮在鸦片战争之前只是小商人，但正因为如此，不依靠官府，也不官商勾结。"草根商人"是这个商帮最基本的特点。同时，他们也具有开放意识，这就决定了在十个商帮中只有他们完成了整体转型，成为中国近代史上重要的商帮。

洞庭商帮从活动范围上看是最小的，但这个商帮许多人出身于有文化的大家族，在鸦片战争前从事粮食、布匹等大宗商品贸易。鸦片战争后部分洞庭商人到上海，成为金融界最大的买办群体。近代史上洞庭商帮是苏商的源头。苏商与以宁波商为主的浙商联合成为近代史上赫赫有名的"江浙财团"，左右着中国经济。

陕商、龙游商、江右商、鲁商都是小商帮，在中国影响并不显著，但也有自己的特点。陕商与晋商同时兴起，"折色制"实行之后就整体上转为以西北地区为中心。不过他们后来进入四川、西北，对这些地区商业和经济有重要影响。龙游商经营范围广，但以印书为主业，且游走四方，故有"遍地龙游"之说。江右商是一大批小商人构成的商帮。鲁商并不大，但儒家文化的特色颇为突出，不愧是"圣人之乡"的后人。

不同的商帮以自己的特色构成了一幅明清时商品经济的宏伟画卷，也体现出中国传统文化的特色。

序幕揭开了，下面我们来逐个认识明清时代的各个商帮，以期对那一段历史有更多领悟，也从中汲取今天仍然有意义的启示。

第一章　天下第一商帮——晋商

1912年10月30日，山西的大德玉等22家票号北京的分号在德昌饭店设宴，欢迎从海外归来的梁启超先生。梁先生在即兴发表的演说中说："鄙人在海外十余年，对于外人批评吾国经商能力，常无辞以对。独至此，有历史、有基础，能继续发达的山西票业，鄙人常以此自夸于世界人之前。"其实此时包括票号在内的晋商已经处于风雨飘摇的衰亡中了，但梁先生对晋商创造的历史辉煌仍赞不绝口。

90年代之后，晋商又一次引起人们关注，林林总总的电视剧、电影、话剧、小说等力图再现历史上晋商的真相与精神。其中有许多相当优秀，如央视播出的八集电视片《晋商》，电视剧《乔家大院》，小说《白银谷》，话剧《立秋》《又见平遥》等都真实地再现了当年晋商的风采。这些文艺作品以历史的真实为基础，进行了艺术的再创造，当然也有虚构。那么，历史的真实是什么？这里我们就走进历史，寻找真实的晋商。

晋商的历史

晋商作为一个商帮形成于明初，衰亡于清末，共有五百多年，因此被称为"辉煌五百年"。 但山西人经商的历史十分悠久，已有数千年。日本学者宫崎市定在《历史和盐》中考证出，中国最早的商业是盐业贸易，从事这种贸易的山西商人就是中国最早的商人。

远古的贸易基础是自然资源。世界上资源分布不均衡。一个地方有生存必需且其他地方不出产的东西，就可以用这些东西到别的地方交换其他物品，这就产生了贸易，有了商业。太平洋的一些岛上出产火山喷发形成的黑曜石，这是制作石器必不可缺的，这些岛民就用黑曜石与其他地方的居民进行交易。

山西人能成为中国最早的商人就在于山西产盐。盐是生活必需品，但并非处处都产。山西南部运城的盐池正是山西商人的起点。这个盐池被称为"河东盐池"或"解池"，它出产无须加工即可食用的自然结晶盐，而且取之不尽，用之不竭。据说远古时黄帝和炎帝打仗的原因之一就是争夺对这个盐池的控制权。山西人自然会用这里出产的盐来从事商业贸易活动。

产盐的运城在山西南部，物产丰富。这里也是中华文明起源的核心地区之一。这一带不仅产盐，还有粮食，邻近的晋东南则是冶铁业和丝绸业发达的地方。山西商人最早就在这一带经商。春秋时期这里是晋国，晋文公利用这个优势，以商强国。晋文公实行"轻关、易运、通商、宽税"的政策，鼓励商业发展。这使晋国出现了历史上最早的一批富商。史书记载他们"其财足以金玉其车、文错其服"，"能行诸侯之贿"，足见其地位非凡。同时这种商业活动带动了经济，增强了军力，使晋国成为春秋五霸之一，且称霸时间长达一百六十年，为春秋五霸之最。

这些早期的晋商对以后山西和全国的商业影响巨大。据《史记》记载，晋流亡公子计然经商成功，并把这套成功的经商经验上升为"积著之理"的经商之道。助越王勾践伐吴成功后远走江湖的范蠡，正是受计然的启发经商致富的。芮城人段干木为马市经纪人，被司马迁称为"晋之大驵"，魏文侯尊以为师。猗顿向范氏请教致富之道，在山西临猗县从事畜牧业和盐业，成为巨富。

猗顿还与铁匠郭纵共同发明了煮盐水提炼盐的铁锅，称为"牢盆"。临猗之名即是为了纪念猗顿。如今临猗还有猗顿的雕像，以缅怀这位晋商的远祖。山西人当年还重视与戎狄部落的贸易，交易的基地是晋阳（今太原）。上世纪 60 年代在山西阳高县发现的战国货币"晋阳布"，也说明了山西贸易活动的发达。

以后山西人经商的传统一直在持续。西汉时，与匈奴人贸易的大商人聂壹为山西马邑人，他曾为政府设计，诱匈奴人深入，试图消灭之，可惜未成功。丝绸之路开通后，山西商人也加入了与西域商人贸易的行列。清末在山西灵石县发掘出的古罗马钱币说明了这一点。灵石县的贾胡村正是由于西域商人聚集居住于此而得名。汉代山西商人已经到过东北。《后汉书》中有太原人王烈在辽东经商的记载。三国时，"鲜卑酋长曾至魏贡献，并求通市。曹操表之为王，鲜卑之人尝诣并州互市"。山西商人曾在并州与鲜卑人互市。魏晋南北朝时，山西繁峙人莫含"家世货殖，资累巨万"。后赵开国皇帝上党武乡人石勒十四岁时也曾"随邑人行贩洛阳"。北朝时"河东俗多商贾，罕事农桑"。可见经商风气之浓。

隋唐时期中国统一，商业经济有重大发展，山西商人也更为活跃。隋末山西文水商人武士彟从事木材贸易，成功后资助李世民父子建立了唐朝，官至礼部尚书，封应国公。他的女儿武则天通过这种关系进入宫廷，以后成为中国历史上唯一的女皇。山西闻喜人裴伷先在边境贸易中"货殖五年，致资数千万"。唐代时，山西从南到北的许多地方，如潞州、泽州、汾州、并州、绛州、忻州、代州、朔州、云州，已出现许多有相当规模的商业集镇，并向全国，甚至高丽、新罗等国辐射。五代后周时，太原人李彦驩担任太祖的榷易史，掌管后周财税大权。当时的商业活动中，"并、汾、幽、蓟之人尤多"。宋代商业发达，山西人也大显身手。在北宋实行"折中制"时，晋商进入盐业贸易，山西解州人娄应因贩盐而致富,"家财过一县之"。并州阳曲人张永德经商致富,宋太祖娶孝明皇后时"出缗钱、金帛数千助之"。这种奉献的回报就是"尽太祖朝而恩渥不替"。元代山西商人也相当活跃。《马可·波罗游记》中写到山西时,说"这里的商业相当发达","这一带的商人遍及全国各地,获得巨额利润"。当时山西南部成为陶瓷业、印书业的中心地带。

晋商作为一个商帮是在明初"开中制"实施之后形成的。文艺作品中的晋商都是清代的,但晋商的辉煌是在明清两代,因此把晋商作为一个商帮,必须从明代讲起。

到明初时,山西商人已经经营各个行业,行商的足迹遍及全国,甚至边远的东北和西北。"开中制"之后,他们的经营以盐业为中心。顾炎武认为,盐业的利润与一般商业相比为五比三。所以,史书记载"明中叶,益兵增将,络绎于道,营帐星罗棋布,饷用既饶,市易繁荣,商贾因此致富者甚多"。对于晋商经商致富的情况,明人多有记述。沈恩孝说:"平阳、泽潞豪商大贾甲天下,非数十万不称富。"严世蕃把积资满五十万以上者称为天下富家,共有十七家,其中山西三家。这些富商多集中在山西南部的蒲州(今永济市)。如王海峰、李仲节、范世逵、席铭、张四教、王崇义等。这些人都是盐商。当时晋商的中心正是在蒲州。这时晋商经商的重要特点是官商结合,有的是一个大家族之内有官又有商,也有用行贿、联姻等方法与官员勾结。如大盐商张四教的哥哥张四维曾是张居正时的内阁成员,后担任过内阁首辅。另一位大盐商王崇义的弟弟王崇古是兵部侍郎、宣大总督。这两家还是姻亲。与这两家联姻的非大官即豪富。权力给了他们经营盐业的便利,张王两家甚至控制了河东盐地。在形成帮的盐商中,泽潞、平阳、蒲州商人为晋南人与晋东南人,宣大商人为晋北人。他们都有官场背景。

明代中期，"开中制"改为"折色制"后，晋商中仍然经营盐业的不少大商人迁至扬州。留下的成为日渐没落的"边商"。从事盐业的晋商整体上衰落。但"隆庆开关"又给了他们与北部少数民族进行多元化贸易的机会。这一时期长城沿线建了13处互市，由官方经营，交易量逐年上升。与设置官市的同时，民市也发展起来。在民市上，晋商占主导地位。他们用内地的绸缎、绢、棉布、铁器、米及盐和各种日用品换取少数民族的马、牛、羊、皮毛等物品。明万历前后，官市衰落，民市繁荣。这时晋商经营的行业包括粮食业、棉布业、棉花业、丝绸业、茶业、绒货业、颜料业、煤炭业、铁货业、木材业、烟草业及其他杂货业，还有从事贸易中介的牙行业。这时晋商的经营"上至绸缎，下至葱蒜"，无所不包。其活动范围向全国扩张，不仅在原有地区，还扩大到长江流域、京津、东北、西北和西南。可以说，"有麻雀的地方就有山西人"。

清代的晋商有从明代发展过来的。如明代时与北部满人进行交易的八家晋商，王登库、靳良玉、范永斗、王大宇、翟堂、梁嘉宾、田生兰、黄云发，在清初被封为"八大皇商"，以感谢他们为满人提供了所需的铁器、武器等军用与民用品，以及关于内地的多种信息，帮助了满人成功入关。今天有人称晋商为"汉奸"，正是基于这种资敌的贸易经历。还有一些明代从事商业的家族在清代仍然活跃。如灵石王家（今日灵石王家大院的主人）、晋城的陈家（小说《大清相国》中的主人翁陈亭敬正是这个陈家的，他们家的大院为今日的皇城相府）。但在清代，他们已不是晋商的主体了。清代晋商的主体是出身贫穷、白手起家的曹家、乔家、常家、范家、渠家等。清代之后，晋商中晋南商人总体上地位下降了，商业中心也由明代的蒲州转移到了晋中的平遥、祁县、太谷这三个县。

联系明代与清代晋商的不是财富,不是商人,也不是经营范围或其他,而是文化,即经商理念。明代晋商王现留给子孙的家训是:"夫商与士,异术而同心。故善商者,处财货之场,而修高明之行,是故虽利而不污;善士者,引先王之经,而绝货利之径,是故必名而有成。故利以义制,名以清修,各守其业,天之鉴也。如此,则子孙必昌,身安而家肥矣。"这就是告诫子孙,从政则不能经商,要留清白在人间;从商则要以"义"为基础经商致富。清代晋商,无论祖上是否经过商,都把这种理念作为经商的伦理道德基础,他们把"利以义制"改为"以义制利",作为商业伦理观的核心理念。"以义制利"成为连接明清两代商人的精神纽带。清代晋商成功,靠的不是明代晋商留下来的财富,而是精神,是理念。

清代晋商经营范围极广,但先后以三个行业为主。清初主要是从事对日贸易的"船帮",贯穿整个清代的是从事蒙古、俄罗斯茶叶贸易的"驼帮",以及清中叶以后从事金融业的"票帮"。

"船帮"从事对日贸易,因用船运输,故名。"船帮"的创始人为清初"八大皇商"中范永斗的孙子范毓馪。清初,康熙皇帝讨伐准噶尔首领噶尔丹的背叛行为时,范毓馪为军队运送军粮有功。当时官方送军粮,每石从内地运到前线需白银120两。范毓馪主动请缨为军队运军粮,每石仅需40两银子。范毓馪既保证了军队需要,又节省运费600万两银子。朝廷给他封了二品官,同时又批准了他从事对日贸易的请求。范家原来经营盐业,最盛时可供一千万人的食用盐。但当时对日贸易利润极高,"大抵内地价一,至倭可易五,及回货,则又以一得十"。但对日贸易受政府控制,只有经政府批准的商人才能经营。范家靠运军粮的功劳获得批准,从乾隆三年(1738年)进入对日贸易。当时运往日本的主要是丝绸、茶叶、瓷器、药材、书籍、文房四宝等,从日本购买的则主要是铜。范家组织了船队从事对日贸易，且做得相当大。仅以进口铜为例，到乾隆三十一年（1766年），每年进口铜达140万斤，占全部日本进口铜的三分之一。

范家除了盐与对日贸易，还从事木材、马、皮毛、人参等东北特产的贸易，并与英商合作从事玻璃贸易，开采铅矿。范家最盛时在山西、甘肃、河南有盐店近千家，在天津和沧州有存盐的仓库，在苏州有管理对日贸易船队的船局，有洋船六艘，还有码头等。据估计，范家最盛时的家产在四千万两白银以上，且在家乡介休县建成一条号称"小金銮殿"的街。范家有各种虚职或实际官职的有50多人。范毓馪成为进入《清史稿》的唯一商人。但依靠官府富可敌国，最终也会死于官。清乾隆四十八年（1783年），范家由于拖欠政府债务340万两白银而被抄家，一代范家过去了，"船帮"也不存在了。但"船帮"还是清初最重要的晋商，也是那时晋商成功的代表。

"驼帮"是从事对蒙古、俄罗斯进行茶叶贸易的晋商，因用骆驼作为运输工具，故名。这条运输茶叶的路与"丝绸之路"齐名，被称为"茶叶之路"。在整个清代，茶叶都是晋商的主业之一。

"茶叶之路"的开通在清初。清康熙二十八年（1689年），中俄两国签订《尼布楚条约》，明确了中俄两国的边界，并允许中俄之间自由贸易。这就为"茶叶之路"的开通创造了条件。通过"茶叶之路"，晋商用蒙古人、俄罗斯人生活中必不可缺的茶叶来交换皮毛、粮食或白银。

山西并不产茶，但临近有茶叶需求的巨大市场。他们在福建武夷山、湖南安化、湖北羊楼洞等地收购或租赁茶山，种植茶叶并加工成蒙古人、俄罗斯人需要的砖茶。先从产茶地把加工好的砖茶通过水路运至武汉；从武汉再用车、马把砖茶经山西运到张家口；从张家口用骆驼把砖茶运到蒙古、俄罗斯。从张家口到莫斯科就是当年的"茶叶之路"。这条路长达5700公里，其间的艰辛、危险自不必说。据专家估计，从清初到民初，经这条路运往俄罗斯的茶叶达25万吨以上，价值100多万两黄金，占中国当时出口总额的16%—19%。晋商各家都参与了这种贸易，其中首推榆次常家，贸易额占到总量的40%。其次为祁县渠家，他们家的"川"字牌砖茶已成为蒙古、俄罗斯一带的名牌产品，至今还让这里的人们怀念。对于其余晋商，如曹家、乔家，茶叶都是重要的业务，他们都开设有专人从事茶叶贸易的商号。20世纪初，由于外国资本和茶叶加工新技术进入中国，加之西伯利亚铁路开通，特别是1917年后，俄国十月革命成功和蒙古国"独立"，晋商受到毁灭性打击。"茶叶之路"上的贸易终结了。

晋商的金融活动以票号为中心，故从事金融活动的晋商称为"票帮"。

中国最早的金融业是南朝时在佛寺中出现的当铺。以后出现的其他形式有从事高利贷业务的印局，从事货币兑换和存贷款业务等的钱庄和账局。山西人最晚在明代已进入金融业，从事当铺业务。当时南方的当铺主要由徽州休宁人经营，北方的当铺主要由山西人经营。

清道光三年（1823年），山西平遥西裕成颜料铺的大东家李大全在掌柜雷履泰的帮助下开办了中国第一家票号——日升昌票号。这家票号的出现适应了当时远距离交易运送银两的需要，所以业务繁忙，获利颇丰。这就引起其他商家的仿效。票号业最初从事银两汇兑，后来业务包括了所有金融业务，如银两汇兑、货币兑换、存贷款、银票发行等，俨然就是当年的银行。晋商纷纷进入票号业，各大商家都有自己的票号。当时全国票号约为51家，其中43家由晋商开设并经营。这43家票号中有22家总号在平遥，因此平遥成为当年中国金融业的中心，被称为"中国的华尔街"。票号被称为现代银行的"乡下祖父"。它的出现使晋商不仅实现了商业上的"货通天下",而且实现了金融业的"汇通天下"。道光皇帝赐给日升昌票号匾上的正是这四个字。票号的出现是晋商历史上最辉煌的时期,也是晋商的顶峰。尽管它的存在只有一百年左右,但其意义非同凡响。这正是许多晋商研究者都以票号为中心的原因。

晋商在清亡之后走向衰亡,其原因当然有国际与国内环境的变化。从国际上看就是俄国的十月革命。俄国革命成功后又煽动了蒙古独立。它们消灭私有制与私人企业,晋商在这里的茶叶贸易完全被消灭,晋商也被驱逐甚至杀害。而且,革命后俄国政府用新卢布代替沙俄发行的旧卢布。晋商当时手中的旧卢布价值约为300万两白银,由于无法换为白银或新卢布而全部作废,晋商损失惨重。在国内,辛亥革命推翻了清政府,这在历史上当然是进步,但对晋商却是灾难。晋商的直接损失是,清灭亡后各级政府所欠债务达700万两白银,无法收回。同时,革命后社会混乱无序,军匪、土匪横行,晋商许多票号、商号被抢劫,损失严重,甚至无法经营。话剧《立秋》描写的正是这个背景下的晋商票号。

但应该说,这种国际与国内环境的变化并不是晋商衰亡的最根本原因。晋商在成长过程中,也遇到过不少环境变化,如太平天国运动也给晋商带来严重损失,但他们挺过来了,并抓住机会有了新的发展。清亡后,晋商没有在国际与国内环境剧变下成功挺过来,还在于他们在社会转型时期本身转型的不成功。

鸦片战争之后,中国社会已开始逐渐从传统社会转向现代社会。这种社会转型的发生必然要求商人和商帮做出适应这种社会剧烈变化的转型。**这种转型就是从传统的商业资本转变为现代产业资本,在金融上则要从传统票号、钱庄转向现代银行**。这两种转型的机会晋商都有，但都没有转型成功。

由商业资本转向产业资本的机遇是山西发现了储量丰富的煤矿。山西有煤早已是共识，春秋之际山西发达的冶铁业正是以煤为基础的。19世纪70年代，德国地质学家李希霍芬多次到山西进行地质考查，发现晋城、大同等十几个地方的煤储量达1.89亿吨，按当时的水平可够世界用1300年。于是就有洋人想独占山西煤的开采权。意大利人罗沙第在伦敦组建了以获得山西煤矿开采权为目的的福公司。他们与无耻文人刘鹗和贪官勾结，达到了目的。但这种卖国行为受到山西和全国人民的坚决反对。清政府只好收回矿权，并由山西商人组成保晋公司开采煤矿，这是晋商转型最好的机会。保晋公司由晋商大户渠家的渠本翘任总经理，计划用股份制的方式筹资800万两白银，进口设备与技师，用现代化方式采煤。但晋商并没有意识到危机，不懂也不信现代产业的前途，入股很不积极，最终只筹资193万两，连四分之一都不到，无法按原计划引进设备和人才。加之晋商缺乏管理现代工业的经验，企业内部管理混乱，效率低下，勉强维持到1937年就垮台了。此外晋商也曾做过火柴等行业，但都不成功。这样向现代产业的转型就失败了。

晋商同样有从票号转变为现代银行的机会。第一次是清光绪二十九年（1903年），时任北洋大臣的袁世凯邀请山西票号与他合办天津官银号，即官办的银行。晋商深知袁为人狡诈，怕上当，回绝了。

第二次是清光绪三十年（1904年），户部尚书鹿传霖奉旨组建户部银行（后改名大清银行，民国后改为中国银行，即今日中国银行之前身）。慈禧由于出逃时受到乔家的帮助，又深知晋商熟悉票号金融业务，故指定由山西票号办大清银行。但票号那些人根本不知道中央银行是什么，有什么作用，如何赚钱，于是谢绝了。慈禧以为山西人抠门不愿出钱，就指示政府出钱，由票号操办，亦被拒绝了。

第三次机会最可惜。山西蔚丰厚票号的分号掌柜李宏龄，长期在武汉、北京等地任职。他深知票号与现代银行的本质差别，也看到票号必然被银行取代的趋势。李宏龄多次建议票号的东家和大掌柜到上海、北京、武汉等城市看看，认识世界趋势，亦被拒绝。1908年李宏龄和北京其他票号分号的掌柜们开会，一致同意组建山西人的商业银行。1909年汉口的22家山西票号分号掌柜联名致总号，建议组建三晋银行。1912年山西票号北京分号的掌柜们又酝酿成立山西汇通实业银行。1916年，蔚丰厚又改组为蔚丰商业银行。但这些努力都未成功。究其原因，除了一些客观因素之外，主要还是票号的东家和大掌柜们保守、封闭，看不到世界形势的发展，对现代银行制度缺乏了解。他们从自己眼前的利益出发，反对联合，更反对通过股份制来组建银行。他们的反对，使票号失去了转型的机会。

从春秋时代到清末，山西人有三千多年的经商历史，从明初到清末，晋商作为一个商帮有五百多年的历史。他们经历了无数风雨与挫折，在专制体制下顽强地生存发展。他们有辉煌的历史，但在时代转变之时，却最终失败了。而且，这次失败对山西是毁灭性的，此后山西一直也没有再度辉煌过。

晋商的成功与失败，给我们留下了太多的经验与教训。总结这份历史遗产，正是本文的目的。

晋商的制度创新

诺奖获得者、经济学史学家道格拉斯·诺斯总结西方成功的经验时提出了"路径依赖"的观点，即一个国家的兴盛取决于建立一套能促进增长的制度。这套制度就是市场经济制度。同样，一个企业的成功也取决于制度的创新。晋商的成功正在于在漫长的经商历史中创造了一套完善而有效的制度。这套制度在十大商帮中是独一无二的，在今天仍不乏启发意义。

晋商最重要的制度创新是企业的股份制。特别要指出的是，晋商的股份制并不是来自书本，也不是向西方学的，完全是自己在经商实践中不断遇到问题，又探索解决问题的方法而创造出来的。

经商需要资金。晋商许多人都是白手起家，靠自己积累的资金经商，这种资金是个人资金。应该说世界上许多商人都是由此起步的。但随着商业的做大，商机有许多，但个人资金不足。这种经商需求与资金不足的矛盾就催生了"贷金制"。"贷金制"就是借别人的钱经商。"贷金制"最初是向个人借钱，而不是向银行或金融机构贷款。"贷金制"实行固定利率，依靠的是债务人和债权人之间建立在血缘或乡情基础上的信任关系。但这种制度隐含了风险与收益之间的不对称。从债权人来看，债务人经商无论赚多少，他的收益是固定的。当债务人经营大赚时，债权人收入并不增加，但当债务人经营破产时，债权人会血本无归。这就使债权人不愿意放贷，这种"贷金制"就进行不下去。

于是就出现了"朋伙制"。"朋伙制"就是若干人共同出资，共同经营，共享利益，共担风险，类似于今天所说的"合伙制"。这种制度解决了收益与风险不对称的问题，但合伙人之间会由于决策和分红出现矛盾，尤其是在合伙人增加之后。这种制度限制了企业做大。

这时就出现了"东伙制"。"东伙制"就是一人或数人出资，但出资人并不经营，把资金交给伙计经营。这种制度实现了所有权与经营权的分离，把有钱而无经营才能者的"钱"与有经营才能而无钱者的"才"结合在一起。这是企业制度的重大进步。"东伙制"已是股份制的前身，只是缺少制度规范。由此再前进一步，把出资者的"钱"作为"银股"，经营者的"才"作为"身股"，股份制就水到渠成地出现了。

晋商在清嘉庆、道光年间实现了股份制，道光三年后出现的票号都采用了这种股份制。欧洲的股份制最早出现在17世纪初的荷兰东印度公司和英国东印度公司，但股份制的普及是在19世纪50—60年代。晋商在19世纪20年代已普遍实现了股份制。

作为筹资的方式，晋商的股份制与欧洲的股份制有共同的特点。这就是股权分散，有利于筹资；股权相对集中，有利于做出统一、集中的决策，避免了决策中的分散与冲突；实现了所有权与经营权的分离，既保证了所有者的决策权，又保证了企业管理的效率。

但晋商的股份制产生于中国，受历史传统与环境的影响，有自己的特点。这些特点也有缺点与优点。缺点之一是中国当时并没有股市，这就限制了股权分散的程度，难以更多地向整个社会融资，也缺乏了股市对企业的资金支持和各种限制。缺点之二是由于中国传统是实行"人治"，所以股份制企业并没有出现董事会等公司治理结构，决策并没有实现制度化。企业仍然由相对控股的大东家一人决策。

欧洲的股份制产生时仅仅是为了筹资，以及出资者共享利益、共担风险。实行员工或管理者持股，用以激励员工都是20世纪50年代之后的事，至于股票期权等激励方式更是后来的事。但晋商的股份制一开始就把筹资方式与激励方式结合在一起。这体现在两点上。

一是股份制由东伙制发展而来，一开始就有激励的作用。这就在于股份分为"银股"与"身股"。清人徐珂在《清稗类钞》中指出,晋商的股份制"出资者为银股,出力者为身股",说得相当准确。出力者的身股不用本人出资,由大东家根据员工的职务、工龄和业绩而定,身股同样可以参与分红。银股与身股分红的比例由大东家与大掌柜所确定的比例决定。这种身股就相当于现代社会企业赠予员工的股份。身股制实际就成为一种有效的激励机制。

二是欧洲国家的股份制把股份分为普通股与优先股,而晋商的股份制的银股采取了不同的形式,既有利于企业的发展,又有激励作用。银股分为"正本"与"副本"。"正本"是股东(晋商称为"东家")按最初的合约投入的资金。每个企业多少银子为一股并不相同,最多的有一万两一股,最少的有二千两一股。正本除了不能在股市流通,与欧洲的普通股相似,它的收益来自分红。正本一般不会增加。"副本"又称"护本",日本学者称为"辅股"。它有两种。一是东家除正本外又在以后投入的资本,另一种是东家、掌柜与有身股的员工把分到的红利存入企业的。"副本"相当于贷款,不参与分红,仅获得利息。在企业分红时提留的红利,相当于现代企业的"未分配利润",称为"倍本"。对部分资产按折旧记入账内的资金,使实际资产超过账面资产的称为"厚成"。在银股、身股分红除了"倍本"外又提留部分利润以增加流动资金的资金称为"公座厚利"。"预提护本"是分红前提留的风险基金。这些股份的形式都是为了在正本不扩大时企业资金的充裕。"故股"是员工去世后,家人仍可以在一定时期内按原有身股分红的股份,有些抚恤金的意思,也有利于鼓励其他员工。个别企业还设了一些特殊的股份。如大盛魁商号为纪念一位财神给他们带来好运的"财神股",为纪念一只送信息累死的狗的"狗股"。这些股也参与分红,实际是留在企业内作为流动资金。各种各样的股份形式是为了保证企业流动资金的充裕，使企业长期稳定发展。

人才是企业成功的关键，一个成功的企业必定有一支专业精、工作勤、团结又高效的员工队伍。这一点早在晋商时代已成为共识。**所以一个成功的企业必然有一套用人、培养人和激励人的制度，在这方面，晋商的制度也相当完善。**

先从用人说起。晋商用人有两个原则。一是"用乡不用亲"，即所用的人必是同乡，但不能用亲人。"用乡"是因为同乡之间有共同的风俗习惯，易于互相了解，也便于建立相互间的信任关系。这体现了中国人重乡亲的观念。"不用亲"是为了避免由于亲情关系引起的执行制度的困难。二是"德才兼备，以德为先"，就是重视个人的道德品质。因为他们认为，有才而无德之人会做出防不胜防的损害企业利益的坏事，而有德无才之人总可以通过培训担任一般职务。

晋商在用人中重视破格提拔重用，使优秀人才脱颖而出。如乔家包头的"复字号"多年亏损，小伙计马荀找出了问题及解决方法，被破格提拔为大掌柜。阎维藩原为一家票号福州分号掌柜，因一笔贷款与总号发生矛盾辞职返乡。乔家深知他的金融才干，重金请他到大德恒票号担任大掌柜。一般票号大掌柜年薪为100两银子，乔家给他120两，别的票号大掌柜身股为1股，乔家给他1.2股。而且在业务上给他完全自由的独立决策权。阎维藩在大德恒任职26年，是晋商票号中业绩最好的。电视剧《乔家大院》再现了这个真实故事，无非把阎维藩的名字改为潘为严，细节上做了艺术处理。类似这样的例子在晋商商号和票号中相当多。

但破格提拔毕竟不是制度化培养职业经理人，完全取决于机遇。大量有职业道德、敬业而又精通业务的员工还要靠人才培养制度。晋商的这种培养制度就是学徒制。学徒制培养人才包括三个环节：选学徒、课堂学习与实践。

　　当时在商号或票号中工作收入稳定而丰厚，在山西社会地位也并不低，因此想把孩子送入商号或票号当学徒的人很多。选学徒就是要从众多报名者中选出有培养前途的苗子。入选的人首先要家世清白。所谓家世清白就是不要从事娼、优（演员）、皂（衙役）职业家庭的子弟，且家庭在当地名声要好。因为晋商认为，家庭对子弟的道德品质有重要的影响。对个人则要求兼备外在形象与内在气质。在商号、票号工作，外在形象对顾客和铺号都十分重要，因此要求报名者年龄在15—20岁，身高5尺（1.7米）以上，五官端正。内在气质包括有一定文化基础、懂礼貌、善珠算、精楷书，且不怕吃苦，能远行。报名后要经过笔试与口试。通过后，有些票号或商号还有一个特殊要求，放一双按前任老掌柜的尺码制造的铁鞋或铁帽，要应试者试穿是否合适，不合适也不录取。这表面上的理由是能否沿着老掌柜创造的业绩前进，实际上是为了找个借口淘汰那些由权势人物推荐，但又不适于经商的人，以使录取公正。铁鞋或铁帽是否合适全由录取者说了算。

　　录取后，被录用者还要找一个"铺保"，即由一家有一定资产的铺子的东家或掌柜当保人，这实际上是为了使学徒遵守店规、努力学习而加的一种约束。这一切结束后，学徒择吉日入号，称为"请进"，表示欢迎进入，且前途无量。

　　学徒的时间一般为三年。第一年实际上是学习如何做人，并进行道德品质的教育与考验。学习主要是读"四书五经"。中国文化最重要的内容就是教人们如何做人，但仅仅是书本上的学习还远远不够，还要在实践中学。这一年学徒要为店铺和掌柜做各种杂事，如清扫、打水、送茶等。从平常这些日常小事中可以磨炼学徒的品德，也可以观察到学徒的品质。同时掌柜也会用各种方法考验学徒，如在某个不起眼的地方放点碎银子。如果学徒扫完地后交到了柜上,就通过了这次考验。否则,或者干活不认真,没发现;或者尚存贪心,装进自己口袋了,都是个人品德的缺陷,会被辞退。有时学徒会被带到繁华的商埠,以观察他们能否经得起各种诱惑,等等。考验的方法千奇百怪,往往出其不意。

第二年进行业务学习,所学课程都从以后经商的实际需要出发。如商业或票号的基本知识;由于到蒙古或俄罗斯经商的需要,学习蒙语与俄语、珠算、鉴定银两的成色、记账、写商业信函等,也练书法;有的还学一点中医知识,以便为客户治病,建立客户对他们的信任。这有时会起到重要的作用。大盛魁商号在蒙古经商,有一次一位王爷的女儿得了急病,有生命危险,王府贴出告示,征求名医,并许诺可将女儿许配给治好病的人。大盛魁一位掌柜略懂医术,治好了这位公主的病。这位掌柜已有家室,婚嫁之事不可能了,但王爷承诺,以后本部落一切商务事宜由大盛魁一家承担。由于治病而获得客户信任、开拓了市场的事还不少。

第三年进行实践。根据铺号的需要和学徒个人的特长,把他们分到文案、账房、跑街三个部分,拜一位师父,由师父带徒弟,边工作边学习。那时的师徒关系犹如父子,所以有"一日为师,终身为父"的说法。徒弟像尊敬、孝顺父亲一样对师父,师父也像爱儿子一样爱徒弟,徒弟有为师父养老送终的责任和义务。这种良好的师徒关系有利于师父把自己一生的经验传授给徒弟,也有利于徒弟虚心地向师父学习。

在晋商中,学徒制培养出了一批优秀的职业经理人,如马荀、高钰、贾继英、齐梦彪等。其实学徒制是培养实用性人才最有效的方法。在英国工业革命中起了关键作用的不是牛津、剑桥的大学生,而是许多学徒出身的工匠,如蒸汽机的改良者瓦特等。如今法国等国仍重视这种人才培养模式。

培养出来的人才能否在企业发挥最大的作用,在相当大程度上取决于激励机制。**晋商的激励机制与股份制中的"身股"密切相关，"身股"本身就是一种激励机制。**

在身股制下，员工的收入分为两部分。一部分是保证员工与家人基本生活的收入。这部分收入与企业效益无关，企业无论盈亏都要保证。这部分收入又分为两种。一是企业对员工实行供给制。员工在企业的吃、穿、住、行，甚至医疗，都由企业承担，且总体达到当时中产阶级的水平。山西人以"抠门"著称，但商号或票号的东家或掌柜对员工并不抠门。另一块是保证员工家人生活的"辛金"。员工出师后都可以享有辛金。"辛金"根据员工的工龄与职务不同，一般在十两至一百两银子之间。大掌柜为每年一百两白银，刚出徒的员工为一年十两银子。有二十年左右工龄、担任中级管理岗位的员工一般为每年七十两银子。按照当年的物价水平，维护一家人的小康生活是没问题的。这块收入使员工及家人的生活维持在中产水平，且稳定。

另一部分更重要的是按身股分红。这部分收入是员工收入中的大头。员工在出师之后就有资格享受身股。身股根据员工的职务、工龄与业绩而定，由大掌柜提出建议，大东家决定身股，定期进行调整，一般情况下是增加。一般而言，大掌柜身股为十厘（一股），担任中级管理职务（如分号掌柜）为五至六厘。

不同的商号或票号分红的方式并不同，一般在铺号建立时就由大东家与大掌柜用合约的方式确定下来。合约确定了银股与身股分红的比例，如5∶5或6∶4，也有的是银股与身股合在一起平均分配。一般为每个账期（三至四年）分一次红。分红数额相当高。一位晋商的后人在回忆自己在票号任职的祖父的文章中写道，她爷爷是一个票号分号的掌柜，身股五厘，在四年一个账期的分红中分到红利四千两银子，她家用这些钱买了一个大院。就票号来看，中级管理人员每年平均分红到达一千两银子。据学者估计，当年一两银子相当于今天二百元（也有估算三百元的，按最低算二百元）。这就是说，一个企业中层员工在维持中产生活之后，每年可有二十万元收入，这在今天也不算低。在当年，这绝对是高收入。当时一个县官一年包括年俸与养廉银在内的全部收入为一千两银子，但自己和家人的生活费用还要自己支付。所以当时山西人有"有儿当县官，不如开商铺"之说。

分红的多少完全取决于企业效益。这就把员工的个人利益与企业的集体利益、股东的利益紧密联系在一起。员工树立了"企业富，我也富"的观念，东家也树立了与员工共享企业利益的"共同富裕"观念。而且，身股的多少取决于个人的能力与努力，这就对员工起到了有效的激励作用。

日本学者在20世纪初研究晋商时就注意到身股制对晋商成功的关键作用，并把这种激励机制称为"分享制"。战后日本企业采用了"分享制"，大大提高了效率。这是日本企业被称为"世界上效率最高的企业"的原因之一。美国专家在考察日本企业后也高度赞赏这种分享利益的观念。

晋商在企业内部管理上也建立了一套相当完善的制度，许多制度体现出了现代企业管理的理念。

首先是晋商的企业有一个合理的组织架构，正确处理了分权和集权的问题。

晋商中的每一个大家族，如曹家、乔家、常家、渠家等都相当于一个大的企业集团。每个集团都经营不同的行业，不同的行业有一个或几个商号或票号。整个集团有自己的经营目标，下面的各个商号和票号都要服从这个总的目标，相互之间互相帮助。但每个商号和票号都是独立的，有自己的独立经营决策权，可以根据不同地区的实际情况和市场变化迅速做出决策。每一个商号或票号都有上面的总号和下面的若干分号，总号和分号之间有紧密的联系。分号要"三日一函,五日一信,一月一份总结",把自己当地的政治、经济状况,自己的经营与决策向总号汇报,以便总号掌握总体情况,随时调整决策。这些信函真实反映了当时当地的真实情况,也反映了晋商的经营与发展状况,可惜留下来的不多。这种组织架构相当于今天组织架构理论中所说的"M 型架构"。如今管理学家认为,这种组织架构既保持了大企业集团的统一性和集中性,又保证了下面各个企业的独立性和灵活性。尤其是对经营不同行业的大企业集团,这种"M 型架构"是效率最高的。数十年后,通用汽车公司总裁斯隆正是通过把集权式的"U 型架构"改为分权式的"M 型架构",使通用汽车公司走出困境,成为美国三大汽车公司之一。

其次在每个相对独立的总号和分号内的制度安排也实现了"权责利"一致,从而保证了整个总号和分号的效率。

每个总号和分号内,设大掌柜、二掌柜和三掌柜。大掌柜相当于今天所说的总经理或 CEO,全面负责总号和分号的决策与经营。二掌柜和三掌柜相当于分管不同事务的副总。二掌柜管内部事务,包括财务、内部规章制度的执行,甚至员工生活安排。三掌柜主管对外业务活动,以及与客户的联系。每个总号和分号内设置三个部门。文案相当于现在的办公室,但主要任务是负责总号与分号之间的信函来往,所以这个部门的主管文化水平较高,一般是秀才出身的文人。账房,相当于今天的财务部,负责总号和分号的财务往来与各种账本。跑街,相当于对外业务部,因为他们要常在外面跑,故称"跑街"。每个部门都有主管及下面工作人员。总号与分号人并不多,但每个人责任都很明确。票号在外地的分号,除后勤等辅助性工作的人员在当地雇用外,一般总号派出的员工,包括分号掌柜和其他工作人员也只有十几人。这种安排使分号效率相当高。

晋商对员工有激励，同时也有严格的纪律约束。这种约束首先是制度化的外部约束。这种外部约束一是用人用同乡的做法。当时的人活动范围有限，家族、乡亲观念都很强，一个人的品行影响家庭与家族成员。同乡人在一个商号或票号内工作，犯了错误会很快传到家乡，这就会影响一个家庭或家族的声誉，也会对家乡人不利。另一种做法是"铺保"，愿意当"铺保"的人一般是被保人的亲属或朋友，且有经济实力。一个人在商号或票号中犯了错误，"铺保"要承担责任，还会对自己的家庭或家族不利。"铺保"其实是一种"连坐"机制。有了这种约束，个人的行为当然要谨慎。

在企业内，树立的道德准则是"重信义、除虚伪、节情欲、敦品行、贵忠诚、鄙利己、奉博爱、薄嫉恨、荣辛苦、戒奢华"。为了落实这些准则，企业内有规范员工行为的规章制度，通常称为"铺规"或"号规"，这就是晋商常说的"家有家法，铺有铺规"。各铺号的规定并不完全相同，典型的是"十不准"，包括到外地分号工作不准携带家属，不准纳妾、嫖妓、宿娼，不准参与赌博，不准吸食鸦片，不准营私舞弊，不准假公济私，不准私蓄放贷，不准贪污盗窃，不准懈怠号事，不准打架斗殴。违反者会受到严厉惩罚。严重的违规者由本人、掌柜和"铺保"三方在场开除出号，永不续用，且其他铺号也不得录用。有的铺号还有一些特殊规定，如不许娶外地女子为妻等。这些规定有些在现在看来是相当不人性化的，甚至有点"侵犯人权"。但在中国传统文化中缺乏"人权"意识的情况下，仍然在实行，并没有受到什么反对或社会舆论的指责，且行之有效。

晋商的财务制度实际上是一种复式记账制度。复式记账是意大利人早在14世纪发明的，在西欧国家早已广泛运用。但晋商的复式记账法并不是从西方引进的，甚至他们都不知道这种制度的存在，而是自己在实践中创造的。在各个商帮中晋商最早采用了复式记账法，到明末清初发展为一套完善的复式记账制度。这套制度称为"龙门账"，传说为明末清初的文人、医生傅山先生帮晋商制定的。傅山先生是反清志士，为获得商人的财政资助反清而帮助晋商设计了这套制度。实际上，傅山先生与个别晋商的私人交往是有的，但"龙门账"完全是晋商在实践中摸索出来的，与傅山没什么关系。真正的首创者已无法考证，主要还是来自晋商的集体智慧。

"龙门账"的基本框架是：进－缴＝存－该。"进"指全部收入，"缴"指全部支出（包括所销售商品的进价和各种运营支出）；"存"指资产，并包括债权；"该"指负债，并包括业主投资。这个公式是恒等式。如果"进"大于"缴"，则有盈利，"存"大于"该"。如果"进"小于"缴"，则有亏损，"存"小于"该"。每个账期（三至四年，各铺号不同）进行一次总汇对账，称为"合龙门"。"龙门账"之名由此而来。

在"进、缴、存、该"四项之下，又有分门别类、复杂而详细的流水账。主要包括万金账（东家与大掌柜开办商号或票号时的合同，记录各东家的银股与员工的身股，以及分利分红）；流水账（各种业务的收支账）、老账（流水分类账）、浮账（活期存款）、汇总账、存款账、放款账，以及各地往来总账、本埠往来总账、现金账等。这些账目极为复杂，又相当详细，非专业人员很难弄懂，即使专业人员也只熟悉自己掌管的账目，对其他账目并不了解。

晋商有严格的财务制度。在总号和分号的财务制度上规定：各分号必须有"月清"和"年报"。"月清"上报在每月月底，"年报"上报为旧历十月底。各分号必须有日常的营业报告，分为口头汇报和信函的书面报告。口头汇报为每天晚上，各部门员工向部门主管汇报。书面报告是分号向总号报告，书面报告有规定的规范与程式。

这种严格的财务制度有效防范了内部的贪污。清光绪三年（1877年），山西发生严重旱灾。各地捐款通过票号汇给政府。有一笔一万两银子的汇款政府一直未取走。三个财务人员篡改账本贪污了这笔钱。但他们无法篡改所有相关账本，终于被发现。这在晋商历史上是极为个别的事件。票号经营近百年，经手的银子几十亿两，几乎没有发生过员工贪污、卷款逃跑、舞弊等事件，这套严格的财务制度起了关键作用。

票号的主要业务之一是银两汇兑。客户送来真金白银，票号开一张银票作为凭据。为了防止居心不良之人伪造银票，票号设计了一套相当完善的防伪技术：首先是用有水印、安全线和彩鱼的特殊纸张制作银票；其次，银票上盖有经常更换的印章，且由专人书写，并把字迹备案以便核查；最后是采用了"密押制"。"密押制"就是用文字代替数字的密码。如用"谨防假票冒取，勿忘细视书章"分别代表12个月；用"堪笑世情薄，天道最公平，昧必图自利，阴谋害他人，善恶终有报，到头必分明"分别代表30天。用"生客多察看，斟酌而后行"代表1—10的数字；用"国宝流通"代表"万千百十"。如7月2日某客户汇银子一千两，银票上就写"勿笑生宝"。各票号的密押都不同，且每个月更换一次。

晋商在长期的商业实践中不断改进、探索，形成了一套相当完善而有效的企业管理制度。在十大商帮中，这套制度是独一无二的。这是晋商成功的保证，也是它被称为"天下第一商帮"的原因之一。今天认真研究这套制度仍有启发意义。

以"义"为核心的商业伦理观

晋商的成功不仅依靠了制度,而且也依靠了文化。**这种文化就是以中国传统文化为基础的商业伦理观。**

说到晋商的商业伦理观,许多人马上会想到诚信。说晋商成功的文化是诚信,这的确不错,但并不全面,而且没有抓住这种商业论更本质的内容,即"义"。

在中国文化中,最高境界是"义",所以有"君子喻于义,小人喻于利"的说法。晋商是商人,当然不可不讲利。但他们把"利"建立在"义"的基础上。明代晋商就提出了"利以义制"的商业伦理观。清代晋商把这四个字换为意思完全相同的"以义制利",继承了前辈的商业伦理道德观。他们把关公作为自己崇拜的精神偶像,不仅因为关公是山西人,更重要的在于关公在中国文化中是"义"的化身。"头顶一个义,一介武夫成了神",说明了关公象征的正是中国文化中的这个"义"。

什么是"义"?《现代汉语词典》对"义"的解释是"公正合宜的道理",如"正义""道义";"合乎正义或公益的",如"义举""义演";以及"情义"。在中国文化中,"义"的含义十分广泛,但都与词典中给出的解释相关。

中国传统文化是维护社会秩序的。这种社会秩序的核心是"君君臣臣,父父子子",即尊卑长幼是有序的。臣要听命于君,忠于君;子要听命于父,忠于父。这才能维护社会和家庭的正常秩序。由此出发,"义"的一个重要含义就是"忠"。一个社会要有正常秩序,还要实现人与人之间的和谐相处。这就需要人与人之间的一套行为规范。这套规范的核心是人与人之间的相互信任,以诚待人。古人说"人无信不立",正是这个意思。由此引出的

"义"的另一个含义就是"诚信"。中国文化的许多内容是讲个人应该如何为人处世的。人的一切行为的最基本规范是"正义",即行正义之事。这就是"义"中的另一个含义"正义"。当然"义"的含义还有许多,但我们从这三种含义来解释晋商如何"以义制利"。

中国人出生成长在这片土地上,从小就受到这种文化的熏陶。无论有没有受过教育,文化水平有多高,都自觉或不自觉地接受了这种文化,并按这种文化来生活和行事。山西是传统文化的核心区域,受这种文化影响更深。"以义制利"就是以"义"为自己经商及其他活动的道德伦理基础。

"义"字含义中的"忠"是维护社会与家庭秩序,处理人与人之间关系的核心。在晋商中"忠"也是协调东家、大掌柜和员工之间关系的核心理论。"忠"不仅是下级对上级的忠诚,也包括上级对下级的关爱和信任。这就是"受人之托,忠人之事",以及"用人不疑,疑人不用"。晋商用这个原则来处理人与人的关系。东家中有掌权的大东家和只参加分红的东家,他们之间关系的核心就是大东家忠于其他东家,不以权谋利,这才有其他东家对大东家的信任。大掌柜忠于东家,这才有大东家对大掌柜的彻底放权,一切经营决策全由大掌柜做主。员工忠于大掌柜,这才有大掌柜对员工的信任。

从两件事可以看出这种"忠"的含义。一件是1900年八国联军入侵北京时,各票号商号要求员工迅速撤回山西总号。但某票号北京分号的掌柜齐梦彪观察到,在乱中打劫的都是京城的小流氓,只要铺号中有人他们就不敢抢。于是主动要求留下保护票号,结果这家票号没有受到任何损失。这就是员工对大东家、大掌柜,对整个票号的忠,即"忠人之事"。另一个是《又见平遥》中讲的故事。某票号在莫斯科分号的掌柜全家受难,仅留下一个遗孤。

总号东家亲自带人去莫斯科寻找这个孩子。最后所有人都在沿途中去世了,只有这个遗孤回到平遥。这是艺术创作,但以真实故事为基础。上对下的这种关爱、负责,就是一种"忠"的正义之举、道义之举。晋商票号和商号内关系一般都比较和谐,正是这种"忠"的结果。

"以义制利"就是在合乎"义"的基础上赚钱,即我们常说的"君子爱财,取之有道"。这种"义"或"道"的关键就是对顾客和客户讲诚信。在商号中就是所卖的东西货真价实,不以次充好,不缺斤短两。在票号中就是按时兑付客户的钱,从不拖欠。晋商经商信奉的是"宁可人欠我,绝不我欠人"。这种诚信正是晋商成功的基础。

举两个例子。当年乔家在包头开设的连锁商店"复字号",在许多小商贩缺斤少两、掺假造假极为普遍的情况下,坚持货真价实、足斤足两。这种诚信的经营作风成为乔家成功的基石。当时乔家第一代乔贵发从事"买树梢"的活动,即在春天树梢发芽时用固定价格买下秋后收获的粮食。这是一种有风险的投机活动。有一年乔贵发"买树梢"赔了。债主们认为,乔贵发的"复字号"从不骗人,所以这次失败仅仅是判断失误,而不是有意诈骗,便继续给予他资金支持。乔贵发终于在"买树梢"中成为大富。如果没有平时的诚信经商,能这样得到债主的信任吗?

另一个例子是,1900年八国联军侵入北京,许多王公贵族随慈禧西逃。他们到了山西,要求取出存款或把银票换为银子。面对"挤兑"风潮,各票号四处筹资或拿出窖藏多年的银子,满足了客户的要求。这种行为换来了客户的信任,才有了以后票号的发展与极度繁荣。小说《白银谷》正是根据这个历史事实写出了"惊天动地'赔得起'"这一章。

晋商的诚信在世界上也有名。英国《泰晤士报》曾报道过一个中国商人的孙子偿还爷爷欠英国商人债务的事情。当时继承公司的这位英国商人的孙子根本不知还有这样一笔外欠债务。当时在上海与汇丰银行打交道的有许多山西票号。一位汇丰银行经理在即将离任时说，他们与山西票号的资金来往达几亿两白银，但从没有遇到一个骗人的票号。

如果仅仅认为晋商讲诚信是图赚钱，为了商业的成功，那就低估了诚信对晋商的意义。"义"是他们经商，甚至人生最高的标准。在"义"和"利"之间，他们是选择"义"的。这就是说，即使不赚钱，甚至赔钱，他们也会选择诚信。20世纪20年代，晋商已进入衰亡时期。当时阎锡山发行了晋币，与中央银行发行的货币比价为1∶1。蒋冯阎大战，阎锡山失败后，晋币与中央银行发行的货币比价贬值为25∶1。乔家的票号大德通正在风雨飘摇之中。原先大德通票号吸收存款时并未注明是晋币还是中央银行的货币。从理论上说，晋币贬值后无论偿还晋币还是中央银行的货币都不违法。当时的大掌柜告诉大东家乔映霞，如果都偿还晋币，票号还有起死回生的希望。如果都支付中央银行的货币，票号马上破产。乔映霞回答，票号破产了，我们还能活下去，但给客户支付晋币，他们会家破人亡。我们晋商从来不做这种损人利己的事。无论当年他们存的什么货币，一律支付中央银行的货币。尽管票号破产了，但诚信的精神保留下来了。诚信不是为了赚钱，是最高的行为准则。山西省话剧团根据这件事编写的话剧《立秋》再现了晋商这种诚信的境界，感动了大江南北、海峡两岸的中国人。

"义"中也包含了中国传统文化中做人的道德修养及标准。这个标准就是"穷则独善其身，达则兼济天下"。前一句话指个人道德修养，后一句讲个人的社会责任。这两句话就是最高的道德标准。晋商正是用这种道德标准来要求自己的。

晋商都注重个人道德修养。他们靠勤奋与节俭起家，即使大富大贵之后也坚持了这个传统。晋商成功之后并没有追求奢华的享受，他们没有妻妾成群，也无心享受美味佳肴。徽商成功了，创造出了徽菜和淮扬菜系；粤商成功了，创造出了粤菜系；闽商成功了，有闽菜；连鲁商这样的小商帮都有鲁菜，但天下最富之晋商并没有晋菜。如今在乔家大院附近出售的"乔家八大碗、八大碟"，其实并非乔家创造的，而是今人出于商业目的杜撰的。晋商有大院，大院也相当气派，但他们的日常生活也就是中产水平。

晋商为人低调，善待村人、邻居。乔家在院门口有供乡亲免费使用的牛、马。每到过年过节必向乡人、邻里赠送过节用品，且是在夜间放到村人家门口，并不张扬。

晋商不少人相当重视情义，与人相处不忘情谊。晋商的客户们在遇到困难时多次得到晋商的无私援助，这在历史上数不胜数。在个人感情上，晋商也把情义置于利益之上。乔贵发当年贫困时与村中一女子互相颇有好感，但无力与她结亲。后来这位女子嫁了人，乔贵发亦到内蒙古去经商。后来这位女子丈夫去世，她每年还到乔家祖坟扫墓。乔贵发成功后，四十来岁时仍是"钻石王老五"。提亲的人很多，介绍的多是官宦或富家小姐。但乔贵发感佩这位女子的情义，毅然选择与她结婚，婚后对她与前夫的儿子视如己出。这件事令许多人敬佩，显出乔贵发富了以后还是重情义的人。

晋商不仅着重个人的道德品质，成功后还热心于社会公益事业。在当时缺乏社会救灾制度的情况下，晋商为救灾出钱又出力。清光绪三年（1877年），北方大旱，许多灾民流落到乔家大院一带，乔家主动施粥，所设熬粥之大锅达一百口。而且乔家要求熬的粥"插上筷子不倒，解开布包不散"。乔家家里也停了伙，与灾民一起吃粥，并节省家里的支出用于救灾。乔家不仅自己捐款，还组织更多的富人捐款。常家还以修戏台的名义让乡人有尊严地接受帮助。大旱持续三年，一个简单的戏台盖了三年，且耗银三万多两。这是历史上最无效的工程，也是最有爱心的工程。在这场灾难中，出钱、出物，以各种方式参与救灾的晋商大有人在。

平时晋商也从事扶贫助弱、修路建桥、办学等各种社会公益事业。常家办的女子学堂原来是为常家女儿办的，但后来面向社会招生，免费让许多女孩上学。山西各地地方志中记载了不少晋商从事各种公益慈善活动的事实。可见"达则兼济天下"并不是个别晋商的行为，而是整个晋商的集体行为。

如今的乔家大院和晋商其他大院保存完好，也受益于晋商这种既有个人道德修养又关心社会公益的为人之道。1900年义和团在山西大杀外国传教人员和本国教民，乔家救了七位意大利修女。意大利使馆后来赠送乔家一面意大利国旗以表谢意。1937年日军侵入山西后，乔家挂上了这面意大利国旗，避免了日本人的破坏。解放后政府要把乔家大院分给贫下中农，但这些农民感念之前受过乔家的恩惠，拒绝接受。于是乔家大院先被用作晋中地委党校办公地，后改为荣军疗养院，整体保存下来了。"文革"时红卫兵来乔家大院"破四旧"，乔家的一位老员工（原来是河南逃荒过来的一个孩子，被乔家救下，留在乔家）出于感恩，勇敢保卫了乔家大院。乔家大院未被破坏是典型的"善有善报"。这种"善"正是中国文化所倡导的。

晋商的个人道德修养与关心公益其实为他们经商创造了一个良好的环境，这也有助于晋商的成功。当然，传统文化中的保守与封闭，也使他们无法认识世界大势，失去了转型的机会。

晋商的官商结合

晋商的成功除了制度和文化还有另外两个重要的因素：官商结合和群体精神。 我们先来讲官商结合。

在人类历史上的任何社会中，政府和企业都存在着密不可分的关系。这种关系可以从两个方面来看。一方面企业是经济活动的主体，任何一个政府要实现经济繁荣、国强民富都离不了企业。这就需要政府通过立法和管制为企业创造一个良好的生存、发展环境，也要利用国家控制的资源和资金以及各种政策给企业以支持；同时企业也需要政府的保护以及支持。政府与企业合作才能共同实现经济繁荣。

另一方面，政府与企业的这种关系也可能成为官员受贿、腐败的根源。在专制制度下，政府和官员拥有的权力太大，又不受任何限制和监督，政府和企业的这种密切关系更多是以腐败的方式发生作用。政府与官员把手中的权力作为敛财的工具，企业不得不以钱权交易的方式得到支持。在明清这样的专制时代，当一个小商人，还可以不介入官场，宁波商帮被称为"草根商人"，正是因为他们是明清时小商人；一旦企业做大，绝对离不了政府，不仅要通过行贿求得自保，而且还要利用政府的权力和资源把企业做大。

晋商的历史其实也是一部官商结合史。我们说过春秋时晋国的商人已经能"行诸侯之贿"，这就是对各个诸侯行贿，以求得经商之便。战国时魏之段干木能成为"晋之大驵"，正因为他是魏文侯之师，政府支持他成为战马和其他战备物资采购、交易的"大驵"。宋代张本德为宋太祖娶亲"出缗钱、金帛数千"，本身就是一种行贿的方式，其结果当然是商业活动有皇帝亲自帮助，实现了"尽太祖朝而恩渥不替"。隋代木材商武士彟资助唐太宗父子其实是一种政治投资，寻求未来的官商结合，其结果是经商无法实现的。明代的官商结合形式也很多，但最典型的莫过于家族内既有人当官又有人经商。这种结合是官商结合的特例，也是最有效的结合。官商双方省去了谈判过程中的讨价还价及信任关系的建立，无须交易成本，又最可靠。

进入清代后，这种家族内官商结合的模式已不适合于晋商了。清代晋商的主体是白手起家的草根。他们在创业和成功的早期，文化水平总体上偏低，不可能通过科举进入仕途。在大富之后尽管也重视对子孙的教育，但对进入仕途兴趣并不大。所以，大的商业家族中没有当官的，无法采用家族内官商结合的模式。于是就通过结交官员，用行贿等方式实现官商结合。

在传统社会中，官与民的身份差别是极为明显的。一个商人无论有多富，也难以结交官员。换言之，想行贿都没有门路。为了实现官商结合就必须先取得一个官员的身份。好在当时有捐官制度，即用钱买官员的身份。尽管买来的官都是虚职，并没有实权，但无论如何总有了一个官员的身份，便于与官员交往。晋商买官的相当多，有的出于光宗耀祖的需要，有的出于被逼无奈（政府要完成卖官任务），更多则出于官商结合的需要。

晋商中大东家与大掌柜与各级官员的关系极为密切。1900年，慈禧太后西行路过山西时，不住省衙门而住在乔家大德通票号，就是由于该票号的大掌柜高钰与内务府大臣桂春私交甚好，而由桂春安排的。高钰不仅是经营高手，还是公关高手。他在官场人脉极广，上至贝勒、贝子等王公贵族，下至一般官员，都有他的密友，比如曾任山西巡抚的赵尔巽。赵出任四川巡抚，高钰去了成都，赵出任黑龙江将军，他也跟到那里。赵回京时，他也回来了。曾任山西省巡抚的岑春煊、丁宝铨与京城九门提督马玉琨等与高钰的交情都相当深厚。

与官员交往甚深的不是只有高钰。乔家另一票号大德恒的大掌柜与湖广总督端方关系甚好，端方曾在大德恒大东家乔家住过。合盛元票号汉口分号掌柜史锦川甚至成为湖广总督瑞澂的"干儿子"，任意出入总督府，总督府差役称之为"三少"。蔚泰厚票号与江苏地方官员王锡九，蔚丰厚票号与甘肃提督董福祥，蔚盛长票号与庆亲王，百川通票号与张之洞，三晋源票号与岑春煊，日升昌票号与历任粤海关监督、庆亲王、伦贝子和总理各国事务衙门大臣等都交往甚密。当然，这些交往的基础都是金钱，换言之，这些交往的背后是钱权交易。燕京大学教授陈其田在《山西票庄考略》中指出："票庄与官场的私下交结，有更多的趣闻。""在京的几个大的票庄，拉拢王公大臣，在外省不啻为督抚的司库。"

交结官员，官商结合，回报甚大。清早期的"船帮"就是靠范毓馪以"皇商"的身份为政府运送军粮。这当然不是"行贿"，但为政府做好事的动机仍与经商相关。正是通过这种行为，范家获得了与日本通商的资格，获利甚丰，成为当时最富的商家。

在从事茶叶贸易的"驼帮"中，官商结合也甚为重要。首先，可以获得相当于出口许可证的"龙票"。没有这种"龙票"是无法从事茶叶贸易的，而"龙票"的发放权全在官员手中。其次，在运茶的途中可以得到官府的保护，尤其是从茶叶产地到张家口这一段国内行程。最后，可以获得至关重要的信息。当时茶叶贸易受到中俄两国关系的影响。有时会由于两国关系交恶或偶然事件而闭关。两国关系会如何发展，何时会开关，对茶叶贸易商就极为重要。茶叶商做出判断就靠与他们相好的官员传递出来的各种信息。

当然，从官商结合中获益最大的还是从事票号业务的"票帮"。

票号是从为商人汇兑开始的。早期日升昌、蔚字五连号等票号的主要业务都是商业汇兑。这种汇兑的数量是有限的。在当时以"熟人"为基础的信任关系下，利用票号进行汇兑以及与票号有信贷关系的商号是有限的，且他们汇兑或存贷款的数额也是有限的。这就限制了票号进一步扩大。票号要做大就必须进入官银汇兑。票号依靠他们与地方实权官员的关系，也在一些地方为官银进行汇兑。百川通票号与曾任山西巡抚的张之洞关系密切。张之洞离开山西时希望出任两广总督，百川通借给他十万两银子，用于"活动"。张之洞出任两广总督后对百川通极为支持，广东省各地政府之间的银两来往就交给百川通汇兑。蔚丰厚交结董福祥，董福祥部队的军费全由蔚丰厚汇兑。正是因为票号在一些地方实现了官银汇兑，所以才有票号成为这些地方政府"司库"的说法。

但晋商票号进入中央财政系统从事官银汇兑仍然有相当大的阻力。清政府的"祖制"是由政府的军队负责官银运送，严格禁止私人进入。晋商通过与他们结交的地方官员与王公贵族、朝中大臣，不断上奏，希望政府批准由票号汇兑官银，但一直未获最高层批准。转变发生在太平天国时期，这时由于战争动乱，军队已无法安全地运送官银。地方的银两无法按时运到中央，中央的银两也无法运至各地，"祖制"被打断了。这种情况下，各地甚至中央都借助票号来汇兑官银。这种做法虽未得到正式批准，但已经被广泛采用了。八国联军入侵，慈禧出逃又返京后，这种做法被正式批准。由此票号进入官银汇兑，并成为运送官银的主要渠道，票号也成为中央财政的"司库"了。

让晋商从官商结合中获益最大的还是慈禧的山西之行。慈禧匆忙出逃住在乔家大德通票号时，受到乔家的热情接待和无微不至的关怀，临走时乔家又赠给慈禧三十万两银子。慈禧对晋商印象甚好，回京后给了晋商许多好处。首先是《辛丑条约》规定的全部赔款加利息约为十亿两白银，全由票号汇兑。具体做法是，每年各地政府把应承担的赔款交给当地晋商票号，由票号汇至汇丰银行，再由汇丰银行交给各国政府。票号从这项业务中获利甚丰。一是汇费，当时汇费根据远近不同而不同，平均为3%—4%，算一算十亿两银子的汇费有多少？二是票号向各地政府的贷款。赔款要在指定时间上缴。但许多地方政府财政困难，无法按时上缴。这时票号就贷款给这些财政困难的地方政府。贷款当然有利息收入，这等于从赔款这头牛身上剥了两次皮。正如前文所说，慈禧又批准了票号进入官银汇兑。票号更广泛地参与了整个国家的财政事务。所以这是票号历史上最辉煌的时期。许多票号每年的分红都超过了本金。这种辉煌正是官商结合的结果。

当然，慈禧也让票号组建中央银行，可惜票号没有接受，否则晋商就不会在极度辉煌十多年之后突然衰亡了。

官商结合，依靠政府而发展，也就埋下了以后衰亡的种子。这就是我们常说的"成于官，败于官"。就晋商票号而言，直接"败于官"的是清政府被推翻后，各级政府所欠票号的债务一律无法收回。据不完全统计，这笔债多达七百万两白银。这样大的损失对票号当然是致命的。

更重要的是，依靠政府就可以轻松赚大钱使晋商失去了创新的动力，也失去了转型的动力。晋商一直是依靠创新而发展的，而且靠创新战胜了每一次挫折，走向更大的发展。"开中制"改为"折色制"使他们走上多元化贸易之路。他们与北方少数民族的贸易发展至全国，造就了一个更强大的晋商。当商业已无法再扩大时，他们又抓住时机创办了票号，进入了全新的领域。在太平天国的动乱中，晋商票号在长江流域的业务受到重创。晋商敏锐地认识到，以上海为中心的长江下游有辉煌的未来，于是放弃长江中游，进入上海，又有了新的发展机遇。但当票号进入官银汇兑，尤其是获得庚子赔款的汇兑，以及由此而来的政府贷款业务之后，晋商进入了票号最辉煌的暴利十年。这时他们已完全没有创新的动力，而且满足于票号的暴利，也不思转变为现代银行之事了，甚至有机遇也视而不见。把自己绑在政府的战车上，一旦政府出问题，末日就来临了。清政府垮台之时，就是晋商的灭亡之日。

晋商的群体精神

商帮是商人自发组成的商业联盟，目的是互相帮助，共同成功。这种通过结为"帮"而形成的群体精神对晋商的成功是十分重要的。

这种以"帮"的形式出现的联盟也有悠久的历史。它起源于民间"结社"的习俗。"社"是一种民间自发、自治的组织，按民意自发形成的以敬神活动为中心的组织，在有自然灾害时组织"敬神"活动，或组织各种以"敬神"为中心的文娱活动。在商业活动中，商人自发结成的"社"其实是一种行会，称为"纲"或其他名称。如明初"开中制"之后在盐业贸易中形成的"纲"，就是这种性质的组织。历史上记载，当时有"浙直之纲，宣大之纲，泽潞之纲，平阳之纲，蒲州之纲"。由于晋商在当时盐业贸易中的主导地位，除"浙直之纲"外，其他四纲都是晋商的，而且是以地域为纽带组成的。

明代中期以后，晋商从事多元化贸易，且经商足迹遍及全国，故有"有麻雀的地方就有山西人"的说法。在外地经商的山西人就按地域、按行业建立了"会馆"。会馆就成为商人结盟或称"帮"的重要形式。会馆也称为"公所"或"公会"。会馆的起源很早，它是一种地方性同乡组织，为在某地的同乡提供一个聚会之所。有各种目的与性质的会馆。商业会馆的历史也相当悠久，在唐宋时已有。但在明代商品经济发达之后，会馆才遍地开花。

明代时山西商人在北京的会馆就有明万历年间山西铜、铁、锡、炭商人的潞安会馆，颜料、桐油商人的平遥会馆；天启、崇祯年间的临汾商人的临汾东馆和仕商共建的临汾西馆，临、襄两邑汾河以东商人建的山右会馆。到清代，在总计445所会馆中，山西商人的会馆有50所。山西商人的会馆遍及河南的洛阳、开封、社旗、苏州、上海、汉口、聊城等地都有相当大的山西商人会馆。苏州的会馆建筑精美，现已改为中国戏曲博物馆，山东聊城的山陕会馆早在上世纪60年代就成为全国重点保护文物，其建筑为清乾隆时代的精品。

晋商把这种商业会馆的功能定位为"报神恩、联乡情、诚义举"。"报神恩"是通过对神灵的祭拜，形成或加强共同的信仰，以求精神上的一致。这是发扬群体精神、互相帮助的思想基础。晋商供奉的主要神灵是武财神关公。通过祭祀关公，彰显"以义制利"的宗旨。晋商到各处经商首先要建一个祭祀关公的地方，许多会馆就是在此基础上发展起来的。"联乡情"不仅是联络同乡人之间的乡亲，而且更重要的是，协调及约束各个商人的商业行为，以通过乡情达到互相帮助与合作的目的，尤其是防止同乡人之间的恶性竞争。"诚义举"一方面是通过互相帮助，对有困难的同乡起到社会保障的作用；另一方面则是组织从事各种在当地的慈善活动与公益事业，为他们在外经商创造一个良好的经商环境。

根据这三个原则，各个晋商会馆组织了许多活动，维护入会商人的利益。

首先是作为联络同乡感情的地方，会馆组织各种满足大家思乡之情的活动，如在平时为大家提供家乡的特色饭菜和酒水，以及供应家乡的各种特色食品。如会馆请山西大厨做刀削面、过油肉，提供汾酒、竹叶青、平遥牛肉、太谷饼等。节假日请来家乡的戏班子唱戏，如唱山西梆子《打金枝》等，还组织家乡的各种文艺活动。这些对长年远离家乡的人都是弥足珍贵的。同时，在外经商的人遇到困难时，会馆提供各种帮助。有病了，会馆请医生，找人照顾；经商遇到挫折，无钱回家，会馆给予资助；商人不幸在外去世，会馆买一块地作为义冢，将其安葬；等等。临汾会馆说这些活动是为了"敦睦情，联感情，本互相而谋福利"。

当然，这种乡情联络中也包括对在该地经商的本乡亲人的规范与约束。会馆也是同乡商人聚会公议的地方，公议的主要内容之一就是制定行规。行规不是法律，但在会馆内部对同乡商人有相当强的约束力。比如河南舞阳北舞渡晋商杂货行会馆在清乾隆五十年（1785年）就制定了行规，并立碑为记。其中规定"卖货不得论堆，必要逐宗过秤；不得合外方伙计；不得沿路会客，任客投至；不得假冒名姓留客；结账不得私让分文；不得在人家店内勾引客买货；不得在栈房门口树立招牌，只写某店栈房"，等等。这些行规是为了避免同乡商人恶性竞争，违者"罚银五十两"。这些规定要求不主动去推销、促销，在今天看来有点不可理喻，但实际情况是，杂货商都是小商人，如枣子商，如果有人主动出击，别人反击，降价促销，本来就本小利微，这样竞争下去就都难以生存了。

其次是用整体的力量保护本帮商人的利益，做一些单个商人做不到，但有利于所有商人的事。如清光绪年间，归化市场上有相当数量民间铸造的含铜量不足的"沙钱"流动，这些假币破坏了正常的金融秩序，也破坏了正常的商业交易，给所有商人带来危害。但任何一个商人对这种造假行为都无可奈何。晋商在当地的会馆三贤庙内设立交易所，用足成的制钱来换"沙钱"，又将"沙钱"熔毁，铸成铜牌一块，上刻"永禁沙钱流通"，成功地阻止了制造"沙钱"的行为。再如道光年间，北京市场上许多秤的砝码不准，严重影响了交易。颜料会馆公立标准行秤四杆，新铸银砝码四块，每块重五十两，作为标准，分到四城公用，恢复了正常交易秩序。这些事都不是单个商人能做到的——不仅有资金问题，还有公众信誉问题——只有会馆可以用整体的力量做到。

一个商人，无论实力多强，也难以受到政府重视，但作为一个商人组织的会馆就不同了。会馆在当地商界有能力、有影响，它们代表本帮商人与政府打交道，政府不得不重视。所以会馆的重要作用之一就是代表同乡商人与政府打交道，维护自己的利益。清道光年间，山西纸商已垄断了北京的纸业贸易。他们直接从造纸厂进货，然后供给市场。但天津来的一伙流氓组建了纸业的牙行，不让纸厂直接向山西商人供货，要由他们作为中介向山西商人供货。这是黑社会强取豪夺的行为，但每个纸商对这样的流氓都无可奈何。于是晋商纸业会馆代表商人向顺天府衙门提出上诉，经审理，会馆获胜，天津的黑社会不得不退出。这类事情在各地地方志中的记载也不少。

会馆是一个正式的组织，由在某地同乡商人中有实力、有威望的商人发起，联络同乡商人成立。会馆有自己的制度，有固定的管理人员，本乡商人经已入会馆者介绍可以入馆。加入会馆还要根据自己经营的状况交纳一定的费用，并遵守会馆的规则。可以参加会馆的公议，提出自己的意见，也可以享受加入者的各种利益，参与会馆组织的各项活动。一般来说，在某地的本乡商人都会加入不同行业的会馆。当然在本地也有各种形式或不同行业的组织，如行会、公所等。其性质作用与外地的会馆类似。

在这种有组织的互相帮助之外，也有非组织的个人之间的相互帮助。许多地方的商人往往会由于同乡、亲戚或姻亲形成基于地域与血缘关系的互助关系。这种关系并没有正式的组织，但在相互帮助中也起了重要的作用。比如，太谷曹家的女儿嫁到了乔家，他们之间是姻亲。光绪年间，乔家的大德通票号发行银票太多，引起挤兑。这时曹家的票号出手，贴出告示，说明持有乔家大德通票号的银票可以在曹家的票号兑现。谁都知道，曹家的票号实力强大，兑付不成问题，毕竟用银票比带银子方便，于是不再去大德通兑现了。大德通票号靠曹家的帮助避免了一次劫难。这种个人之间的相互帮助在晋商中并不罕见。

辉煌五百多年的晋商，在清亡之后中国社会转型的时代衰亡了。它们这五百年的辉煌在历史上留下了深深的印记。它们的衰亡让人惋惜，也值得我们深究其中的原因。但它们留下的宝贵经验更值得我们深思、汲取。这正是今天研究、了解晋商的意义。

第二章　家族文化与徽商

徽商指安徽省徽州地区的商帮。在明清时代徽州包括六县：歙县、黟县、休宁、祁门、绩溪、婺源。徽州有新安江流过，亦称新安郡。所以，徽商也称为新安商人。

这种含义上的徽州现在已不存在了。1934年，出于军事上的需要，婺源划归江西省。1947年应安徽士绅和地方官员的要求，婺源又回归徽州。1949年5月又划归江西，直至现在。1988年，绩溪划归安徽省宣城市，剩下的四县新建黄山市。尽管有一些文化人士呼吁恢复原来的徽州，但一直未果。

虽然徽州在行政区划上被分开了，但历史上形成的徽州文化源远流长、博大精深，仍作为一个整体而存在。

徽州文化的核心是家族文化，或称宗族文化。徽商的产生、发展与这种文化紧密相关。徽商所创造的财富是徽州文化的经济基础，同时，徽商的经营也处处体现了徽州文化。因此，认识徽商必须从徽州的家族文化开始。

徽州的家族文化

徽州的原住民是分散在南方的越人中的山越人。**但徽州的家族文化是汉族移民从中原带过来的，保留与继承了中国古老家族文化的形式与内容，同时适应移居徽州后的经济与文化，发展形

成了自己的特色。所以，认识徽州的家族文化还要从移民讲起。

徽州是一个偏僻的山区，境内群峰参天，山丘屏列，岭谷交错，有深山、浅谷，也有盆地平原，是一个山清水秀、适于躲避战乱的地方，所以中原许多士族为避乱或其他原因移居这里。最早迁入的是西汉末年任汉廷司马长史的方纮。当时王莽当权，社会混乱，他"避居江左，遂家丹阳"，丹阳为歙之东乡。东汉末年汉灵帝时，以破黄巾有功被封为龙骧将军的汪文和，在建安二年（197年）因中原大乱向南渡江。当时徽州由吴国统治，孙策任命他为会稽令，遂家于歙。以后汪氏成为徽州第一大家族，方氏成为徽州第二大家族。

徽州不仅有其适于避乱的封闭性，而且毗邻江浙平原地区。随着江南开发的深入及平原地区的动乱，更多中原士族迁入徽州。这些移民主要集中在三个时期。两晋之际，中原地区永嘉之乱促成第一个移民高潮，这时有9个家族进入。唐末安史之乱以后，藩镇割据，黄巢起义，中原动荡，又有24个家族迁入。两宋之际，靖康之乱，金兵南侵，又有15个家族迁入。这三次移民形成徽州移民的主体。

此外也有在此做官而爱其山水，或来此隐居等原因而迁入的。如原居山东青州的鲍氏在永嘉末年避难江南。东晋咸和间，鲍弘任新安郡守而留下来在这里发展。再如原居山东东安博昌的任氏，梁天监中任昉出守新安，由于爱其山水之胜而留下。

迁入徽州的士族都是中原地区的名门望族。名门望族不同于贵族。贵族是由皇帝或国王分封，靠血缘的遗传，即使后代已经贫困不堪，且一事无成，仍然有贵族的头衔，可以摆贵族的架子。隋代之后，受封的贵族作为一种制度已经衰亡了。名门望族一靠财富，必定是富裕之家；二靠社会地位，在传统社会中，社会地位由官本位决定，所以名门望族必有人考中进士当过官；三靠文化修养，一定有"诗书传家"的传统，虽然不一定出过大学者，但也必有相当高的文化水平。如果一个家族失去了这三者，自然就堕落为平民了。

中原的士族整体有智慧，有经济实力，也有胆识，故而在社会动乱时整体移民徽州。他们也带来了原来的家族文化传统。在这种迁移中，中原士族完成了向徽州望族的变迁，也使徽州区域社会向宗族社会转变。徽州地区形成宗族组织、文化科举和商业经营之间的良性互动，三者之中宗族居于核心地位。这正是徽州文化的独特性，也是徽商成功的基础。

名门望族的基础是财富。在中原时他们的财富主要来源于土地，靠农业生产积累财富。但徽州可耕地稀缺，农业受到极大限制，于是他们利用当地丰富的资源从事商业活动。徽州人早在东晋时已经开始投身商业活动，以后这种传统一直持续发展，到明代中期则形成了徽商这个商帮。徽商是以血缘和地缘为纽带的商业群体，是一种以宗族为中心的集体商业联盟，又通过地缘关系结成"帮"。徽商往往兼备了儒商、官商和族商这三种身份。儒商是有文化、以儒家思想为商业伦理基础的商人。官商是家族中有人为官，便于官商结合。族商则是以一个家族的血缘关系为整个商业活动的支撑，商业活动中体现了家族文化的特点。这三者的结合使他们有别于其他商帮，形成徽商一个鲜明的特点。

作为名门望族必须有社会地位，这种地位来自入仕为官。所以，徽州人重视教育投资，也重视参与科举考试，作为入仕的途径。徽商的特点是"好贾重儒"，这与晋商有很大的不同。晋商是"好贾而轻儒"，他们也重视对子女的教育，但主要目的还是有文化，懂礼仪，更好地经商，而不是去参加科举考试入仕为官。清代歙县有"连科三殿撰，十里四翰林"之说。《歙县闲谭》中载有北京歙县会馆观光堂的"题名榜"所列的清代歙县本籍、客籍的京官和科举及第者名单，计有大学士4人，尚书7人，侍郎21人，都察院都御史7人，内阁学士15人，状元5人，传胪5人，会元3人，解元13人，进士296人，举人近1000人。这仅仅是歙县，不包括徽州其他五县。反观山西，清代一个状元都没有，进士也屈指可数。

名门望族不仅重视教育子女入仕为官，而且也重视提高整个家族的文化水平与修养，所以被称为"理学之乡""东南邹鲁"。特别应该指出，程朱理学在中国传统文化中处于核心地位，它的创造者宋代的程颢、程颐兄弟和朱熹祖籍都是徽州。家族文化亦是程朱理学的一个重要组成部分。

徽州的家族文化来自中原，但在徽州又得到了进一步发展。

与许多其他家族一样，徽州的家族模式也是大家族下的小家庭。换言之，是许多家庭组成一个家族。家庭是同居、同财、同生活的团体，分为共祖家庭、直系家庭、主干家庭和核心家庭四种类型。共祖家庭是若干代在一起生活，人口可达数百人。这种类型被认为最符合儒家伦理，但实际上难以实现，故而相当罕见。直系家庭指共祖父母的成员为一家，三代同堂，这种家庭较容易维持。主干家庭也包括祖孙三代，与直系家庭的区别在于第二代兄弟分家，成为一个独立的家庭。核心家庭只有一对夫妇和未成年子女，是最小的家庭。据调查，明清时的徽州家族以主干家庭和核心家庭为主。家庭人口增加，不断分化出主干家庭和核心家庭后也可以成为一个宗族。山区封闭的环境不仅使家族组织保存下来成为可能，也成为必要。因为在这种环境中只有依靠集体的力量才能生存下来，并恢复中原时名门望族的辉煌。

徽州的家族文化有四个特征。

第一，聚族而居。就是一个家族的人住在一个村子里。这个村子很少有外人，本族的人也不在外村，所以有"新安各族聚姓而居，绝无一杂姓掺入者"的说法。新安是徽州的另一个名称。在徽州，凡是名门望族聚居的村镇，单姓村占了 87.6%，两姓村占 10.1%，而三姓以上的村仅占 2.3%。如歙县棠樾村就是鲍家聚居之地。即使在多姓村，也是以一个名门望族为主的，如祁门的莲花村有九姓，但只有吴氏为名门望族，他们的土地占全村的 83%。这表明，徽州的望族由于历史、政治、文化和经济上的雄厚实力，对生存空间具有独占性。这种聚族而居有利于同一宗族统一的观念与行为，也便于集体力量的发展、文化传统的传承，以及族内的相互联系。总之，聚族而居加强与巩固了宗族文化的地位与作用。

第二，通过墓祭、庙祭、修家谱这些活动维系家族的认同和组织性。每个家族都有自己的祖坟，族人还会修建家庙（或称祠堂）供奉先祖。每年的重要节日，全族人都要祭祀祖坟、祠堂。徽州的各大家族极为重视修家谱。国家图书馆共藏有家谱一千部，其中有四百部属于善本家谱。这四百部中有二百部是徽州的家谱。如果有人违背族规，最大的惩罚就是不能入家谱，死后不能进祖坟，等于开除"族籍"。

第三，宗族内实现睦邻友好，互相帮助。这是为了维持家族的名声，也可以使族人之间友好相处，维护家族的稳定性。这包括了两个方面。一是各个家族有自己的家规，族长按家规管理家族的内部事务，并协调族人之间的关系，违背族规要受到严惩；另一方面是各家族都有共地或义田，所种粮食供家族中贫穷的族人所用。也有些家族设有基金一类的资金，帮助族中的穷人或遇到意外灾难的族人。这相当于家族内的一种社会保障制度。

第四，十分重视家族的社会地位，在门第观、婚姻观方面与魏晋南北朝的门阀、贵族一脉相承。他们讲究门第，不与低阶层的人交往，婚姻上十分重视对方的门第，这就是"婚姻论门第，辨别上中下等甚严"。联姻的都为门当户对的家族。如绩溪，汪、胡为两大家族，他们就"世为婚姻"。徽州盛行佃仆制，佃仆与主人之间有严格的隶属关系。佃仆即使升腾发达，也不能与主人平起平坐，也不可通婚。在大家族中这种观念极为普遍。据记载，棠樾鲍家有个姑娘一只眼瞎了，在门第相当的家族中无人想娶，于是打算下嫁给低层次家族。这个姑娘的姑姑知道后极为气愤，说咱们家的女孩，死也不能下嫁。既然在门当户对的家族中嫁不出去，就嫁给我儿子好了。为维护家族的地位而牺牲儿子的利益，这是多强烈的门第意识啊。

这四个特征使徽州的家族文化稳定而持久，从而形成一种家族的力量。这一点在徽商的形成与发展中起到了关键作用。这是徽商不同于其他商帮的显著特点。我们正是从这一点出发来认识徽商的。

徽商的历史

徽州人走上经商之路，首先是由地理环境决定的。

徽州是山区，山地与丘陵占十分之九，平地只有十分之一，这就是"七山一水一分田，一分道路和庄园"，可耕地只占总面积的11.4%。且土地贫瘠，产量相当低。随着移民的不断进入，土地与食物的矛盾更加尖锐。据明末时顾炎武的记载，徽州一年所产的粮食，只能勉强养活全境十分之一的人，其他十分之九的粮食要从江西、湖广等地运来。移居这里的士族别说兴旺发达了，连生存都困难。

但徽州独特的地理特点使它的其他资源极为丰富。首先是木材与竹子。山上各种树木丛生，尤其是利用价值极高的杉木。南宋范成大就指出，休宁山中最宜种杉树。杉树易于生长，故而当地以种杉为业,其中婺源之杉为上品。竹子更是漫山遍野。其次是茶叶。徽州多崇山峻岭,气候湿润,适于茶树生长。早在唐代,徽州的茶,尤其是祁门的茶已名扬天下。其中松罗茶、雀舌、莲心、金芽等都是上品。最后是制造瓷器的陶土,即高岭土,或称白土。婺源高粱山的粳米土,其性坚硬;祁门开化山的糯米土,其性柔软。两者结合才有景德镇的高档瓷器。此外,山上还有药材、水果、桐油、漆等其他物产。

徽州还有许多闻名全国的手工业产品。首先是文房四宝——纸、墨、笔、砚。早在唐宋时徽州的纸已经出名。五代十国时,南唐后主李煜专门建"澄心堂"收藏徽州的纸,这就是以后有名的"澄心堂纸"。徽州多出古松,松烟是制墨的好材料。南唐时奚超、奚庭珪父子所制徽墨名扬天下。以后徽墨不仅行销天下,还成为朝廷贡品。宋代之后徽州有一批制笔名匠,如吕道人、吕大渊、汪伯玄等。他们制造的笔名扬天下。徽州婺源所产的龙尾石是制砚的好材料,婺源当时属歙州,故称"歙砚"。这文房四宝直至今天仍属珍品。此外徽州还出产漆器、瓷器、印书等。

徽州为山区,但有新安江流过全境。在当时商业交通主要靠水路的情况下,可算交通方便。从徽州府城上船可沿新安江进入浙江,直至杭州。又可以从杭州沿运河到苏州和扬州、南京。从唐宋起,这些城市商业发达,为徽州的产品提供了广阔的市场。

中原的士族来到徽州,原来以农业为经济基础的生活已无法继续下去,不得不另寻出路。徽州的自然条件又有利于经商。于是这些来自中原的移民就走上了经商之路。明万历年间编的《歙志》中说,"吾邑之人不能不贾者,时也,势也,亦情也",正是一种真实的描述。

还应该指出的是,来自中原的士族不仅勤奋,而且文化素质总体偏高,头脑灵活,善于抓住商机。后来成为大盐商的鲍志道年轻时曾到一家店铺应聘，这家店铺的老板在一天考试结束后，请各位应聘者吃馄饨，鲍志道马上意识到老板之举肯定另有目的，就留了心。第二天，老板问他们昨天吃的馄饨有几种馅，是什么馅，别人都答不出，只有鲍志道答对了。这成为他成功道路上的第一步。这种凡事注意观察的特点正是他高素质的表现，也是经商所需要的品质。这样的事例在徽商中相当多。

东晋时徽州离建业并不远，而建业作为首都，对各种物品需求颇多，徽州人外出经商已相当普遍。这才有东晋镇军将军司马晞，每逢宴会，必令娼妓扮作新安人，歌舞离别之情。可见徽州人与家人离别经商已广为人知。不过这一时期徽州的经商情况尚缺乏更多史料证实。

唐中期安史之乱以后，许多士族迁入徽州，人口与土地的矛盾加剧，加之经济中心开始向江南转移，江南经济得到发展，为徽州人经商提供了有利的机会。这时歙州已被称为"富州"。唐元和三年（808年），宣歙二州旱灾，米价大涨，观察史卢坦反对用行政手段平抑米价，不久米价即平抑。这并不是靠生产，而是靠商业发达、外地米流入而平抑的。唐末时，徽州的茶，尤其是祁门的茶已行销天下，"人皆尚之"。五代时，徽州的纸、墨、砚都是远销四方的产品。

宋以后经济中心进一步南移，尤其是南宋建都临安，对各种产品的需求大增，经水路由徽州到临安又相当方便。徽州所产的竹、木、桐、漆是建设临安所需要的。南宋时大量文人移居临安，纸、墨、砚是他们的必需品。南宋绍兴年间，政府多印会子（纸币），一次就采购50万张纸。日本中国史专家斯波义信指出，徽州当时已成为一个重要的地区性商业中心。为了同国内其他地区进行贸易竞争，徽州已经开始形成一定的社会分工，使其地方产品更有特色，占领市场。

当时徽州商人在江西、江苏，尤其是苏州一带有相当的地位与影响。在徽州还形成许多集市和贸易点。同时也出现了一些富商大贾，如北宋末年大茶商朱元。南宋初年，祁门人程承津、程承海经商致富分别被称为"十万大公"和"十万二公"。朱熹的外祖父祝确广开商店和客栈，占徽州地面近半，被称为"祝半城"。黟县财主舒伟抈，贷款给去远方经商的人，十年后债务人奉还本利千缗，他说早已忘记了，可见钱财之多。在这种广泛的经商活动中，徽州商人不但增加了财富，也增长了经商才干。他们在商品的鉴别与检验、收购与销售、保管与运输方面积累了丰富的经验，而且对各地交通状况、风土物产、不同的需求都有所了解。这些为明以后商业的发展创造了必不可少的条件。

如果说明以前的徽州商人所从事的贸易主要还是把徽州的产品运出去，换回自己所需要的粮食，那么明以后商品经济的发展就打破了这种限制，他们把商业做到全国，真正成为被称为"遍地徽"的徽商。

明朝的建立结束了战乱状态，社会安定，生产与经济发展，人口增加，形成了全国统一的大市场。特别是张居正实行税收改革，推行一条鞭法和地丁制，赋税中折银的部分日益增加，迫使农民走上商品化农业的道路。明中期以后白银从秘鲁经西班牙流入中国，银被普遍地用作货币。这一切促进了明中期以后的商业发达。徽州商业的发达表现在三个方面。一是交易商品的范围极大扩张。过去主要以奢侈品和本地的特产为主，现在扩大到木材、粮食、盐、茶、棉、布、丝绸、瓷器等生活必需品。二是贩运的规模扩大，路线延长，长途贩运极为普遍。三是城市和市镇数量增加且日益繁荣。过去的城市多为政治与军事中心。明以后的许多城市因商业的发展而出现，且靠商业的繁荣而发展，城市人口也急剧增加。徽州紧邻商品经济最发达的江南地区，他们正是靠日用品的长途贩运而壮大的。

徽商的主业是盐、茶、木、典,但之所以能成为一个在中国历史上极有影响的商帮,还在于盐。所以,我们从盐业来认识明以后徽商发展与衰亡的三百多年历史,可以看到这种随着盐业的发展与衰亡都与政府的盐业政策相关。

从明弘历五年(1492年)开始实施"折色制",到万历四十五年(1617年)纲盐制的实施,是徽商作为一个商帮形成的时期。

明初以后徽商发展迅速,这表现在:第一,经商成为一种风气,这就是徽州谚语所说的"以贾为生意,不贾则无望","十三四岁往外一丢",也就是经商去了。正如史载,歙县"业贾者看什家而七",休宁"以货殖为恒产",祁门"畈田者十三,贾十七"。人们的价值观念亦由"学而优则仕"转变为"右贾左儒","重商好儒"。第二,经营行业多,百姓生活必需的盐、茶、木、粮、布、丝绸、瓷器等几乎无所不入,且进入金融的典当行业。到明中期时,北方的典当业由晋商控制,南方的典当业则由徽商控制,尤以休宁人为主。许多徽商经营数个行业,也经常变换行业。尽管盐、木、茶、典是四大主业,但并不排斥其他行业。第三,经商活动范围广,足迹几遍天下,所以才有"遍地徽"的说法。徽商沿运河进入华北各地,沿长江来往于川楚吴越,又经赣江、越大庾岭进入广东,也有在海外经商者。第四,财力雄厚。所以谢肇淛在《五杂俎》中说:"富室之称雄者,江南则推新安,江北则推山右。新安大贾,鱼盐为业,藏镪有至百万者,其他二三十万,则中贾耳。"新安即为徽商,山右则是晋商。

但应该指出,**徽商真正成为一个商帮还是在1492年盐业政策由"开中制"改为"折色制"以后**。当时中国的盐业中心已由山西运城的盐池一带转至两淮盐场,盐业贸易中心转移到扬州。

实行"折色制"以后，任何人都可以在内地以银换盐引，从事盐业贸易。徽商抓住这一机遇进入盐业贸易。起初进入扬州从事盐业贸易的还有原来已从事盐业贸易、迁移至扬州的晋商与陕商，但不久徽商就占了绝对主导地位。这与他们资本实力雄厚和有良好的官场关系相关。中国从汉武帝以来一直实施盐铁专卖，盐业从来都不是一个自由贸易的行业。

从明万历四十五年（1617年）盐业政策由"折色制"改为"纲盐制"，到清道光十二年（1833年）取消"纲盐制"改为"票盐制"，这是徽商最辉煌的二百多年。

在"纲盐制"下，只有进入"纲本"或者"窝本"的商人才能从事盐业贸易。徽商既有雄厚的资本实力，又有权势官员为背景，其官商结合达到最高水平，甚至乾隆下江南都是徽商不惜血本地接待。有些大徽商，如江春，甚至"以布衣上交天子"。这样的背景使他们在盐业贸易中大显身手。"纲盐制"实际是政府授权的私人垄断。盐为生活必需品，对这种行业的垄断，必然有极高的垄断利润。据清雍正时湖广总督杨宗仁推算，两淮盐场每斤盐2厘，贱时1.5厘，贵时3厘，加上盐引费、运费、税收等为7.4厘，定价一钱仍可赚2.5厘。每引盐200斤，大盐商的盐引高达几十万引，利润有多高？当然，这种计算不一定准确，但盐业在垄断下为暴利，这是不言而喻的，否则徽商何以能富可敌国，生活又极为奢侈？

徽商在这一时期也不仅只经营盐业，木、茶、典及其他行业仍然在发展。应该指出的是，在明末清初，徽商的商业活动也不是一帆风顺的。明末时政府对商人的盘剥，明末李自成起义，以及清人入关及对反清活动的镇压也给徽商带来巨大的冲击。明末清初文人金声说："新安商人足迹遍天下，天下有不幸遭虔刘之处，则新安人必与俱，以故十年来天下大半残，新安人亦大半残。"清康熙年间《徽州府志》中说："明末徽商最富厚,遭兵火三余,渐遂萧条,今乃不及前之十一。"这些言辞也许有夸张之处,但明末清初,徽商受巨大冲击是不言而喻的。国家受难,徽商岂能免亡?但在清初社会安定下来之后,清承明制,包括"纲盐制",徽商甚至比过去更富有、更辉煌。清以后徽商在各地大建徽商的会馆正是徽商成功的标志。

清道光十二年(1832年),户部尚书陶澍主持下改"纲盐制"为"票盐制"之后,徽商进入衰亡阶段。"票盐制"就是任何人都可以用银子换盐引,从事盐业贸易,无须"入纲"之类的资格。盐业贸易的垄断被打破了。尽管仍然实施盐铁专卖,盐业被国家垄断,但有限地放开了私人盐商的竞争。徽商失去在盐业贸易中的垄断地位,进入衰亡时期。同时,鸦片战争后,外国商品进入中国,主要为出口的丝绸和茶叶贸易也受到极大的冲击。

不过,徽商的衰亡与晋商不同。晋商是在1900年后极度繁荣时,随着清政府的垮台而断崖式衰亡的,而且几乎是所有商业活动同时衰亡。徽商是逐渐衰亡的。他们经营范围广,盐业整个衰亡后,还有木材、茶叶及其他行业仍然存在并发展了相当长时间。徽商甚至也有过自救的创新,如祁门茶叶为适应英国人下午茶喝红茶的习惯,创造出至今仍然闻名中外的"祁门红茶",也创造了"黄山毛峰"这样的名茶。徽州的纸、墨、砚虽然总量不大,但一直是名牌。

徽商的经营

一切对徽商的认识要从他们的商业活动开始。

明清两代,徽商的经营最重要的首先是两淮盐业。两淮盐业是从西汉吴王刘濞"煮海水为盐,以故无赋,国用富饶"开始的。

但从西汉到唐,由于经济中心在中原,吴越地区人口稀少,产量不多,并不重要。从唐代开始,两淮的盐产量增加,政府也注意到对两淮盐场生产、运销和征税的管理。到两宋,经济中心转移到江南。由于移民进入,人口大增,两淮的盐产量也大增,政府设立了负责盐税征收的发运使。这是两淮盐业的发展时期。到明清,两淮盐业达到极盛时期,为全国盐场之冠。盐税成为政府税收的主要来源。

据记载,徽州商人早在元末明初已有人进入两淮盐业,但即使在"开中制"之后,进入两淮盐业的还是山西和陕西商人,徽商并不多。徽商大量进入两淮盐业有两次,一次是明代中期,另一次是清康熙之际。明中期"折色制"的实施为徽商进入两淮盐业创造了条件,徽商大量进入,到万历年间已超过山西和陕西商人,且多为徽州的大姓人家,如汪、程、江、潘、黄、许等。清康乾时代是两淮盐业的极盛期,进入两淮盐业的徽商更多,如江、吴、黄、程、汪、徐、郑、许、曹、鲍、叶等家族。徽商在两淮盐业中势力之大是空前的。尤其是实行"纲盐制"之后,徽商在两淮盐业中已处于垄断地位。这一时期两淮八大盐业总商中,歙县人就有四个。这一时期,扬州重要的盐商约为80个,其中10个是山西人,10个是陕西人,其余60个全是徽州人,尤以歙县人最多。徽商在盐业中的资本约为6000万两银子,每年获利2000万两银子左右,利润高达三分之一。

徽商能在两淮盐中占优势,首先是经营盐业的徽商都迁至扬州,有交通之便。其次徽州的大家族有深厚的文化修养,既懂经营,又懂政府政策变化,且以文化活动于官场。最后,他们以家族的集体力量,既有雄厚的资本,又有官场广泛的人脉关系。

徽商在扬州从事盐业贸易,富可敌国,据估计清道光年间取消"纲盐制"之前,每年收入在2000万两银子左右,当时政府一年的财政收入也仅为 8000 万两白银。他们把这巨额财富用于城市建设、个人家宅建设、奢侈消费,以及教育事业,促成了扬州的繁荣。"票盐制"实施之后,徽商的盐业逐渐走向衰亡,但扬州的繁荣维持下来了。

徽商经营的第二个行业是茶叶贸易。徽州的茶叶贸易可以追溯到唐。徽州是著名的产茶区,有优质丰富的茶源。明清时期饮茶风气普及,提供了广阔的茶叶市场,同时,国外对中国茶叶的强大需求也为徽州茶叶开拓了更广阔的市场。这使徽州茶叶的行销范围扩大,销量激增,茶业成为徽商的四大主业之一。徽州的两淮盐业衰落之后,由于经营外销茶叶的洋庄茶兴起,国外对茶叶需求增加,徽商的茶叶贸易自然在发展、繁荣。徽商在茶叶贸易中的优势在于,徽商不仅销售徽州的茶叶,而且还到江西等茶产区收购茶叶。同时根据市场需求加工茶叶,因制作工艺高超,创造了许多名牌。加之徽商善于控制茶叶的运输路线,在茶叶销售方面形成了"内销"与"外销"两个体系。总之,徽商在茶叶贸易中形成了一套自创的有效体系,有丰富的管理、加工、运输、销售经验。

徽商从事木材贸易历史早,人数多,资本雄厚,活动范围广。木材贸易也是徽商四大产业之一。在工业革命前,木材是制造车、船,建房,制作工具与家具的重要原料,对生产和生活都有重要作用,有广阔而巨大的市场需求。徽州山区松、杉、桐、漆等树种丰富,早已成为早期徽州的贸易产品。明以后徽商的木材贸易进入国内木材大市场,他们在西南各省、湘西、福建、江西等地采购木材,销往全国各地。盐商衰落之后,木材贸易仍然在发展,并在全国木材贸易中有相当地位与实力。

典当业产生于南朝时的寺庙中,是一种抵押贷款,也是传统社会主要的金融活动之一。**徽商典当业在明代时已经资本雄厚、**

遍及全国，尤其是垄断了江南的典当业。历史上记载的徽州典当富商极多，《拍案惊奇》之类通俗小说中提到的富有的典当商，多为徽州人。他们的资产有百万甚至数百万。典当业的发展与明以后税收中货币成分增加、商业发达相关。徽商典当业发达除了他们资本雄厚、善于经营之外，也与他们重视家族集体力量、与官场关系好相关。此外，典当中关键人物是"朝奉"，这是负责验收典当物品的专业人士，当时的朝奉业为休宁人独占，所以典当业成为徽商的四大行业之一。

除了这四大主业之外，徽商经营的业务还很多。**首先是粮食贸易**。徽商最早从事粮食贸易是因为本地产粮严重不足，故而用本地特产到江西、江浙这些邻近区域换粮食。明代之后商品经济发达，徽商就在全国范围内从事长途的粮食贸易。尤其是产粮的湖广地区、江西、安徽、四川与缺粮的江浙一带之间的粮食贸易。在这种贸易中，徽商也居于重要地位。以粮食贸易而富者有休宁汪梦龙、黟县郑嘉莲、绩溪章传仁、休宁吴鹏翔等。徽商的粮食贸易往往与盐、布、典当相结合，使其实力更强，竞争能力更强。

其次是绸布业。徽商重视布业。歙县人吴良儒就说过："吾乡贾者，首鱼盐，次布帛。"歙县人吴良友这一代"始以布贾燕齐之间"，"贺益大饶，累巨万"。当松江棉布业大量走向市场时，徽商就涌向松江。江南许多盛产棉布的城镇，如嘉定县的南翔、罗店两镇，最活跃的都是徽商。清代时盛产棉布的上海五县"宣歙人尤多"。苏州印染棉布的字号大多为徽商所经营。他们是棉布收购者，棉布染踹行业的经营者，由徽商经营的棉布质量上乘，徽商也是最活跃的棉布贩运商，运河沿线的棉布转运控制者，这大大促进了江南棉布业的发展。丝绸业并非徽商的强项，但他们在这一行业中也占有一席之地。盛产丝绸的湖州、杭州、嘉兴、苏州等地都是徽商集中之地，不但在府城，在县城中都建有徽商的会馆。南浔经营丝业的"四象"之一张颂贤原籍就是歙县。

最后是对外海上贸易。尽管徽商在对外贸易方面不如粤商、闽商、宁波商，但这也是他们商业活动不可缺少的一部分。明嘉靖、万历时期，新航路开通，国外对中国的丝绸、瓷器、茶叶等需求旺盛，徽商也参与了对外贸易。但政府采取海禁政策，一些从事外贸的徽商就成为海盗，其中著名的有许栋、王直和徐海。他们以舟山双屿港为基地，从事海盗与走私贸易活动，在闽浙总督朱纨攻下双屿港、许栋集团失败后，王直成为海盗集团头目，流亡日本，仍然既为海盗，也从事中日之间的走私贸易。许多徽商研究者并不认为王直等海盗属于正统意义上的徽商。所以，许多研究徽商的著作中都没有这一部分。不过我认为，王直海盗集团与徽商的关系比胡雪岩要近得多。因为对外贸易是徽商经营活动的一部分，讲这段历史就不能不讲王直。

"隆庆开关"后，海禁也随之放宽，从事海上贸易者增加，其中既有通过海上运输的国内南北贸易，也有与外国的贸易。徽商也参与了这种贸易活动。尤其在中日贸易中占有一席之地。历史学家王振忠先生根据资料，指出徽商从事对日贸易的有62人，其中确定的为17人，有可能的为45人。按姓氏看，徽州的大姓汪、程中有44人。活跃于清乾嘉道时代者有34人。这种贸易主要是用中国的丝绸、茶叶、书籍、文房四宝等换日本的铜，他们甚至成为政府购铜的官商，比如休宁人汪永增及族人。

在以上各个行业贸易中，**徽商还充当牙商**。牙商是买卖双方的中间商。明清时期，全国各地市场上充斥着官府指定的牙商，大量民间贸易只有通过牙商组成的牙行才能进行。徽商在许多地方商业中有优势，从而控制了当地牙行，垄断了这一行业贸易。他们经商往往是"商"与"牙"的结合。在木材、茶叶、瓷器、棉布、丝绸，以及外贸中都有徽商的牙商。

许多徽商并不是经营一个行业,而是经营多个行业。这种多元化既增加了利润,又回避了风险。

徽商经商活动的范围相当广,他们沿着运河进入北方,如山东、北京等,也进入过广东一带,甚至去往国外。**但他们经商的中心地区还是长江中下游地区。**我们集中介绍徽商在这里的经商活动。

今天的上海明清时大致为松江地区。明清时的松江也是全国工商业最发达的地区之一。徽商在这里十分活跃,尤其是棉布的贸易,这里是总中心。明成化年间就有人注意到"松(环)民之财,多被徽商搬去"。此后徽商"贾松江""商游吴淞""业贾上海"之类记载颇多。清初,人们列举徽商活动的主要城市,大都离不了松江。清乾隆十九年(1754年),徽州人旅居上海者还联合宁国府人共建了徽宁会馆,号曰"思恭堂",这是上海最早的八个会馆之一。

徽商在上海的经商活动促进了上海地区棉纺织业的发展,明清时上海一直是全国棉纺织业的中心。徽商的经商也促进了上海造船业的发展。造船用的木材完全由徽商控制,或产自徽州,或由徽商自其他地方运来。徽商还促进了上海的海上贸易。明末徽商已成为南北海上贸易的积极力量。清以后,徽商除了扩大海上南北贸易,还远赴日本贸易。徽商中的盐商和典当商在上海十分活跃,对工商业发展起到推动作用。鸦片战争后,徽商棉布业、盐业、典当业的地位下降,但茶业得到发展,尤其是出口的茶业。此外是丝绸业,歙县人经营的京广杂货业,黟县人经营的木材业、油漆业,绩溪、婺源人经营的墨业,以及绩溪人经营的饮食业等。

苏州是江南经济繁荣的地区,明初徽商在苏州就已经相当活跃了。明中期之后,徽人"商于阊门""贸于吴市""商游姑苏"之类的记载很多。清代歙县人仅寄籍苏州各县考取进士者就达23

人，这说明徽州人在苏州之多。徽商在苏州为数众多，一是因为苏州是徽商出道贸易的必经之地，二是因为苏州是适于徽商中小商人经营的场所。当然在交通上，从徽州到苏州也相当方便。徽商在苏州以经营布、丝绸、粮、木、典当业为主。徽商的活动促进了苏州商品经济的发展。徽商也对苏州的城市建设和公益事业做出了贡献。

芜湖为长江与青弋江（古称长河）交汇之处，商业发达，明清时期已成为全国著名的商业都会。但芜湖商业发达并不是当地人经商的结果，而是借助了客籍商人的力量。在这些客籍商人中，人数最多、资本最雄厚、对芜湖商业贡献最大的是徽州人。芜湖到徽州交通方便，因此成为徽商活动的基地，木材、粮食都从这里转运各地。徽商在芜湖不仅促进了经济发展，而且带头抵制官府的横征暴敛，保护了当地商民的利益，对交通、社会秩序和文化发展都做出了贡献。

武汉是长江中上游的商业中心。早在明弘治、嘉靖年间就有徽商"尝客吴楚间"。清代武汉地位更为重要，徽商"客汉皋"者甚多，康乾年间已建有徽宁会馆（后改名徽州会馆）。徽商在这里经营的特点之一是经营行业较多，盐、粮、木、茶、布、丝织、墨、典当、药业、杂货、酒楼、银楼、珠宝都有，不像在其他地方以一业为主；特点之二是行商坐贾兼而有之；特点之三是以转运贸易为大宗，如盐、木、粮、茶等的转运。徽商在武汉经营的徽州特色小商品和服务行业经久不衰，直到1949年。

徽商在吴楚地区主要经营粮食、木材、棉布。此外还有煤、铁、生漆、桐油、丝绸、海味、日用杂货等，但贸易额并不大。当然，实力最大又最活跃的还是盐业。这些商业活动不仅推动了当地经济发展，也改善了交通。

从以上的介绍可以看出，徽商以在扬州的两淮盐业而成为一个商帮，但它的经营并不限于扬州，更不限于两淮盐业。它在全国各地的多元化经营不仅加强了徽商的实力与地位，而且也使它不随盐而兴，随盐而亡。当"票盐制"实施后，徽商作为一个以盐为业的商帮衰亡了，但它仍然在其他行业发展。在清后期和民国，徽商都是一支不可忽视的商业劲旅。盐业造就了他们的巨富，而在全国的多元化经营才是他们对中国商业和中国经济更大的贡献。

徽商经营中的家族文化

徽商在扬州和全国各地以盐业为中心的经营活动都可以由一条线贯穿起来，这条线就是家族文化。家族文化在徽商的商业经营活动中起了关键作用，这是徽商不同于其他商帮最显著的特点。日本学者藤井宏先生在《新安商人的研究》中指出："新安商人的商业经营，归结一句话，即立足于血族乡党的结合关系上面，这是旧中国社会各种事业中共通的现象，毫不足异。这在新安商人的场合，也表现得最为浓厚，而且典型。"藤井宏先生抓住了徽商的本质特点。我们从徽商商业经营的各个方面来说明这个以家族文化为中心经商的特点。

首先来看徽商的筹资方式。藤井宏先生把徽商筹资方式概括为七种，**即共同资本、委托资本、婚姻资本、援助资本、遗产资本、官场资本、劳动资本**，这些筹资方式都体现了家族文化的特色。

藤井宏先生把劳动资本放在最后，实际上这却是原始资本积累的"第一桶金"，是从商的起点。从这种意义上说，无论以后用什么方式筹集或累积了多少资本，作为起点的劳动资本才是最重要的。所有商人在这一点上是相同的，徽商并不例外。

中原的士族移居到徽州前原有的财产，尤其是土地、房地产都属于无法移动的不动产，在战乱形势下也难以变现，所以到徽州后基本没什么可以经商的资本。少数移民大家族在徽州建立了庄园，实行佃仆制，但用这种剥削来的钱经商的并不多。从历史记录看，与世界上所有地方一样，以后大富的成功商人都是从一无所有白手起家的，他们经商的启动资本还是自己辛勤劳动赚来的钱，这种由劳动而来的资本就是劳动资本。藤井宏先生的解释是："这是白手起家，专恃自己劳动所得，累积而成的资本，或称之为劳动资本。"徽商中这种靠才能与拼搏由贫而富的例子很多。如明代歙县人江才，家中贫穷，13岁时外出，与其兄"屠酤里中"，后来在杭州开杂货铺。以后在青齐梁宋之间从事长途贩运，40岁时大富。再如明代歙县人吴荣让家境贫寒，用小本经营赚到的钱购买荒山野地种植茶、漆、栌、栗等致富。徽商中许多富户并未"含着金钥匙出生"，而是靠自己的拼搏。这与其他地方是相同的，不同之处在于徽州人重家族观念，一人成功后吸收同族子弟进入或者资助同族子弟从商，从而形成一个以家族为核心的企业集团。

第二种共同资本，就是若干人共同出资，共同经营，原则上是每个人出的资本与经营中的权责利都是相等的。如明嘉靖年间休宁程镇结其一族的十人，各出资三百缗，合资在吴光新市经商成功。又如明末休宁孙氏四昆季"合志同财"经营两淮盐业。明《拍案惊奇》中亦有以合资开当店为故事的小说。这说明这种筹资方式已相当普遍。这种筹资方式相当于今天的合伙制。不过徽商的共同资本都是同一家族的人共同出资。这种血缘关系与家族文化缓解了合伙制中出现的各种矛盾，或者可以在家族内用家规来化解这些矛盾。

第三种是委托资本。这种筹资方式相当于民间借贷。有资金的人把钱借给有能力而无资金的人进行经商活动。这时债权人并不参与经营,进行经营的债务人则要向债权人支付利息。这种借贷活动发生在一个家族内部,故有家族文化特征。不过,尽管是以家族内基于血缘关系的信任为基础,但债权人与债务人之间还是有合约的。不过徽商的这种借贷关系与一般的民间借贷不同。藤井宏指出:"出资者与经营者之间已超出一般的信贷关系,经营者有成为出资者的代理人之概。"但经营者有独立经营的权力,不仅仅是唯出资者之命是从的一般代理人。

第四种是婚姻资本。这是通过婚姻关系而获得的资本。有两种形式,一种是妻子的嫁妆转化为经商的资本。另一种是妻家直接提供资本,或作为赠予,或作为贷款。如明末巨商汪玄仪开始经商时的资金就来自妻子吴氏的家族。这类事情在徽商中屡见不鲜。

第五种是援助资本,即在一个家族内其他族人提供资金,或亲戚、同乡、好友提供资金。这比婚姻资本更常见,与委托资本类似,但更多还基于亲情或友情。

第六种是遗产资本,即用前辈留下的遗产作为资本经商。这种情况在徽商中随处可见。出于家族中的平等观念,一人靠遗产经商致富后,仍由几兄弟平分财产。这会被传为佳话。如明万历年间的富商程次公,明嘉靖年间靠遗产在芜湖经商成功的歙县人阮弼,都是如此。

第七种是官僚资本,即由为官者提供的资本。从作用上说,这种资本与委托资本和援助资本没什么不同。差别在于这种资本的来源。官僚资本来自为官时的薪俸或各种合法收入,但更多来自贪污受贿所得。因为明代官员实行低薪制,合法收入有限。官僚资本中尤其值得注意的是宦官把自己的非法所得交给盐商获利。如歙县人王某与锦衣卫千户高舍人相识,后者出资万金给王某经商。这种官僚资本的另一好处是可以得到官员支持或庇护，更便于官商勾结。这种官僚资本可以是在一个家族内，也可以是家族之外。后一种情况更常见。

由以上看出，徽商的筹资方式本质上与其他商人相同，但其中家族文化起着重要作用。这就在于各种筹资方式都建立在家族文化之上，从而有了特色。商业做大之后所需资本更多，晋商走上了股份制之路，其他商帮也有"合股"之说。徽商做得极大，但并没有明确的股份制或合股，正在于家族文化的存在使他们不必用股份的方式筹资。

家族文化的另一个重要作用是借助家族实现官商结合。

明清时代是中国专制社会的顶峰。在这样的社会里，一切资源都归皇帝及这个体制中的官员。也许对小商人，是否有紧密的官商关系还不是十分关键，所以，一些小商帮，如江右商、鲁商等，官商结合并不明显。但对大商帮，尤其是大商帮中的巨富，官商结合是必不可缺的：最低目的可以保护自己的财产与家人的安全；最高目的则可以利用官员建立经商中的垄断地位，获取暴利。晋商、粤商都依靠官商结合而成功。徽商经营的两淮盐业完全由政府控制，能否进入"纲本"，能得到多少盐引，都由政府官员说了算。所以对徽商来说，实现官商结合是生存与发展的关键。他们愿意为乾隆下江南出巨资，原因皆在于此。

藤井宏先生把徽商实现官商结合的方法归纳为四种："（一）帮助宗族乡党相识中的有能力者，大量送入仕途，而加以利用。（二）使子弟应试为官，自己成为官商。（三）通过捐纳得官，使自己成为官僚。（四）与相识的官僚结成亲友，以便利用其势力。"这四种中前三种都与家族文化相关，第四种是普遍适用的。

第四种方法就是行贿官员。这是各个商人都用的，但徽商的应用有自己的特色，就是特别善于揣摩官员的心理，投其所好。

我们知道徽商，尤其是扬州盐商，生活极其奢侈，大建豪宅，讲究饮食，独创徽菜和淮扬菜，附庸风雅玩文物，且广纳美妾。何炳棣教授对此有独到的见解。他认为徽商的这些奢侈生活方式当然是为了自己享受，但还有另一个原因就是行贿的需要。不同的官员爱好不同，只有投其所好，行贿才有用。商人只有多方准备才能做到。官员爱吃，可以捧出各色美味佳馔。官员好文雅、喜文物，可以与之聊天，送他想要的文物。官员好色，可以请其到家中赴宴，由美妾陪同，官员喜爱，则送之。也许这名美妾以后还可以成为商人在官员身边的"卧底"，有更多收获。总之徽商在行贿结交官员方面下足了功夫。徽商中通过行贿、交友、联姻等各种方式与官员建立密切关系者数不胜数，极为普遍。

前三种方式都与家族文化相关。我们以前说，名门望族要靠财富、地位与文化来维持，在传统社会中，社会地位还要靠当官来维持。所以，即使没有经商的需要，入仕当官也是人生目标。徽商的"好贾重儒"就是既要通过商业活动赚钱，又要"学而优则仕"。徽商进入盐业后，这一点更突出。

帮助自己家族中有能力的人入仕为官，就是指一个大家族中，肯定是有人善于读书、有望科举考试中高中进士的。如果家庭贫穷导致孩子无法读书，就由家族资助这个孩子读书。如果这孩子能考中进士，做官后仍由家族出资，疏通各种官场关系，或者行贿，以求晋升。这些孩子当官后，当然要回报家族的恩惠，为整个家族经商的人打开官场之路，结交更多官员，为这个家族的商业活动提供更多帮助。整个家族的这种投资，也许不是每投必中，但肯定会有成功的。

当然，如果自家子弟有读书能力，则不需他们继续从商，而是要让他们走读书入仕之路。在明清时代，参加科举考试应在有户籍的家乡，但许多徽商在扬州或其他地方经商。这样子弟就必须取得在外地的"商籍",才有资格在经商之地参加科举考试。明万历年间,已允许盐商为主的客商子弟在其"附籍"的寄居地参加考试。到了清代设"商籍",允许异地参加考试。这为徽商子弟通过科举走上入仕的道路打开了方便之门。徽商子弟在各地以商籍考中进士走上仕途的并不少。这些徽商子弟家境优越,又有进士出身,在官场呼风唤雨,为徽商的壮大做出了贡献。许多大徽商的家族就是官商一体的,如歙县曹家曹文埴、曹振镛父子在清康乾时代担任过大学士、尚书,曹振镛还是乾隆皇帝的宠臣。曹家也是两淮的大盐商,这样的家族在徽商中不止曹氏一家。明清两代是徽商辉煌的时代,也是徽州人在朝中与地方当官最多的时代。一个家族中有官有商,是官商结合最好的形式。

纳捐为官是入仕的另一种方法。尽管这种官多为虚职,但也取得了官员的身份。在官民不平等的社会中,这种虚职身份,也便于商人进入官场与官员相交。当然,从虚职开始,再纳捐,还是有机会获得实职的。明代纳捐为官还没有成为一种普遍的制度。徽商有以这种方式入仕者,如明嘉靖年间歙县商人程德容任新安卫指挥佥事等,但并不多。清康乾以来,由于政府财政需要,纳捐为官成为一种制度,纳捐之风大盛,徽商借此当官,甚至获取实职,有职有权。从清康熙到嘉庆著名的纳捐为官的徽州商人有陈光祖、程之前、黄光德、江广达、汪必相等。当时纳捐为官的主流还是徽州商人。在徽商中官与商成为一种正反馈:越有钱,官越大;官越大,越有钱。

官商结合各有其目的,官是卖权赚钱,商是买权赚钱。两者都为一个"钱"字,必然有矛盾、冲突。在传统专制社会中,权至高无上,官就要用权来压榨商人,徽商难免成为压榨的对象,也会有反抗。明万历年间,皇帝派大批宦官担任矿监税使分赴各地,压榨商人。淮扬的盐商高、汪、方、金等家族倾家荡产,甚至丧生。其中汪、方应为徽商。休宁商人朱承甫被宦官压榨,通过面折廷争,方捍卫了自己的利益。明万历年间,在苏州,宦官孙隆私设税官于江南津渡,过往商品无不征重税,又派爪牙垄断市场,无所不为,徽商经营丝业者大受损害。此举引起苏州罢市以反税使,皇帝怕引发民变,不得不撤诸类之税。明天启六年(1626年),两淮盐商吴养春之弟吴养泽故后,仆人吴荣犯罪,投靠大宦官魏忠贤,贪图霸占吴家财产,制造"黄山案",致使吴养春及家人被害。清乾隆三十三年(1768年),两淮盐商又发生"两淮提引案"。盐商预提盐引,赚了钱。政府提出追缴"余利",以此为名,获银达1014万两。政府对两淮盐商的盘剥层出不穷,徽州的两淮盐商深受其苦。这也是官商结合的必然结果。

徽商大多从个人经商开始,成功后通过共同资本、委托资本、婚姻资本、援助资本、遗产资本的筹资方式而以家族的整体力量经商。明末汪氏的汪玄仪经商成功后,召弟子十余人经商,"凡出入必介决策",就是汪氏子弟共同做出经商决策。这类事情在徽商中极为普遍,相关记载很多。

以家族的方式经商可以建立商业垄断地位。徽商的行商坐贾都善于利用家族势力形成垄断。这种垄断可以是对一个地区的全面垄断,也可以是对不同地区同一行业的垄断。

徽州人外出经商,在某一地区或城市有了落脚之地后就会召其族人前来。胡适先生在给绩溪县志馆的编纂信函中就强调了徽人举族移徙经商与建立商业垄断的关系。他提出了"小绩溪"与"大绩溪"的概念。"小绩溪"指绩溪本地,"大绩溪"指绩溪人外出经商,垄断了一些城镇的商业的地方。所谓"无徽不成镇"指的就是徽商垄断了商业的地区。利用财力、物力、人力上的家族优势就可以垄断一个地方的商业。婺源商人程栋,在汉口"颇得利,置产业",从而"凡亲友及同乡者,借住数月,不取伙食,仍代觅荐生业",让族人从事各个行业,遂垄断了汉口的商业。黟县商人朱承训在江西吴城镇经商成功,对"乡人觅业而来,与失业而贫者,因材推荐",使整个家族的人不断发展壮大,垄断了当地商业。以家族势力垄断一方商业在徽商中相当普遍。

另一方面是徽商利用家族势力垄断一个行业。最典型的就是休宁商人对典当业的垄断。同族和同乡从事典当业就可以凭借雄厚的资本实力与丰富的经营经验,采取一致的行动,降低典息,来排挤外来竞争者。比如,休宁典当商在南京就用这种方法排挤了福建典当商。汪通保指挥宗族子弟在上海扩大典当业,虽没有形成垄断,但在上海典当业中影响极大。江南典当业明清时代一直由徽州人,主要是休宁人主导,正是指他们垄断了这个行业。

徽商还借助家族势力展开商业竞争。徽商的主要业务是充当行商,即从事长途贩运贸易。利润主要取决于不同地方和不同时期的价格差,以及运输、库存的成本。这就需要正确估算不同地区、季节的需求,货运周转率以及与运输、库存相关的支出变动。换言之,需要与长途贩运或运输、库存相关的各种信息。由一个家族组成的行商团体,分布于各地,不仅有雄厚的资本,而且有丰富、准确、及时的信息,可以在运输和仓储方面相互支持。这就可以及时调整决策,适应市场的变化,比其他单个行商有了更多的竞争优势。家族关系还使他们可以得到并不属于这个行商集团,但是其族人的其他商人的帮助。徽商重视修家谱,不仅是维持一个家族稳定团结所需要的,而且也是在外地经商时的"联络图"。明弘治、万历年间,徽商程季公正是靠这种家族关系提供的信息与方便而成功。胡雪岩说"花花轿子人抬人",徽商中家族文化形成的这种族人之间的"人抬人",正是他们成功的重要原因之一。

为了更好地发挥家族的群体力量,徽商在各地建了会馆。在明代已有徽商的商业性会馆出现，但大量出现是在清代。歙县徽商许承尧曾说："吾徽人笃于乡谊，又重经商，商人足迹所至，会馆义庄遍行各省。"徽商的会馆在经商中的作用是联合徽商的力量，尤其是摆脱其他地方同行的控制，争夺垄断权；扶植同族、同乡商人在当地的势力，以便"以众帮众"；借助会馆办有利于商业活动的大型工程，如疏通河道等；最后是代表徽商与官府交涉商业事务，如抵制运输中的税卡林立。

最后是借助家族家规实现内部管理。与晋商相比，这种特色更突出。晋商坚持"用乡不用亲"，从而实现了制度化管理，建立了一套完善的内部管理与激励机制。徽商其实是"用亲不用乡"，强调所用的重要岗位员工都是本家族的人。非同族的乡人或外地人加入，则被称为"门下客"。同时也有本家族的"世仆"或"伴当"。但关键的家监、掌柜中，十有八九是同族者。

徽商的企业中分为代理人、副手、掌计、店伙与雇工这几个层次。代理人是受商人委托的经营者。副手是商人的助手。其作用是作为商人与掌计之间的中间人，起调节作用；作为商人的耳目，使商人掌握信息；以及与官府的联络。掌计是店铺的管理经营人员，负责采购销售业务。店伙与雇工从事各种杂务工作，一般由族人的同乡或佃仆担任。

既然都是同族的人，企业就不用制定具体的制度，完全用宗法的家规来管理。一个家族内是有长幼尊卑之分的，"父父子子"要求对长者的尊重与服从。所以作为长者的商人就要求下面的员工"忠信""无私""铢两不私"。下级员工要绝对服从，忠于职守。做到这些要求且有贡献者，还可以"分身而自为贾"。大盐商鲍志道就是先"佐人业盐"而后自成巨商的。当然，这样的例子并不多。

徽商借助家族的血缘亲情建立企业内的相互信任，同时也用宗法制度和族规来管理员工，控制多为族人的伙计。清嘉庆《歙县志》中提到，"徽州聚族居，最重宗法"。经商同样如此。徽商在经商地"建宗祠，祭祖先"正是为了维护这种宗法制度。对员工的约束，有过失时的处罚都是依族规办事。这种不靠企业制度而靠宗法、家规的管理在其他各个商帮中是没有的。其他商帮的企业也在不同程度上利用了宗法与家规，但主要还是用正式或非正式的制度管理。

以血缘为纽带的家族内部其实并不平等。一个家族内的不同家庭之间有贫富差别，更不用说家族中还有地位甚低的佃仆。但家族的观念用淡淡的亲情掩盖了这种严酷的不平等。宗法和家规束缚了贫穷的族人和佃仆，让他们甘心受剥削。许多徽商的研究著作与文艺作品更多反映了成功徽商的艰辛奋斗之路和成功后的奢华，而对那些族人中的贫穷者和佃仆的状态关心得并不多。

徽商的经营理念

徽商的主体是从中原迁来的名门望族。他们世代受儒家文化熏陶，自觉或不自觉地按儒家的思想行事。在徽州人被迫走上经商之路以后，也是"亦儒亦商"，把儒家思想作为自己商业伦理观的基础与核心。**徽商的经营理念正是儒家伦理观的体现与实践。**

首先是以诚待人，以信服人。 "诚"是儒家所崇尚的道德标准。《中庸》中说："诚者，天之道也；诚之者，人之道也。"把"诚"提到天人之道的高度。"信"更是儒家崇尚的传统教义，所以孔子说："民无信而不立，人而无信，不知其可也。"诚信是儒家为人处世立业的根基，也成为徽商经商的伦理道德基础、成功的原因。

"诚信"首先是协调内部关系，共同经商。徽商是家族式经商,家族内个人之间的相互关系正是建立在相互信任的基础之上。这种互相信任正以儒家思想为宗旨。安徽和县人江明生被徽商请到扬州业盐。他与东家做到了"主宾倚重,相与有成"。这就在于东家对他信任不疑,他对下属也诚信不疑,这才有上下合作而"业兴于海滨千里之外"。婺源人汪启逊12岁到休宁,他所想的就是"食人之食当忠其事"。婺源木商江恭垿与陈万年合资经营,陈万年去世时儿子才4岁,但江恭垿仍按时把红利交给陈万年的妻子与儿子。清代婺源商人詹谷在崇明岛代人经营典当,后来主人回乡,太平军起,交通阻断,詹谷仍然"竭力摒挡,业乃大振"。十年后主人之子来到崇明,他交出账册,涓滴无私。当地人敬服他的忠诚,主人的儿子深受感动。在詹谷离开时,主人的儿子薪俸外加赠400金,他不受还乡。地方志与族谱中记载这类事情相当多。

诚信的另一方面则是对客户的诚信,诚信地经商。世人爱说"无商不奸",的确有不少商人以诈生财,但徽商鲍雯"一切治生家智巧机利,悉屏不用,惟以至诚待人,人亦不欺君,久之渐致盈余"。另一位徽商许宪把自己成功的经验总结为"惟诚待人,人自怀服,任术御物,扬终不亲"。他在经商时"以诚待人",结果是"湖海仰德,而资益积"。徽商经营的商品盐、木、茶、布、粮等都物美价廉,货真价实。尤其是茶叶中的许多名牌,更是多年诚心、精心经营的结果。即使是典当业也并不欺行霸市。如果没有诚信的精神,恐怕是做不成这样一个业务广泛、遍及全国,而又成功几百年的大商帮的。

其次是**"举利竞争,甘当廉贾"**。司马迁在《史记》中曾说过"廉吏久,久更富,廉贾归富"。这就是认识到,如果贪财,以高价求成功,一时可获大利,但终会失去顾客和市场。只有以廉经商,短期虽获利少,但赢得了顾客和市场,长期会大富。徽商明白这个道理，并把它作为经营的原则，采取了薄利原则。徽商经商的利润主要来自两个方面。一是长途贩运，赚取两地之间的价格差；二是囤积储存，赚取两个时段之间的价格差。但他们并不以高价格作为获利手段。明朝休宁商人程锁在江苏溧水经商，贷款给农民只收10%的利息。有一年粮食丰收，他仍按原价收购。第二年大旱，他也并不提价销售。他的薄利经营获得社会好评，因此买卖做得更大，赚得更多。徽商囤积储存，但并不囤积居奇。清朝休宁人吴佛童在江南从事粮食贸易。有一年大旱，有人劝他待价而沽，但他坚持以平价出售。不仅粮食，其他生意也如此。如果不是实行低价策略，他们的商业很难做到这么大。传统典当业以高利息著称，但徽商并不如此。明代南京有当铺五百余家，主要为徽商与闽商经营。闽商的利息高达三分、四分，但徽商仅一分、二分。这样闽商就被赶出了市场。

第三，"**宁可失利，不可失义**"。儒家的义利观是"求利思义"，"义然后取"。这就是坚持"先义后利"。徽商正是坚持了"职虽为利，非义不可取也"。婺源商人朱文炽贩茶去珠江，由于旅途受阻，运到的茶已不新鲜，也错过了销售旺季。他在卖茶时自书"陈茶"二字，牙商劝他收回这两个字，他坚持不从。吴鹏翔有一年从四川运数万石粮到汉阳。正逢汉阳缺粮，米谷踊贵，他仍然"减值直粜"以救民。还有一次他购买的油椒有毒，牙商愿收回，但他仍买下并烧之，宁可自己吃亏，也不害别人。歙县商人在吴楚燕之间放贷经商。有欠债者由于旱年无力偿还，要卖子女还债，但他坚决不许，并把债券全部烧掉。经商而不乘人之危，这就是"义"。

第四，"**注重质量，提高信誉**"。徽商深知，对顾客的诚正在产品质量上，所以重视商品及相关服务的质量。胡开文墨号第二代传人胡余德创制一种墨锭，可在水中浸泡不散。一外地客户购买一袋，返途落入水中，捞起时墨锭已溶化。客户找到胡余德，他以一袋名墨"苍珮室"赔偿，并下令各店停售质量不过关的墨。这正是胡开文墨号闻名数百年、直至今天的原因。

徽商在江南经营布业，布庄设有专职"看布"人员，检查棉布，并精心染制，成为"漂染俱精"的布，并标明字号。由于有徽商布庄布号标记的布销路好，市场上出现了假冒者。徽商为维护自己的信誉，请政府严禁假冒字号。徽商的典当业也重视服务质量。明代徽商汪通保在松江经营当铺，服务周到，且坚持"五不准"：不准欺行霸市，还本时不准以劣质铜钱掺杂其中，不准短少，不准收零头，不准以日计息多收。

最后是许多徽商成功后关注桑梓，为家乡和家乡人筹办各种公益事业，如修学校、修路建桥、帮助穷人等。他们还参与了明代的"抗倭"行动，支持、帮助政府平定"倭寇"。这就体现了徽商的"达则兼济天下"的观念。

当然，我们也不能把徽商看成铁板一块，认为全是有以上品德的儒商。徽商中也有无德商人，尤其是在盐商中。徽商以这些人为耻，称他们为"徽狗"。从历史记载来看，真正做到"儒商"的徽州商人占绝大多数，"徽狗"仅仅是极少数。只不过历史记载，尤其是文人笔记之类，以及文艺作品夸大了他们的劣行。不过这无损于徽商整体上的"儒商"形象。

徽商在文化上的贡献

徽商在明清两代的经商活动促进了商品经济的发展，对全国尤其是江南地区的经济繁荣起到了至关重要的作用。徽商把儒家的传统运用于经商，在实践中发扬、传播并发展了儒家思想，形成早已受国内外学者关注的"徽州文化"。这对中国传统文化的传承、发展起到了不可忽视的作用。

与其他商帮相比,**徽商对中国甚至世界最大的贡献还在于文化**。我们这里所说的文化不是儒家文化,而是更广义的文化,包括教育、文学、建筑、珠算、绘画、戏剧、医学、饮食等更广泛的文化。直到今天,徽商商业与经济上的辉煌已成为昨日余晖,徽商信奉并践行的儒家文化也成为历史,但徽商在更广泛的文化方面的贡献在今天仍然有深远的影响。它们共同构成了著名的"徽州文化",令我们神往。

文化的基础是教育。徽商从中原移民徽州之前已是有深厚文化基础的士族,"诗书传家"已成为一种传统。读书既可以更好地经商,又可以入仕为官,还可以形成名门望族的文化传承,提高文化修养。因此,徽商极为重视对子弟的教育。

自宋元以来,徽州就是一个教育相当发达的地区。徽商成功后,教育更为兴盛。除了按定例设府学、县学外,还设有社学和塾学。据清康熙年间的《徽州府志》统计,当时徽州有私塾562所,县塾五所,各家族的塾学就更多。形成了"十户之村,不废诵读""远山深谷,居民之处,莫不有学有师"的风气。此外,徽州所属六邑还有许多书院,讲学蔚然成风。据历史学家叶显恩教授统计,明清两代徽州所属六县共有书院54所,其中紫阳书院最大,且为全国四大书院之一。书院有三个作用:一是作为生员、士绅集会读书之所。如紫阳书院在清康熙时"六邑诸儒遵文公遗规,每岁九月讲学于此",清乾隆时期"师儒弦诵,常数百人",六邑之来学者,自宋以来"于斯为盛"。二是选拔乡里俊秀者,延聘名师为教,请名师教那些有望科举中"登龙门"的人。三是某些书院有义学性质,由富有之大家族出资,收族中子弟,或族中有天赋,但家贫无力求学者入学,培养本家族的优秀子弟。

重视教育必出人才,仅就科举考试而言,明代徽州六县中举人者298人，清代为698人；中进士者，明代392人，清代226人，清代有状元17人，其中仅休宁县就13人，这些还不包括在外地的"商籍"考生考中者。

明清两代徽州的教育具有明确的目的性，这就是使更多子弟进入官场，为徽州人经商服务。这个目的也达到了。据叶显恩教授统计，在清代的歙县就有大学士4人，尚书7人，侍郎21人，都察院御史7人，内阁学士15人。整个徽州，入仕为官的就更多了。马克思在《资本论》中唯一提到的中国人、清代咸丰年间的户部主事王茂荫就是歙县人。他主张用纸币代替金属货币的币制改革还是为徽商考虑的，所以咸丰皇帝怒斥他"只知以专利商贾之词，率行渎奏"。教育提高了徽州的总体文化水平，还培养出许多有贡献的文人。

徽商始终关注教育事业，不遗余力地资助教育事业。鲍志道出资3000金修建紫阳学院，又捐8000金修建山间书院。清乾隆初年任两淮总商的汪应庚捐50000金重建江甘学宫，又以13000金购良田1500亩，用于修建与资助学生乡试。他们在外地同样关心教育，如祁门盐商马曰琯、马曰潞兄弟在扬州办梅花书院，造就了不少学术大师，有汪中、王念孙、段玉裁、洪吉亮、孙显衍等。清道光年间徽商作为盐商总体衰亡之后，其他商人仍关心教育。同光年间歙商以12300余缗的巨资在南京建歙县会馆，供士子乡试住宿之用。

徽商重教育不仅在于建校，还在于延请名师。名儒赵汸曾在婺源阆山书院任教，桐城派古文宗师姚鼐曾执掌梅花书院并讲课，江南大儒汪仲伊曾任教于紫阳书院和黟县的碧山书院。徽商捐资的书院总是名儒满座，学子济济一堂。

徽商的成功为徽州学术文化的兴盛奠定了经济基础，同时徽商在全国各地经商也为徽州学者外出交流、吸收各方思想提供了方便。**从宋元以来，徽州就是学术重镇**。朱熹的理学诞生于徽州，以后徽州学者接受了王阳明的心学。王阳明认为，良知是人人生来就有的，"致良知"也是人人可行的，治生也是学问，治生中也有"良知"。如果治生时能"致良知"，商人亦"不害其为圣贤之人"。这对信奉儒学而又经商的徽商是一种心理的解脱，因此受到徽商欢迎。清中期以后，出现了朴学，徽州的学者江永、戴震、俞正燮、凌廷堪等都是朴学大师。朴学集大成者戴震出生于徽商家庭，年轻时弃文经商，与徽商有广泛交往。他对程朱理学的批判，他主张的"富民为本""体民之情，遂民之欲"，都反映了商人市民阶层的要求。

徽商的成功还促成了新安画派的形成与发展。有经济基础才有艺术，徽商的富有是艺术的基础。明清两代，徽州画坊有767位有成就的画家，正是他们形成自成一格的新安画派。这一派的代表人物是浙江、汪之瑞、孙逸和查士标。他们被称为"新安四家"。汪世清把新安画派的风格统称为"貌写山水，景情交织，宗向倪（之林）黄（子元），先开风气，画仿宋元，不名一家，清逸其貌，俊伟其神"，是准确的。新安画派的成功除了徽商的经济基础，另一个重要的因素是徽商中有文化的儒商，热衷于收藏和欣赏历史名画，这就使徽州画家有了更多学习、借鉴的机会。徽商中收藏家甚多，他们又与画家相知相交。徽商在扬州修建了大量园林，吸引各地画家来此交流，亦为新安画派的画家提供了交流的机会。

徽商不仅促进了新安画派的出现与发展，而且也为清康乾时代艺术创新的"扬州八怪"提供了经济援助。"扬州八怪"以卖画为生，徽商是他们的客户，欣赏他们的艺术风格，愿意高价收购。徽商还与他们交往，谈画吟诗，为他们提供了广泛而有益的社会活动。"扬州八怪"的画风也受到徽商审美倾向的影响。

徽派的建筑在中国建筑史上也是知名的。这些建筑当然靠徽商雄厚的经济基础，也体现了徽商的风格。徽州的建筑可以分为徽州民居与扬州园林。

徽商致富之后，还在家乡建设民居、祠堂和牌坊。徽州民居用心于住宅的布局和结构，使其更加紧凑和坚固，住宅内部的装修雕刻秀丽精美而富于变化。其"砖雕、木雕、石雕"艺术在艺术史中也占有重要地位，体现了新安画派和徽州版画的风格。徽州聚族而居的村落整体设计是依山临水的自然布局，错落有致的空间变化，紧凑热闹的商业街区，幽深宁静的街坊水巷，景色如画的村头装点。黟县的宏村是其典型。徽州的祠堂宏伟，无论工程艺术或造型艺术都极为高超，如歙县潜口汪氏的金紫祠、郑村的郑家宗祠、棠樾的男女祠、唐模的许氏宗祠、呈坎的罗氏祠堂和绩溪胡氏祠堂等。徽州的牌坊，如许国石坊、棠樾牌坊，都庞大而精美。此外还有不可胜数的古桥、古塔等。

扬州与徽州的园林也是建筑史上一绝。明代时徽商中崇尚奢侈，有妻妾达百人之多的百妾主人吴天行在歙西溪南建有豪华的"果园"，供其享乐。其他徽商建园林者亦不少。他们还在村头建了供乡人休闲的公共园林，如水口园林、唐模的檀干园等。在偶居地扬州也修建了许多有特色、艺术价值相当高的园林。李斗的《扬州画舫录》中记载了徽商的奢侈与园林，如郑侠如的休园、潭渡黄氏兄弟的易园等。有位名为刘大欢的旅游者认为，杭州的湖山胜，苏州的市肆胜，扬州的园亭胜，这是很有见地的。

徽商有文化，经商时也喜爱读书，所以投资于刻印书业及藏书。据不完全统计，明清时徽州的刻印书坊有 40 余家，专业刻工 600 余人，仅从明中期到清中期，歙县虬村黄氏宗族就刻书 241 种，其他刻书的家族还有很多。当时学者谢肇淛、胡应麟都认为徽州刻的书最好，以印刷精美、校对精审而闻名天下。徽州是天下刻书业中心之一。他们刻印的书有谱牒、经典、文集，也有通俗作品，如《三国演义》等小说，还有各种商用与医学的实用性书。

爱刻印书也会爱藏书。徽商的富有及文化兴盛成为他们收藏大量好书的条件。大盐商程晋芳藏书五万卷，并招多闻博学之士共同讨论。据统计，徽州的藏书家多达130余人，超过了杭州地区，清乾隆修《四库全书》时征集天下藏书，全国献书500种以上的有四家：鲍士恭、范懋柱、汪启淑、马裕。除范氏为宁波天一阁主人外，其他三人皆为徽商。

徽商不仅读书、刻书、藏书，还著书，多为诗文结集。徽商举办诗文之会，各地来人赋诗，还结集出版。据今人统计，徽州五县（缺休宁），历史有著述之人达1852人，成书4175种。另据道光年间《徽州府志》记载，从宋到清道光年间，徽州学者的著作有400余种，7万余卷。

徽商还有一个贡献是新安医学。自宋代，徽州就多医家。徽商兴起后，由于保健的需求与经济实力，医学发展到较高水平，形成新安医学。据不完全统计，明清两代徽州有名医693人，医学著作619部。从北宋以来，家传三代以上到三十多代的名医有63家，286人。出现许多有影响的医学名著，如张杲的《医说》为第一部中医史，江瓘的《名医类案》为第一部总结历代医案的专著，吴昆的《医方考》为第一部注释医方的著作。明隆庆年间徐春甫在北京发起组织"一体堂宅仁医会"，为我国最早的医学民间团体。徽州名医在外行医者甚多，明清两代有70余人，还有29人为太医。

徽商生活奢侈，客观上也促成了某种文化。乾隆七十寿辰时四大徽班进京，被认为是京剧的起源。徽剧的发展与进京，与徽商对戏曲的爱好相关，也与他们的经济实力相关。"养一个戏班子"也是许多徽商的嗜好。徽商钟爱美食,在"八大菜系"中有两个与徽商相关:徽菜与淮扬菜。淮扬菜是由徽商在扬州原来菜馔的基础上发展而形成的,以精工细作著称。同时,徽商精于商务,珠算自然是当家的技术,程大位在博采众长的基础上写成《珠算大全》,成为中国珠算史上的顶峰。

  徽州的文化绝不仅仅是"学而优则仕"。发达的教育和文化素质高的传统成为他们在文化及其他方面创新的基础,所以历史上徽州名人辈出。徽州有文献可查的名人达5399人。民国时编纂的《中国名人大辞典》中收录的清以前名人4万多人,其中徽州有800多位。1949年底,黄山市办的"千年徽州杰出历史人物评选"中,名列前十名的是陶行知、朱熹、胡适、戴震、詹天佑、黄宾虹、程大位、浙江、王茂荫、张小泉。

  徽商远去了,但他们的文化仍然没有过时,并将作为中国文化的一个组成部分而永远长青。

第三章　开放的粤商

广东背靠五岭，东、南、西三面都面临大海，其大陆海岸线长达 3368 公里，占全国大陆海岸线的六分之一。广东南邻南海，南海岛屿星罗棋布，沿海多良港海岸，地处太平洋、印度洋、亚洲和欧洲、美洲和大洋洲之间海上航路的要冲，是世界上海洋航运最繁忙的地区之一，也是中国与世界交往的枢纽。这一切决定了广东的商业是以对外贸易为中心的。

粤商是以对外贸易为主业，以十三行为主体的广东商人。在鸦片战争之前，他们在我国的对外贸易中绝对是执牛耳者。他们与西方人进行贸易，因此最早了解到西方的真实情况，也最早亲身体验到西方的商业规则、文化、思想和习俗。因此，他们是第一批"开眼看世界"的人。开放性是粤商的本质特点，杨黎光先生在他介绍粤商的《大国商帮》中说："浩瀚的蓝色大海使粤商获得了有别于徽商、晋商成长的经历与精神气质。他们始终处于中国对外开放的最前沿，得益于海上贸易，也致力于对外开放。他们的成败兴衰，既反映了中国沿海商人面临世界大局变幻时的调整和应对，也折射出中国维新变革的艰难与成就。可以说，粤商的演变史，浓缩了传统中国努力融入世界潮流，追求现代化的卓越历程。"我们正是从这个角度来介绍粤商的。

粤商的历史

粤商产生与发展的背景是广东对外贸易与国内商业的发展。这是认识粤商的起点。

广东这个地方古称"百越"或"南越",是越人部落生活的地方。秦始皇统一中国之后派屠睢、史禄、任嚣、赵佗等将领率领军队开发岭南,这是汉族最早进入广东的记录。公元前214年,秦始皇统一了岭南,建南海郡,修筑番禺城,即今日之广州。任嚣为第一任南海郡尉,他去世后赵佗接任。秦灭亡后,赵佗兼并了桂林、象郡,合三郡为南越国,自立为南越武王。汉朝建立后,汉高祖由于力量不足,派陆贾到南越,封赵佗为南越王,以免南部边疆之祸患。赵佗国传五代,到汉武帝时被灭。自此南越、桂林、象郡进入统一的中国。

从今天的考古发现来看,至迟在秦汉时期,广东就有了相当发达的对外贸易。西汉早期的南越王赵眜墓中出土了五枚原产于非洲的象牙以及银器。银器的造型与纹饰不同于中国传统的风格,与伊朗古苏撒城(今舒什特尔)出土的刻有波斯薛西斯王名字的银器类同。这些东西只能来自对外贸易。汉武帝中期已开辟了从雷州半岛的徐闻以及合浦向外的南海丝绸之路。造船业始于秦始皇时代,到汉代已可造载3000人的巨船。从徐闻、合浦出发的船已经可以到今天马来西亚、缅甸、印度和斯里兰卡等国的一些城市。

三国时,岭南属于东吴管辖,吴黄武五年(226年),孙权始设广州,下辖南海、苍梧、郁林、合浦四郡,州治番禺(今广州)。从此,广州成为海上丝绸之路的起点和经久不衰的对外贸易港口,也是古代中国的对外贸易中心。广州以英文译名"Canton"

闻名于世界。

　　西晋"八王之乱"后中原处于战乱之中，岭南仍然是一片和平的土地。自东晋起中原人民纷纷南迁，带来先进的技术，岭南进入快速成长时期，商业与对外贸易亦得到发展。广州"舟船继路，商使不断"。这时不仅有东南亚各国商人，还有来自天竺、波斯、阿拉伯、大秦等地的商人。这些商人带来象牙、犀角、珠玑、香料等奢侈品，运回丝绸、漆器等大宗生活用品。广州成为中外商品的集散地。史称"四方珍怪，莫此为先。藏山隐海，环宝溢目。商舶远届，委输南州。故交、广富实，牣积王府"。

　　隋代时，隋炀帝派出以屯田主事常骏为首的官方使臣，从广州出发，带5000匹丝绸到马来西亚，招徕贡使。有十余个国家的商人来华贸易，史称"蛮夷朝贡者，络绎不绝"。

　　唐朝建立后，在岭南设广州都督府，统辖两个省十三个州，并出台了一系列吸引"诸番贡使和商人"的新政，放宽对外贸易管制，不仅有"官市"，而且"使百姓交易"。韶关人张九龄说，"海外诸国，日以通商，齿革羽毛之殷，鱼盐蜃蛤之利，上足以备府库之用，下足以赡江淮之求"。唐开元二年（716年），唐玄宗李隆基在广州设置了中国历史上第一个政府管理外贸的机构——市舶使院。唐中叶，唐文宗李昂继高宗李治之后又再次放松对来华贸易的限制，并实行减税，设立供外商住的"番坊"。广州居住过多少外商无法计算，但据9世纪阿拉伯人所写的《中国见闻录》记载，仅唐末黄巢起义军攻陷广州时，就杀死12万外国商人及其后裔。虽然这个数字有些夸张，但常住广州经商的外国人肯定不少。

　　宋代是我国经济、文化、科技的高峰，仅就航海而言，造船技术和指南针的运用，促进了对外贸易。南宋之后经济中心向南转移，对外贸易得到极大发展，与50多个国家有贸易往来。据西方史学家的研究，两宋的外贸业超过世界上其他国家的总和，中国商人基本控制了从中国沿海到非洲东海岸、红海沿岸的主要港口。政府鼓励、保护外商，改市舶使为市舶司，并设来远驿招待外国使者及商人，通过番主（番人的头目）来实现外国商人管理的"自治"。

明清时期粤商的发展不仅与本土商品经济的发展相关，而且与全球地理大发现引起的全球化及东西方文明的碰撞、交融相关。明朝初期实行"海禁"政策，这就迫使以海上渔业和贸易为生的福建闽南人、广东潮汕人走上海盗之路。海盗是逼出来的，这些海盗其实都是海商，"市通则转寇为商，市禁则转商为寇"。当时广东亦盗亦商的商人主要有东莞的黄秀山、何业八，饶平的张琏、许栋、林国昱，澄海的林道干、杨皿，潮州的诸良宝，梅县的林朝曦，大埔的萧雪峰、罗袍、张公等。他们不仅内部结为帮，而且还互相联系，到明嘉靖年间已颇具规模。"隆庆开关"后，原来广州一带的海盗转向正常的或走私的对外贸易，福建闽南和广东潮汕的海盗仍然亦盗亦商，并形成以闽南人为主体的郑芝龙海商海盗集团。

广东对外贸易的发展则与葡萄牙人进入中国相关。明永乐元年（1403年），明政府恢复了广州市舶司，对外商实行"朝贡贸易"。"朝贡贸易"就是外国商人以向朝廷进贡为名，组团进入中国，朝廷往往会回报以比朝贡品价值更大的商品，并允许朝贡者带一定量的物品来贸易（在"持剑经商的闽商"中会详细介绍朝贡贸易）。此后，永乐帝以"诸番贡使益多"为由，在广州设怀远驿，泉州设来远驿，宁波设安远驿，招待外国来使及商人。广州的怀远驿有120间房，由广州市舶司管理。

地理大发现之后，葡萄牙人向东扩张，在1513年和1515年两次来到广州，虽做成几笔生意，但并未与政府建立官方贸易关系。1517年以皮雷斯为首的葡萄牙使团从广州上岸进京，企图与明政府建立全面外交关系，当然未果。1535年葡萄牙人借广州市舶司把检查番船的地点迁往澳门为机，通过行贿官员进入。1553年葡萄牙人以舟船破损、海水打湿了贡品、需要晾晒为名进入澳门，并盖房住了下来。当时明朝廷需要产于西非、东非、印度洋一带的龙涎香为皇帝炮制长生不老的"万岁香饼"，又需要奢侈品自鸣钟和作为武器的佛朗机铳。在广东布政史吴迁举的活动下，朝廷默许了葡萄牙人占有澳门。澳门成为中西交流的一个据点。此后，1575年西班牙人来华，1601年荷兰人来华，1637年英国人来华。再以后清初时法国人、丹麦人、瑞典人、奥地利人、美国人都来了。

朝贡贸易体制有严格的规定。"贡有定期，防有常制"。进行朝贡的国家要得到朝廷批准，朝贡国取得"勘合"（进行朝贡贸易的许可证），然后朝贡使带"金叶表文"（朝贡国的进贡文书）、"方物"（进贡物品）来到指定口岸，经市舶司核验后方可入贡，且对贡期、贡道、船舶数量等都有限制，只有获准入贡的番船才能进入中国。当时可以朝贡的也就是真腊、苏门答腊、占城、日本等十几个国家，西方国家都不在此列。葡萄牙人到来且入住澳门后，朝贡体系动摇了。广东官方作为变通之计允许葡萄牙人每年冬夏两季进入广州市开市贸易，这就是"定期市"。它的出现改变了朝贡贸易体系。通过广州的"定期市"，国内的茶叶、丝绸、瓷器等进入欧洲，欧洲等地的枪炮、玻璃、钟表、胡椒、象牙、刀具等进入中国。这种"定期市"作为对外贸易的一种方式一直存在下来，发展成今天的"广交会"。

中国当时的主流思想坚持"华夷之辨"。明政府的官员没有能力也不愿意与洋人打交道，于是广东海道副使汪柏于明嘉靖三十四年（1555年）在广州设客纲、客纪。客纲类似于后来的行商，客纪类似行商下属的买办。简单讲，客纲、客纪都属于中国早已有之的牙商。牙商是买卖双方的中间人，在中国早已存在。牙商在明代广东分为官牙和私牙。官牙有两种。一种是由官府及官吏开设的牙行。明代时许多商业城镇都有政府出钱、出人开设的垄断性牙行，称为"官店"或"塌房"。商人入住后除交房费外，还要交牙钱，物品由官店代卖。另一种是经政府批准，并领有官府颁发的牙帖的民间领头牙商。明清时的法律都要求牙商一定要经过政府批准，领到牙帖。但社会上仍有大量没有领牙帖的牙商存在，这就是"私牙"。明代时对外贸易都要通过官牙和牙行。

据法国传教士裴化行记载，在明嘉靖时已有行商十三家。之所以有十三家是因为一家对一个国家的贸易，贸易的国家为十三个。这十三家行商中，原籍为广东的五家，泉州的五家，徽州的三家。这就是"十三行"这个名称的起源。在明嘉靖、万历年间，行商已增加到三十六家，称为"三十六行"。至于这些明代牙行在清以后如何成为粤商主体的十三行，我们将在下节详述。

清建立后也实行了"海禁"政策，但一来地方军阀"私通外洋，牟取暴利"。如清康熙初年广东的尚可喜、尚之信父子指使王府老将沈士达主持走私贸易，组成庞大的"藩商"使团。他们一次可获利四五万两银子，一年达四五十万两，朝廷还无可奈何。二来西方洋船不断来华，要求贸易，成为一个巨大的压力。平定"三藩之乱"、收复台湾之后，康熙不得不放松海禁。荷兰人由于帮助清政府消灭了郑成功集团，首先被批准两年一次贸易（以后改为八年）。在各地封疆大吏的要求下，清政府在粤（广州）、闽（泉州）、浙（宁波）、苏（云台山）建立海关，代替过去的市舶司，其中粤海关最重要。中国又开始与世界贸易。

粤海关设立之初，海关税收、杂费都过于沉重，"来舶无多"，贸易太少。清康熙皇帝决定优待外商，贸易增加。各个牙商竞争激烈，各自找官方后台，成为官商。过去受过尚氏父子命名的称为"王商"，总督任命的称为"总督商人"，受将军任命的叫"将军商人"，受抚院任命的叫"抚院商人"，以后还出现了"皇商"。他们许多人由盐商转化而来，进行巨额贿赂，企图垄断对外贸易，但受到其他行商和外商的抵制，以后退出了对外贸易，十三行占据了主导地位。

粤海关成立后制定的税收则例分为正例和杂税。正税包括货税和船钞。正税是进出口货物的从量税，船钞是对商船征收的课税，按船的大小收，大体为两三千两银子。另外还有各级官吏中饱私囊的"规矩""规礼"。于是许多洋船去往其他关口。最典型的是英国人洪任辉（英文名字 James Flint）到浙江定海与浙江商人交易，税费省了一半。其他洋人亦仿效。

清乾隆二十二年（1757年），清廷颁发上谕，明令关闭闽、浙、苏三个关口，由海路而来的贸易船只只能到广州一港。其理由是：1.粤省地窄人稠，沿海居民大半借洋船为生，不独行商受益；2.虎门、黄埔有驻军，较宁波可扬帆直达视形势亦异，这就是可以保卫国防；3.闽浙向来非洋船聚集之所，即使有海盗，海防即肃清了；4.外船专限广州通商，不独粤民有益，且赣、韶等关均有裨益。这就是既有利于广东及附近地区人民，又安全，适于消灭海盗。这样就形成"东西南北中，一齐到广东"的局面。以十三行为主体的粤商正是在这种局面下发展兴盛起来的。所以，鸦片战争后五口通商，粤商作为一个整体就衰亡了。

还应该指出的是，**粤商的对外贸易是建立在国内商业的基础之上的**。广东一直有发达的商业，尤其是明清时期。广东人靠海吃海，一个重要的行业就是晒盐、卖盐。当时说的"十口之家十人熬盐，百口之家百人熬盐"尽管有些夸张，但盐业之普遍是肯定的。靠海吃海的另一个行业则是渔业，海洋捕捞与养殖业相当发达。农业商品化程度高，荔枝、龙眼、柑橙、香蕉四大名果和其他水果的种植也相当普遍，甚至不少地方改种稻为种水果。用甘蔗制糖，并贩运到其他地方。丝绸业、茶业、陶瓷业、珠宝业、船舶制造业、典当业都相当发达。商行多如牛毛，有七十二行之多。货币流通亦多元化：不仅有本国的银子和铜钱，还有西班牙银元、荷兰银元、美国银元、玻利维亚银元、墨西哥银元、英属香港的洋钱等外国货币，也有纸币流通。广东手工业也很发达。明清时，广东货被称为"洋广货"，有广东加工的铁器、瓷器、蔗糖、丝织品、纸张、糖果、海盐等行销天下，还有从广州运往各地的进口产品。

广东的商业经济发达是全面的，不仅有外贸，也有内贸；粤商中不仅有十三行这样从事对外贸易者，也有许多大大小小从事国内商业者。只不过我们介绍的粤商还是以对外贸易的十三行为主。

十三行的演变

粤商以十三行为主体，了解粤商必须从十三行开始。明中期已出现了从事对外贸易中介的牙行，称为"十三行"。清代的牙行由此发展而来，而且也沿用了十三行的名称。

清康熙二十二年（1683年）清政府放松"海禁"，二十四年（1685年）设粤海关。清康熙二十五年（1686年），广东巡抚李士桢发布《分别住行货税》的文告，把参加贸易的商行合为金丝行和洋货行两大类。金丝行从事国内贸易，缴纳住税；洋货行从事对外贸易，缴纳行税。即使有两者兼做的，也必须分行，并招募"身家殷实之人，愿充洋货行者，或呈明地方官承充，或改换招牌，各具呈认明给帖"。这就是有实力的商人可以申请成为经营对外贸易的行商，并由政府给予批准的帖子，成为作为官牙的行商，这是清代洋行制度的开始。洋货行后称外洋行，即十三行，其承充者称洋货行商，外洋行商，简称行商、洋商，即十三行商。清康熙二十六年（1687年）刊印的屈大均的《广州竹枝词》中云："洋船争出是官商，十字门开向二洋，五丝八丝广缎好，银钱堆满十三行。"从这首词既可看出当时广州对外贸易之发达，又可看出已有十三行的存在。

最初来舶无多，税饷亦少，十三行行户也不过几家。后广州对外贸易日盛，牙商中有王商、总督商人、将军商人、抚院商人，甚至皇商。这些牙商通过行贿获得外贸垄断权，既收费高，又不能履约，洋人拒绝与之交易，而与官牙交易，以后作为官商的十三行在对外贸易中占了主导地位。这些牙商通常捐钱买一个官员的身份，因此被尊称为"某官"，如潘振承祖孙三代都称为"潘启官"，伍秉鉴父子被称为"伍浩官"等。潘振承、伍秉鉴都是三品顶戴，这是能纳捐获得的最高级别。但十三行并不等于十三家商行。据经济史学家彭泽益先生统计，从清康熙五十九年（1720年）到清道光十九年（1839年），在纳入统计的近120年中，共有行商404家或421家。最多时为清乾隆二十二年（1757年），有26家，最少时为清乾隆四十六年（1781年），只有4家，平均行商为10—13家。实际上正好13家的只有清嘉庆十八年（1813年）和清道光十七年（1837年）。可见十三行这个称呼是虚数，并不是指具体的行商数字。十三行是流动的，不断有人进入，也有人退出。

清康熙五十九年（1720年），行商组成公行。各著名的行商在神前杀鸡啜血，共同盟誓，举行隆重的仪式。

公行制定了十三条行规，要求入行的十六家行商共同遵守。

这十三条行规是：1. 无论本国人及外国人俱属于同一家族成员，其一切所有物，应为皇帝所有；2. 不得以私言公，以期万人协调；3. 无论外国人或本国人应立于对等之条件上，若外国人高价卖出低价买入而成功，则本国人受损失，故入行之成员，必须与外国人协商价格，有恣意行事者时，必予处罚；4. 如有自内地来与外国人贸易之商人时，行内成员应协助之，且须决定不使卖主失去公正利润之价格，若恣意定价，或秘密购入，必予处罚；5. 价格协议定成，品质判别终了之场合，如交付外国人恶劣货品，必予处罚；6. 为防遏私行交易，货物运往外国船时，必须登记，一切违法行为或不法行为，必予处罚；7. 扇、漆器、刺绣、绘画等零星小手工业制品，店主得任意贩卖之；8. 瓷器为专门知识，任何人不得自由交易，但交易有成者，不问其利益或损失，须付公行卖价的30%；9. 绿茶之纯量数目，必须正确报告，否则，必予处罚；10. 自外国船搬运货物，且已与该船立定搬运契约时，外国船须缴付款项，然后，为完成其投资，须予以充分的管理，如有违者，必予处罚；11. 若外国船选定一商人为交易对手时，该商人当得该船之贸易额半数，其他半数须分配于公行成员，如独占一船全部之贸易，必予处罚；12. 公行成员间，凡责任重大且经费巨大者，对于外国贸易应有一股，其他成员，分半股，或四分之一股；13. 一股所有第一等级者有五行，第二级者五行，第三级六行，新加入公行者，须纳银1000两，并应属于第三级。

这个协议的中心首先是维护公行集体利益和每一个成员的利益，第1、2条是树立整体利益的基本观念，第3、4条是价格管制，第5条是质量保证，第6条是销路协定，第11条是利益均沾。第5条对质量的强调可以看出粤商的商业道德，并指出对违规者的惩罚方式。其次是公行内权责利的规定，这里已有股份制的观念了。最后是抓住茶叶、瓷器这样的主要业务，而放开其他无关重要的小业务。

公行的成立是要垄断对外贸易,而且粤海关支持公行,下令未加入公行的散商不得与洋人交易。如散商从事瓷器生意,须向公行交30%的货价,从事绿茶交易,须向公行交纳40%的货价。散商向英人诉苦,英商也怕照此实施,瓷器、绿茶价格上涨,向粤海关提出交涉。粤海关见英商态度强硬,怕影响税收,不得不让步。公行也不得不让步,允许散商有条件地参加瓷器、茶叶贸易。这样,公行的行规失去实际约束力,成为一纸空文,公行这个组织也形同虚设。

乾隆的"一口通商"政策加强了广州行商的地位。清乾隆二十五年(1760年),同文行潘振承等9家行商又呈请设立公行,专办欧西货物,得到粤海关监督准许。此后洋行分为外洋行、本港行、福潮行。外洋行不能经管东南亚贸易及经潮州、福州转运的贸易,专管对欧洲各国的生意。公行的建立是为了统一价格,避免竞争,承接税饷,应付官差,备办贡品,共同承担责任,并协调内部关系。公行选出潘振承为首领,处理公行内部事务,称之为"总商",职责是"专办夷船"。但公行成立后,潘振承发现陷入了政府的严密控制之下,没有任何贸易自由。英国东印度公司和其他外商也担心由公行垄断对外贸易对他们的伤害,反对公行。于是由英国东印度公司出资10万两银子,潘振承用于行贿官员。清乾隆三十六年(1771年),两广总督下令撤销公行。

清乾隆四十年(1775年),行商得到两广总督及其他大员的支持,企图重新组织公行。英国东印度公司自然反对公行成立,但没有得到欧洲各国外商及公司的支持。于是,清乾隆四十七年(1782年),十三行行商又重新组织公行。公行的行商专门从事茶叶、丝绸、瓷器这些大宗贸易,其他小宗贸易由没有加入公行的散商经营。公行制度确立,并一直维持到鸦片战争时。许多著名的行商,如同文行(后改同孚行)的潘振承祖孙三代,怡和行的伍秉鉴父子,广利行的卢观恒等都担任过公行的行首(或称总商)。梁嘉彬先生的《广东十三行考》中介绍了34家行商。

粤海关重组公行的告示贴于城门各处,规定"外船驶入广东时,举凡入口货税及出口货税均须经行商之手,并须由行商一人保证,是为'保商'制度。'公行'亦名'官行'自再度组织后,故无论欧西货税完全由其承揽,即中国官吏与外商之交涉往来文件均以之为枢纽。关于关税及其他保税之缴纳并行员支付等事,行商须负连带责任,同时对于用外商资本代外商购买之货物,行商须负连带责任,行商得征百分三之值以为'行用'"。以后对外商之管理变本加厉,行商的权力亦日益扩张。

根据梁嘉彬先生的介绍,公行有以下的作用。

第一,外国船抵粤时,先须在十三行中选择一人为"保商",该保商对该外商及其船舶、水手之一切行动即负完全之责。这样,外商不得不把各项事务完全委托保商,外商的货物不能卖给公行之外的散商。外商欲购入茶丝及其他商品,也必须由行商代办,不能自行购买。这样,行商就垄断了进口与出口。

第二,行商乃一团体,在支付能力方面言之:各行商应连带承担对外人债务及政府保税。对各国船只要代政府征税,负连带支付之责任,对船员水手之犯罪亦要负责。

第三,行商可以根据个人的资本实力和意愿选择外船贸易,但要担任官吏与外商的中间人,保证外人生命财产的安全。政府税收有变动时,行商须通知外商。如果外商由于行商破产而遭受损失要负责赔偿,可征收行用。行商须监视外人,使其服从禁令及八项通商条例。

第四,除已许散商经营之产品外,其他一切商品由政府认定的行商独占。散商可以交易之商品除皮靴、瓷器等八种外,都由行商经营,可由散商经营的船上装货物由行商处理。

由此看来,粤商不仅是垄断的对外贸易者,而且承担了现代社会中外贸、关税、外交、移民管理等一切与外事相关的责任。所以,粤商作为官商,与官商结合的晋商、徽商这样的商人完全不同。它不仅经商,还承担了许多本应由政府承担的外交事务,是真正既经商又行使官之职责的官商。这在中外历史上都是罕见的。其原因在于清政府不得不与洋人打交道,但他们既不愿意,也无能力承担相关事务,只好推给粤商代劳。

清政府对洋人十分防范。一口通商的清乾隆二十二年(1757年)底,乾隆批准了新任两广总督李侍尧的《防范外夷规条》,共五条,包括:(1)外商在省住冬,永行禁止。这就是不许外国人在广州过冬,一律要住在澳门。(2)外人到粤,令寓居行商馆内,并由行商负责管束稽查。这就是外商在广州经商时只能住在行商建的夷馆中,没有行动自由。(3)内地商人借领外商资本,及外商雇请汉人役使,并行查禁。这就是不许中国商人向洋商贷款,洋人甚至不能雇用中国人做仆役。(4)外商雇人传递信息之积弊,永行禁止。这是不许外商在中国收集情报及各种信息。(5)外船收治之所,派营员(清兵)弹压稽查。这就是在外船停泊之地驻兵监督。

在此基础上,清政府又颁布了对外商的九条禁令,包括:(1)外洋战舰不得驶进虎门水道。(2)妇女不得携入夷馆,一切凶械火器亦不许携带来省。(3)公行不得欠外商债务。(4)外人不得雇用中国人奴仆。(5)外人不得乘轿。(6)外人不得乘船游回。(7)外人不得申诉大(官)府,事无大小,有需申诉者亦必经行商传递。(8)在公行所有之夷馆内寓居之外人须受行商管束,购买货物需经行商之手,尔后外人不得随时自由出入,以免与汉奸结交私受。(9)通商期间过后,外商不得在省(广州)过冬,即在通商期间内，如货物购齐及已卖清，便须随同原船回国，否则（即闻有因洋货一时难于变卖，未能收清原本，不得已留住粤东区），亦须前往澳门居住。从这些规定看，外商在广州经商失去了一切人身自由。

这些"规条""禁令"完全违背了清康熙五十五年（1716年）粤海关与英商签订的"六项普通权利约定"。这个约定包括：(1)英船大班不用等候，可以随时与海关监管相见；(2)英国商馆前须帖一许可自由贸易之布告，不得骚扰；(3)英船可随意任免通事、买办及其他此类什奴；(4)英大班及该船长官在海关船内不得被阻出入，有旗帜竖起者，即为彼等所在之标志；(5)英船有存储各种海军军需品之自由，不得加以任何课税；(6)英船需要出关单时，政府不得延误。两者对照就可以看出，在对洋人的态度上，孙子乾隆比爷爷康熙倒退了多少。这正是近代史上，中国不断挨打、受欺凌的原因。"落后就要挨打"，"落后"的关键不是经济状况，而是制度和意识形态。经济落后也源于制度和意识形态，这就是美国经济学家诺思所说的"路径依赖"。

鸦片战争之前，外贸体制包括四个环节：粤海关负责征收关税并管理行商，十三行的行商经营对外贸易并约束管理外商，澳门为来粤贸易的外商共同的居留地，黄埔为各国商船停泊的港口。每个环节都有一套管理制度。这种外贸体制被外国人称为"广州体制"。

比起朝贡贸易体制，广州体制是一个巨大的进步。外商不用以朝贡的名义组团，也无须经过政府批准，来的船只、载货量、行程也没有限制，可以说是某种程度上的自由贸易。制度上，对外贸易由粤海关监督和两广总督控制。他们从增加税收的目的出发也并不是一味限制，而是在鼓励和限制之间寻找一种平衡。有时还对一些重要贸易伙伴、大型船舶和大宗商品的进出口给予优惠。所以，广州体制实施后广州的进出口贸易和政府的关税收入都有较快的增长。但广州体制并非完全的自由贸易，尤其对外商还有许多人身自由的限制。加之由政府主导的管理体制效率低下，贪污腐败严重，税收和苛捐杂税沉重。同时贸易主要依靠白银，走私严重。不仅有鸦片这类非法物品的走私，也有茶叶之类合法贸易物品的走私。所以，广州体制的崩溃不仅是由于鸦片战争后的《南京条约》签订，也由于这个体制内在的缺陷。

粤商是在广州体制的对外贸易中发展起来的，这种体制下他们的状况如何呢？

夹缝中的粤商

从梁嘉彬先生分析的公行的性质可以看出，公行的建立给了行商垄断进出口贸易的权力，粤商可以从中获取暴利。但也要看出，清政府通过各种形式对粤商的盘剥给粤商造成沉重的负担。同时，清政府对洋商的各种人身自由限制都要由行商来实施，这就形成他们与洋商之间的矛盾冲突。尤其是洋商要由行商担保，洋商欠政府的税收要行商承担，甚至行商欠洋商的钱也要公行承担。**粤商处于洋商和清政府的夹缝之间，既可以两头获利，又不得不两头受气。**这就是行商的真实生存状态。

先来看中外贸易的状况。1744年9月，瑞典的"哥德堡号"船到广州，采购的商品约为700吨，其中有370吨茶叶、100吨瓷器（约50万—70万件）、19箱丝绸、133吨锡、11.4吨生姜、2.3吨藤器和1.8吨胡椒等。这批货物估价为2.5亿至2.7亿瑞典银币，超过当时瑞典一年的国民生产总值。1980年，在1745年9月12日失事的"哥德堡号"被打捞起来，上有500件完整的瓷器，8吨重的瓷器残片和数百吨茶叶（打捞起来时还有残存的香气）以及丝绸等物品，除了"哥德堡号"，瑞典还有其他船只从事对华贸易，如悬挂英国国旗的"腓特烈国王号"等。仅仅一个瑞典的贸易量就如此之大，而中国在欧洲的主要贸易伙伴是英国，贸易大项还是对英国的茶叶出口。

葡萄牙人最早到中国，最早接触到中国的茶叶，但他们交易的重点还是传统的丝绸与瓷器。荷兰人首先把茶叶进口到欧洲，但真正使茶叶成为中国出口第一商品的还是英国人。

1662年，爱喝茶的葡萄牙公主凯瑟琳嫁给英王查理二世，她的嫁妆里就有中国的茶叶和茶具。经过她的演示和推广，英国上层人士首先以饮茶为时尚。到18世纪初，茶叶成为一种时尚的奢侈品。商人大肆宣扬茶可以"消除呼吸困难，清视明目"，医生也宣传饮茶有益于健康。饮茶成为整个社会的时尚，下午茶成为一种习惯和风气。在18世纪的英国，茶的进口已远远超过传统的丝绸和瓷器。1770年，英国从中国进口的茶叶已从最初的几百磅增加到900万磅，这还不包括走私的茶叶。欧洲其他国家和美国也从中国进口茶叶，尤其是受英国影响至深的美国，在从中国进口的货物中，茶叶的比重1822年占36%，1832年占52%，1840年占到81%。中国向欧美出口的茶叶仅在1834—1838年间平均就有每年为45万担，占全国茶叶总消费量200万担的五分之一还多。

从广州出口的不仅有茶，还有丝绸、生丝、瓷器、布等。据梁嘉彬先生在《广东十三行考》中记载，"专委行商承办之输出品"有："明矾、布帛（绸缎）、肉桂、樟脑、菝葜根、吧嘛油、生姜、雄黄、真珠贝、生丝、大黄、茴香实、砂糖、茶、白铜、朱砂。"别小看茶以外的其他货物出口，仅就南京布而言，1821年，从广州出口的南京布就达187.6万匹，其中输往英国55.2万匹，输往美国132.4万匹。此外还有广东生产的迎合西方人口味的外销丝绸、瓷器和画。

西方人能向中国出口的物品并不多。英国的纺织业发达，毛织品出名，但这些东西中国并不需要。据梁嘉彬先生在《广东十三行考》中记载，输入品为琥珀、阿魏（西药）、蜂蜜、槟榔子、海参、燕窝、樟脑、冰片、丁香、洋红、棉花、儿茶、药品、黑檀、象牙、鱼肚、燧石、人参、玻璃器、豆蔻芯、金属类、没药、肉豆蔻、乳香、真珠贝、胡椒、金青、木香、水银、藤、沙谷米、白檀、苏木、鱼翅、皮货、花金青、毛织物。这些物品的进口量有限，这使英国出现贸易逆差，只能支付白银，赤字庞大，从而有了以后的鸦片走私及鸦片战争。

英国及其他欧美国家需要的茶叶等只能来自中国，而运来的物品对中国是可有可无的，十三行的行商们就提高出口物品的价格，压低进口物品的价格。价格再不合理，他们也不得不接受，因为茶叶只有中国有，而运来的物品不贱卖，只有再拉回去。当时主要商品的价格由公行议定，且要从卖价中抽30%交给公行。这价格肯定低不了。1762年6月8日，英国东印度公司驻广州商馆向伦敦董事部报告，十三行商人"现在把新武夷（茶）的价格提高到每担15两，而且还要预付定银10两。……他们认为可以高兴怎样做就怎样做"。据梁嘉彬先生的描述，双方在进行贸易时，外商恭恭敬敬地呈上货单，小心翼翼地退到一边，再不敢多言一句话。行商则正襟危坐高高在上，随心所欲地单方敲定全船货物的价格，用不着征求外商的意见。这哪里是正常交易！看来外商只有乖乖地伸出头挨一刀了。

这些行商们富到什么程度呢？《红楼梦》中描述王熙凤的祖父曾在广东主管对外贸易。王熙凤说："我爷爷专管各国进贡朝贺的事……粤、闽、漳、浙所有洋船的货物都是我们家的。"所以才有"东海缺少白玉床，龙王来请金陵王"。主管对外贸易的官员如此大富的基础还是经营对外贸易的行商更富，这才有"银钱堆满十三行"之说。

我们用粤商中潘振承和伍秉鉴两家的例子来说明粤商之富。

先说潘家。潘家作为行商的第一代是潘振承。他祖籍是福建漳州龙溪乡。幼时家贫,14岁便当船工出海。三次往返菲律宾贩卖茶叶与生丝。在父亲的鼓励下,他从福建来到广州。先在一家陈姓的行商中当伙计。由于勤奋、能干又诚实,深得陈氏东家赏识,任命他全权经理商行。东家年老后返回家乡,潘振承就开设了自己的同文行。

潘振承在经营同文行时十分重视自己的商誉,保证出口的茶叶质量。清乾隆四十八年(1783年)英国东印度公司运回一批武夷山茶,共计1402箱,以质量不好为由,要求退货。这批茶价值超过一万两银子。潘振承检查发现质量的确有问题,于是允许退货。尽管这次赔了钱,但潘振承取得英国东印度公司和其他欧洲商人的信任,形成了长期合作的关系。

而且,他很善于抓住商机。当时英国人运来的毛织品销路不好。潘振承主动出击,表示愿意多买毛织品,但条件是要对方多买同文行的茶叶,价格也略高一点,英国人同意了。同文行长期承销英国东印度公司的毛织品,占其总量的四分之一到二分之一,同文行茶叶也以高价售出。仅清乾隆四十年(1775年),同文行揽下了英国东印度公司毛织品和其他商品的三分之一,总价值为86616两银子,卖出的茶叶、生丝价值超过20万两白银。潘家直接到武夷山茶区和浙江丝产区进货,既保证了质量,又减少了中间环节的费用。尽管同文行的茶和生丝价格高一些,但质量有保证,颇受外洋欢迎。所以同文行商务冠于一时,英商称潘振承为"当时行商中最有信用之唯一人物",亦全力支持他,清乾隆三十七年(1772年),给他生丝预付款12.5万两银子,清乾隆三十九年(1774年)又给生丝预付款24万两,清乾隆四十三年

（1778年）又预付60.15万两。这使同文行资金充裕，生意兴旺。

潘振承不仅与英国人经商，而且与瑞典人也有重要的生意往来。1785年广州出口茶叶232030担，其中英国154964担，居第一，瑞典为46593担，为第二。现存瑞典的文献证明，潘振承与瑞典贸易相当多，且投资于瑞典东印度公司。直至今日瑞典的哥德堡博物馆仍藏有潘振承的玻璃画像，是当年潘振承亲自送给瑞典东印度公司董事尼科拉斯·萨文格瑞的礼物。

从清乾隆四十七年（1782年）公行成立后，潘振承一直任行首。他被清廷授予三品顶戴，所以称为"潘启官"。他去世后，先后由儿子潘有度和孙子潘正炜接手同文行。广东作家祝春亭和辛磊的长篇历史小说《大清商埠》（三卷，花城出版社，2008年）正是写潘振承一生的，虽有文学的虚构，但基本是真实的，值得一读。

另一家是伍家。伍家的第一代伍国莹是福建莆田溪峡乡人，曾在潘家同文行当账房先生，深得潘振承信任。潘振承过世后，伍国莹设怡和行。但伍家的成功是在其子伍秉鉴执掌后。怡和行与英国东印度公司的贸易额在伍秉鉴主持时一直居于行商的首位。以茶叶贸易为例，1814年，怡和行与该公司的合约为34000箱，占行商总贸易额的16%，1830年为50800箱，占18%，价值120万两银子以上。加上其他商品和与其他洋商的贸易，年贸易额达到数百万两银子。

伍家还成为英国东印度公司最大的债权人。1813年，该公司欠行商款总计为75万两，其中欠伍家55万两，占73%。1823年欠伍家76万两，1824年欠85万两。该公司大班每年冬天离开广州到澳门居住时，公司的存款和金银都交给伍家保管。1816年3月，伍家被委托保存的现款近40万元，还有新运到的金银46箱，约合15万元。这种信任表明该公司与伍家交往之深。

1784年美国"中国皇后号"来华开启中美贸易之后，迅速跃居对华贸易第二位。怡和行与美商的贸易额也迅速增加。1803年波士顿商人托马斯·普金斯公司在广州设立普金斯洋行，由约翰·顾盛主事。伍家立即与他建立业务关系，在伍家帮助下，1825年，普金斯洋行已成为垄断美国对华贸易的四大行号之一。在顾盛的帮助下，1823年美国旗昌洋行在广州成立。顾盛把普金斯洋行的部分代理洋行转让给旗昌洋行，伍家也与旗昌建立了密切的联系。1830年8月，普金斯洋行关闭，旗昌洋行成为美国在华的头号巨商。伍秉鉴一直是旗昌的保商。

英国东印度公司在1834年退出广州贸易后，伍家只与旗昌一家合作。他的对外贸易全由旗昌代理。旗昌洋行的大股东约翰·福布斯曾由顾盛介绍，担任伍秉鉴私人秘书。所有经旗昌代理的贸易由福布斯分享10%的利润。当年，旗昌的船把伍家的茶叶运往世界各地。在纽约、费城、伦敦、阿姆斯特丹，凡茶箱上印有"浩官"（Hougua）商标的工夫茶、熙春茶都是大众追捧的名牌产品。伍家与旗昌建立了友好的信贷关系，运用由旗昌股东代管的资金投资于美国的证券、保险和铁路业务。由于福布斯回国后投资于美国贯穿东西的铁路建设，伍家通过福布斯在铁路上的投资近50万元。

伍秉鉴对贸易伙伴宽容、大度、慷慨，绝不斤斤计较。他曾为一位险些赔本的船只垫付货款，也不接受一位代理人失误的高额赔偿。美国商人本杰明·威尔考斯经营不善欠了伍秉鉴7.2万元，但伍秉鉴烧了借据，让他回国了。

外国人相当尊敬伍秉鉴。香港汇丰银行曾长期挂着伍秉鉴的画像，美国旗昌洋行把一艘船命名为"浩官号"，英国伦敦著名的名人蜡像陈列馆中，伍秉鉴的蜡像与林则徐的并列。伍秉鉴去世后怡和行由他儿子伍绍荣接手。

十三行商人中许多都是白手起家而成功的。从小贫穷，6岁就到广州做小买卖的梁经国创立了天宝行。在当时对英国东印度公司的毛织品贸易中，总商也只有二三份额度，天宝行就有一份，以后增加到两份，1811年茶叶出口已达8000箱，1815年为1万箱，1820年达1.2万箱，占茶叶贸易总额的10%左右。天宝行还承保英国东印度公司的两艘商船。梁经国还投资修建广州文涌书院，治理黄河支流武陟河，在嘉庆六十大寿时捐两万多两银子，为各行之冠。嘉庆皇帝把他的官职由同知加为通奉大夫，文职从二品。此外还有广利行卢观恒、同孚行潘绍光、同顺行吴天垣、而益行石中和、顺泰行马佐良等。

旗昌洋行的合伙人、曾长期在广州经商的亨特在《广州番鬼录》中总体评价十三行商人："作为一个商人团体，我们觉得行商在所有交易中，是笃守信用、忠实可靠的。他们遵守合约，慷慨大方。"他也描写了他们的富裕生活："他们自己的住宅，我们曾去过几处，规模宏伟，有布局奇巧的花园，引水为湖，叠石为山，溪上架桥，圆石铺路，奇花异木，千姿百态，穷其幽胜。"其中"最美丽的是潘启官的住宅"。这些行商的豪宅大多在广州河南（珠江南岸），可惜今已不存。他们还经常举行招待各方客人的"筷子宴"，有美味的燕窝羹、鸽蛋、海参、精制的鱼翅和烧鲍鱼等菜品，但这些仅仅是一小部分。在这些被称为"私人宫殿"的豪宅中，侍者、门丁、信差、轿夫、名厨众多。可以想象行商们的生活何等奢华。

十三行的行商们得到如此多的财富，当然也不是天上掉馅饼，要付出巨大的代价。这种代价不仅有经商所付出的精力、体力与财力，而且更重要的是处于朝廷和洋人夹缝之间，来自两方的压力，所受的夹板气。他们对这些压力无可奈何，只有逆来顺受。

首先是来自朝廷的压榨。粤海关建立后，关税成了政府的重要收入。清嘉庆十六年（1811年），粤海关征收的关税达1347936两，超过广东全省的地丁银125万两。这些银子分别归国库和皇帝的私库。清道光十六年（1839年），粤海关共征关税1448558两，其中总数的3%，即4万多两留给广东省政府，再留4万多两供粤海关使用，其余约1002909两送户部，由政府使用，另外的355000两送内务府，作为皇帝的私产由皇帝使用。交内务府的占25%左右。正因为如此，粤海关被称为"天子南库"。

这些仅仅是税收，无论最后归谁，与行商关系都不大。行商只是代粤海关征税而已。但朝廷还有其他手段勒索、压榨行商。从乾隆五十一年（1786年）起，十三行商人每年要以"备贡"的名义捐给朝廷和皇帝许多钱，数额总计5.5万两。清嘉庆八年（1803年）和嘉庆九年（1804年），增加到15万两。逢皇帝生日，十三行也要送钱，嘉庆50岁生日，行商进贡12万两，60岁生日13万两，还要向皇帝敬献各种西洋玩意儿。按惯例，广东每年要向皇帝进贡珍奇物品三次，皇帝明示"惟有钟表及西洋金珠奇异陈设，并金线缎、银线缎或新样器物。皆可不必惜费，亦不令养心殿照例核减，可放心办理"。这就是为皇家采购贡品要不惜血本。朝廷也为贡品拨款，起先为5万两，后减为3万两。而且这些银子也是拨给广东省政府的，有多少能进入购买贡品的行商之手，真是天晓得。据英国东印度公司记载，仅仅是行商买钟表的钱，清嘉庆十八年（1813年）就达10万元。何况还有其他许多奢侈品。

还有许多项目要行商承担。例如，清嘉庆十六年（1811年），修治黄河，行商出60万两；清嘉庆十九年（1814年），平定天理教之乱，行商承担24万两，等等。台湾学者陈国栋先生根据官方档案统计，从1773年到1835年，十三行行商总共捐给朝廷50805万两。

当然实际上行商给出的绝不止这些。当时从中央到两广总督府、巡抚、各地政府和粤海关都层层加码，层层盘剥。乾隆时的大贪官和珅被抄家后，抄出财产价值4亿两，进入千年五十名富人榜。他的财富是搜刮来的，其中也有向广东行商搜刮的。负责粤海关的"钦命监督"是头等肥差，由朝廷直接任命，和珅作为宠臣有决定权。当了这个官的人，当然要向和珅报恩。和珅被抄家时抄出的如自鸣钟等许多西洋奇异之物都来自行商，有一些银子也来自行商。那些粤海关的监督，哪一个都不是省油的灯。一个英国东印度公司的职员说："老实说，广州政府的官吏没有一个人是干净的。"英国人巴罗说："朝廷大员从京师下来（广州），来时两袖清风，经过三年，回去时就家财万贯了。"比如，清乾隆五十八年（1793年）8月上任，清乾隆五十九年（1794年）9月离任的粤海关监督苏楞额，走时带走30万两。清乾隆五十九年（1794年）10月来广州，清嘉庆元年（1795年）7月离任的粤海关监督，仅半年就收了24万元（17万两银子）。平均而言，每个粤海关监督在任时受贿额都在20万两至30万两。当然还有其他官吏的勒索。他们把行商当作一座金山，谁都想从上头拿一块。

十三行的行商还是外商的"保商"，对外商的一切行为都要负责。不仅有纳税等事务，而且要洋人按朝廷的限制行事，如有洋人违背规则，受惩罚的是行商。甚至洋人的安全、防火、生活等各项事务都由行商负责，行商欠洋商的钱也要公行承担。总之，在为洋商当保商时是处处受罚。为此受到严重惩罚，经济损失惨重，破产甚至被流放的行商不在少数，甚至连潘振承、伍秉鉴、卢观恒这样的行首也在所难免。

外国商船一到黄埔码头就必须找一个保商，保商要对外商的船和水手的一切行为负完全责任，从买水果一直到各种杂事。比如，清嘉庆十二年（1807年），英国商船"海王星号"的水手在十三行码头与市民斗殴，一个中国人死亡。官府马上扣押了该船的保商广利行的卢观恒。粤海关又下令停止贸易，英国东印度公司的船都被扣下。卢观恒用了大量银子疏通扣关官员，自己还被严刑拷打和羞辱，过了数月才不了了之。道光年间，一位外商去内地做生意，被抓获后，保商同文行潘家被罚12万两银子。清乾隆四十九年（1784年），四个传教士坐商船到广州，私自潜入西安传教，途中被扣。该船的保商同文行潘家被罚12万两银子。行商由于洋商的行为违反了规定而被罚款的多不胜数，而且动不动就是几万、十几万两银子。

作为保商，行商的责任事无巨细。英国一艘商船走私羽纱被海关查出，按100倍来罚。48匹羽纱共罚67200元。这笔钱由保商丽泉行的潘长耀赔。英商商馆被盗12匹绒布和16匹羽纱，价值989两银子。英商向海南县衙门报案，县衙查不出来，由保商赔偿。物品找回来后，县衙却不退还赔款。英国一妇女来广州违规了，保商沛官坐了一个月牢，还赔了10万元。一个外国船上的水手，受到船长批评，跳水自杀，也要由保商处理后事。一个在广州的法国人要回澳门，也要保商出保证书。甚至一个外国人和中国人的债务纠纷，也要保商处理，朝廷只拿钱不管事，一切都推给保商，令保商苦不堪言。

如果欠了外商的债务，后果更严重，清乾隆二十三年（1758年），资元行黎光华欠法国商人、英国东印度公司的贷款，又欠税收5万两。黎光华已去世，其子黎兆魁因病回了老家福建晋江。朝廷没收了他家在广州的财产，又到福建追债，最后未偿债务由其他行商分摊。这第一件行商欠外商债务的事件就为以后处理类似事件树立了标准。清嘉庆十三年（1808年），沐士方的万成行当行商，购买一英国商人的棉花、沙藤和鱼翅，总计351038元，由于物价下降而无法偿还贷款。他在广州和浙江的产业被拍卖，不足之数由其他行商三年还清，他本人被发配到伊犁。之前，清乾隆五十六年（1791年），才当行商的吴昭平因欠外商棉花贷款25万元而被发配伊犁。清乾隆六十年（1795年），同益行的石中和欠外商59.8万两银子，被囚禁，甚至戴着镣铐受刑死亡。福隆行的关发成欠债被判终身流放伊犁，几年后死去。甚至身为公行行首也难以幸免。清嘉庆元年（1796年），万和行的蔡世文虽为行首，也因欠债不甘受罚而吞鸦片自尽。这类事例在中外关于行商的记载中屡见不鲜。

清乾隆四十四年（1779年），一位英国人记载："行商破产之一部分原因是骄奢淫逸，无可避免债务之桎梏，根本原因则在饱受政府大吏苛刻勒索所致。是时洋行接受外资及货物总共数目1078976元，然此时英债权人所提出之债项，截至当年年头上，连同复利竟达3808076元之巨。该项债款几乎完全与英公司有商业关系的义丰行蔡明复、广顺行陈广顺、泰和行颜时瑛、裕源行张天球四行商所欠相同。这许多欠外商债务或欠外商应交关税者破产、被抄家、下狱、充军、流放伊犁者不乏其人。"本来外商为保证贸易正常进行，或向小行商贷款，或由外商担保，由伍家等富裕行商贷款，但到道光年间，这种做法被取消，让小行商雪上加霜。在这种困境之下，能清偿债务者只剩下怡和行的伍家、同文行的潘家和东裕行的谢家。

朝廷为了防"洋夷"或"番人"，对外商有严格的人身限制，不许坐轿，不许在广州过冬，不许妇女进入广州，甚至不许请华人教中文等。外商极为不满，想尽办法规避。这些规则由行商实施，外商对这些规定的不满只能发泄到行商身上。他们也采用过一些方法反抗，如朝廷不让洋人乘轿，洋人就不许华人坐轿进洋行。行商在官吏与洋人之间，两头受气，无可奈何。

行商们尽管赚了钱，但对这种状态也难于忍受。潘振承的孙子潘正亨曾说"宁为一只狗，不为行商首"，正反映了行商的心境。潘振承、潘有度都表示过不当行商的要求,伍秉鉴甚至表示愿捐出80%的家产,辞去行首,但朝廷少不了他,坚决不许。伍秉鉴晚年甚至有移民美国的想法,但无法实现。

粤商的涅槃

粤商在夹缝中赚钱、受气,对两方的优劣肯定有许多认识。虽然他们并没有留下批评清廷的文字,不过从他们饱受朝廷勒索一事来看,他们虽不改顺民本色,但对清朝的专制和各级官吏之腐败肯定极为不满。洋人也并不都是和蔼可亲的,刁蛮、赖账的商人也不在少数。但粤商仍然与他们交易,并有所收获,肯定也感受到对方国家制度与文化的优点。**他们了解并学习西方文化,这表现出他们的开放性。**

在鸦片战争之前粤商活跃时,他们的经营中已经充满了开放性。中外交流首先要突破语言障碍。早在葡萄牙人进入后,广州就出现了 Pidgin-Portuguese,可以称为广州葡语,英国人来以后就有了 Pigoon-English,即广州英语,以后这种英语就发展为上海的"洋泾浜"。还出现了《鬼话》这样的英语识字读本。洋行商人们也能用这种广式英语与英国人沟通。肯学英语,哪怕是不规范的英语,也是一种开放的体现。

广州的行商们学习西方的一个重要贡献是把预防天花的牛痘种植技术向广东和全国推广。清嘉庆十年(1805年),英国商人多林文首先将牛痘疫苗带入广东,并由英国医生皮尔逊传授种植技术。十三行行商郑崇谦把皮尔逊写的《种痘奇书》翻译出来,作为教材,并召集与十三行有关的人员与伙计梁辉、邱熹、张尧、谭国学习。当时人们并没有接受。第二年广东地区爆发天花,种过牛痘的儿童都得以幸免,人们才接受,可惜此时已无疫苗。清嘉庆十五年（1810年），有外国商人从小吕宋带来了疫苗。行商伍秉鉴、潘有度、卢观恒等出资数千元在洋行会馆开设诊所，由邱熺、谭国为儿童接种。行商们还翻译出版相关科学文献，组织人员向英国医务人员学习，又出资办"种洋痘局"。行商郑崇谦被后人尊为在中国推动牛痘法的鼻祖。清道光八年（1828年），同文行潘氏族人潘仕成到北京，在南海会馆设"种痘局"，把牛痘种植技术推向全国。这是粤商眼光开放的证明，也是他们对中国的重要贡献。

种痘法在中国的成功鼓励了行商引进西方医疗技术。清道光十四年（1834年），毕业于耶鲁的新教医学传教士伯驾到广州，行商支持他开设眼科医局。伯驾实施了第一例白内障手术，成功后来医治的人甚多。伍秉鉴把自己的一栋楼房给伯驾建分院，这就是著名的博济医院（现中山大学附属第二医院）的前身。林则徐在广东时患疝气，也是在这里治好的。同治五年（1866年），又在博济医院下设博济医学堂，孙中山曾在此读书。

行商不仅引进现代医学，还引进西方的印刷术，既印中国的传统书籍，也刊印数学、地理、医学方面的西方书籍。行商潘仕成投资建海山仙馆，不仅印了《佩文韵府》等古书，还翻译出版了《几何原本》《同文算指》《测量法义》《勾股义》《外国地理备考》《火攻挈要》《全体新论》等书。广东学者黄任恒在《番禺河南小志》中记载："粤东巨室，称潘、卢、伍、叶。伍氏喜读书，叶氏喜读帖，潘氏独以著作传。"他们都是有文化且吸收了西方文化之人。

18世纪中叶到19世纪中叶，行商们还吸收西方文化，创造了结合中西文化的外销画和外销瓷。那时广州出现了一批绘制西方风格画的中国画家。这些画既有中国特点，又吸收了西方的艺术风格，颇受来华经商的洋人喜欢，被出口到国外。这些画不同于传统中国画，但保留了中国画法的一些特点，同时又吸收了西洋画的风格,但又不是西洋画的仿制品,具有中西文化融合的特点,颇受外商欢迎。这些画家中最有名的是 Spoilum,即活动于乾隆、嘉庆年间的广东南海人关作霖。这一时期画外销画的画家有新呱、林呱、庭呱、煜呱等。"呱"是当时的外商,特别是十三行内洋人称呼外销画家的一种习惯,以后也发展为画店或作坊。他们掌握了传统中国画法,又临摹西方画家的画作,形成自己的风格。他们创造了行商肖像和海景风景画。他们的画坊在离夷馆近的地方,如靖远街、同文街,最繁荣时画工多达两三千人。

早在康熙年间,景德镇的师傅杨快和曹德就来到广州。他们运来景德镇的素白瓷胚,按西方人给的图样,绘画、彩绘、烧烤,出口到西方。这种外销瓷器称为"广彩"。这种瓷器上的图是洋人提供的,但由中国画工画上去就包含了中国的画法技巧,并不是外国画的翻版。这种瓷器在国外颇受欢迎,以至于吸引荷兰人威廉·特罗斯来广东学习广彩的艺术风格,创作设计了餐盘、茶具、咖啡具和托盘等,颇受外商欢迎。

鸦片战争后,十三行解体了,作为行商的粤商衰亡了。**但由于粤商骨子里的开放精神,他们又浴火重生了。这就是粤商的涅槃。**

《南京条约》签订,五口通商之后,粤商敏锐地看到了未来上海的前景,他们纷纷携资进入上海,成为今日繁华大上海最早的开拓者和第一批买办,在上海大展宏图。

上海开放后,上海道台是保守的宫慕久。他对英国驻上海领事巴福尔要租房子办领事馆持拒绝态度。这时早已进入上海且大富的广东商人顾氏主动提出把他有 52 个房间的院子租给英国人,作为英国驻上海领事馆。这就是广东商人与清政府官吏在开放观念上的差距。

第一批进入上海的粤商中,吴健彰是最值得注意的。他是广东香山前山翠微(今属珠海市)人。这里毗邻港澳,风气开放又重商，以后我们还会提到的徐润、唐廷枢、郑观应、莫仕开、马应彪、郭东等都是从这里走出的。吴健彰早年贫寒，曾卖过鸡，后与洋人做小买卖，又进入洋行当仆役，由于善于学习，英语流利而受洋商大班器重。后来吴健彰独立经营，开设同顺行。清道光二十五年（1845年），他来到上海经营茶叶、当铺致富。后又成为买办，与怡和、旗昌、宝顺三家洋行关系密切，并参股这三大洋行，且为旗昌洋行的七大股东之一。致富后他又纳钱捐官，由监生、五品衔至候补道。上海"青浦事件"后中外冲突加剧，清廷任命他为上海道台，从此他全面控制上海地方事务，由商而官。芭蕾舞剧《小刀会》中那个镇压小刀会的上海道台就是他，不过丑化了他。

更多的粤商则当上了买办，由买办又成为振兴民族经济的实业家。据考证，买办又译为"康白度"，是葡萄牙文 comprar 音译，原意是"采买"，以后引申为洋商雇用的经纪人、会计和出纳的总称，也就是集总管、代理人、翻译、掮客、顾问、信用保证等功能于一体的混合职业。他们几乎包揽了洋行在中国的所有事务。广东十三行的行商实际上就是买办。他们精通洋行事务，又懂英语。上海的洋商需要这样的代理人，所以广东商人到上海后当买办是极为自然的。他们在当买办的过程中，掌握了外商经商的规则与经验，了解了世界经济发展状况，也学会了国外先进的企业管理经验，同时积累了必要的启动资金（买办收入丰厚，不仅有当买办的工资，更重要的还有完成每笔业务的回扣），然后独立出来，自己经营企业。他们就成为了最早的民族工业家。上海社科院宋钻友研究员在《广东人在上海》中评价广东买办时说："1850年代，广东买办随广州洋行北上，来到上海，通过充当洋行的贸易中介，积累了巨额财富，转而投资茶栈、丝栈、钱庄、保险公司，参与洋务运动，投资轮船招商局、机器织布局等洋务企业。广帮在19世纪六七十年代即被视为上海最具影响力的商业群体。"美国学者郝延平在《十九世纪的中国买办：东西间桥梁》里说："他们活动于中国和西方之间，在近代中国起到了突出的战略性的重要作用。""从经济上说，暴发户买办是唯一把财富与专业集于一身的人，因而成为早期工业化的带头力量之一。"从文化上说，"他们成为新思想的倡导者"，也是"中国传统的价值观的挑战者"。除了吴健彰外，这样的买办还有莫氏家族的莫仕开、莫芝轩，徐氏家族的徐钰亭、徐润，郑氏家族的郑廷江、郑观应等。

徐润是广东香山北岭村（今属珠海市）人，幼年随叔父徐荣村到上海，学文不成，听从伯父徐钰亭的安排进入宝顺洋行学做买办。徐钰亭颇受洋行创办人必理氏倚重。徐润初进洋行"学丝学茶"，即鉴定茶丝。他在宝顺洋行接受了成为买办的系统教育。洋行大班必理氏去世后，由教他"看丝"的师傅韦伯氏接任，他受到重视，19岁就进入"上堂账房"，24岁开始"主账上堂，管理各职"。在他的主持下，宝顺洋行在各洋行中首屈一指。以后徐润从事房地产开发。1868年他离开宝顺洋行，开设宝顺茶栈，并创立上海茶叶会所，成为"近代中国的茶王"。1873年受李鸿章"扎委"，参办上海轮船招商局，成为洋务运动的重要参与者。

唐廷枢系广东香山唐家湾（今属珠海市）人，1861年，原在上海海关任总翻译的他到怡和洋行代理商务，两年后任总买办。以后他哥哥唐廷植、族弟唐瑞芝、唐国泰先后加入怡和洋行，唐氏一家影响怡和洋行达半个世纪。1873年，又受李鸿章委派任轮船招商局总办，成为振兴民族企业的实业家。

郑观应是广东香山待鹤山（今属中山市）人。郑观应的叔叔是上海新德洋行买办，郑观应进入该行。一年后又进入宝顺洋行。1868年他进入生祥茶栈任通事，同时任公正轮船公司董事。1873年又进入太古洋行任买办，1882年加入轮船招商局。郑观应不仅是成功的企业家,也是极有见解的学者,他的《救时摘要》《易言》《盛世危言》影响了孙中山、毛泽东等以后的革命者。

洋务运动是中国现代工业化的开始,来自广东的徐润、唐廷枢、郑观应都参与了洋务运动,并对轮船招商局的发展做出了贡献。唐廷枢以后又对开滦煤矿、唐山到胥各庄的铁路建设做出了贡献。他们不愧是中国现代工业的奠基人,是粤商开放的结果。

现代化的城市不仅要有工业,还要有商业。民国前后,上海先施、永安、新新和大新四家经营全球商品的四大百货公司开业。**这拉开了上海商业现代化的序幕。这四家百货公司的创建者都是广东商人。**

先施百货公司的创办人马应彪是广东中山市沙涌镇人,他的父亲早年去澳大利亚。马应彪与母亲共同养家糊口。1880年前后,他来到澳大利亚。先到一家蔬菜种植场工作,学英语,然后自己种菜并自己经营,创办了永生、永泰、生泰三家水果批发店"果栏"。1900年,马应彪到香港开办了先施百货公司。先施百货公司的名字来自于《中庸》中的"先施以诚"。他创立了现代商业的多个理念:"不二价",明码标价,按价出售,不讨价还价;开发票,以示诚信,有问题或不合适可凭发票退货;周末让员工轮休;雇用女售货员;用时装秀做广告。这些在中国商业史上都是首创。在香港成功后,他又回上海创办了先施百货公司。他被称为"中国百货之父",对以后中国商业的发展有重要的影响。

永安百货公司的创办人郭乐也是广东中山市人。早年也在澳大利亚种菜,后办永安果栏。成功后他把四个弟弟招到澳大利亚,成为一个家族企业。他与马应彪合作,组建生安泰果栏,垄断了悉尼的香蕉生意。1907年,郭乐、郭泉兄弟在香港开办永安百货公司。该公司走"产、供、销"服务一体化之路,提出"顾客至上"的经营理念,又提出"顾客永远是对的"的口号。该公司的经营则是零售与批发一起做,也采用了给回扣、给优惠、大减价的促销手段,还发行礼券。这在今天已成为常规的促销手段。香港成功后,郭氏兄弟又回上海开办了永安百货公司。

先施、永安成功后又到广州,扩大经营到酒店、侨汇、地产、仓储、游乐场、影戏院、茶室等。

大新百货公司的创始人蔡昌、蔡兴兄弟也是广东中山人。他们早年也在澳大利亚谋生。回国后见证了先施百货公司的成功。1912年,他们用在澳大利亚华侨集资的400万港元,在香港创建大新百货公司。大新百货公司特别重视在广州的拓展,在广州惠爱路(今中山五路)和西堤建两家分公司,多元化经营成功后,1936年又进军上海。

新新百货公司的创办人是广东中山人李敏周。他在18岁时到澳大利亚,后开商店,由商业进入进出口贸易。成功后回国在上海遇到已在上海先施百货公司任经理的儿时玩伴刘锡基。两人志趣相投,成立新新百货公司,意出"苟日新,日日新,又日新"。公司1923年开工,三年后完成,已有空调和霓虹灯。该公司采用集百货公司、茶室、美发厅、旅馆、剧场于一体的经营模式。新新还自办了中国第一家民营广播电台。

这四家百货公司先后改组为股份有限公司,全面采用了西方企业管理制度。公司对员工实施了涵盖衣、食、住的基本福利,提供免费医疗,帮助困难员工,组织员工学习、培训,注重员工文化素质的提高。这四家公司的经营模式对以后中国商业的发展有巨大影响,成为全国商业的"标杆"。

在中国经济的发展中,广东商人还有更多的贡献。广东南海人简照南、简玉阶兄弟1905年在香港创办广东南洋烟草公司,推出"白鹤""飞马""双喜"等品牌香烟,打破了英美烟草公司在中国的垄断地位。他们的口号"中国人请吸中国烟"激发了百姓的爱国热情，也成为促销的有效手段。1909年他们又在香港注册成立广东南洋兄弟烟草公司，从东南亚华侨市场迂回进入国内，成为至今仍然知名的烟草业巨子。

广东大埔人张弼士18岁到印尼雅加达谋生，先后经营米业、酒业、土地垦殖、锡业、银行、轮船公司，极为成功，被美国人称为"中国的洛克菲勒"，甚至被清政府任命为首任驻槟榔屿副领事、新加坡总领事。回国后又开办至今仍然著名的张裕葡萄酒厂。

广东商人在日本横滨、美国夏威夷，东南亚等地成功者甚多。在广东，不仅有先施等公司办百货业，还有广东梅县人张煜南、张鸿南兄弟修建潮汕铁路；陈宜禧修建新宁铁路；陈启沅开创机器缫丝业；台山人黄秉常创办广州中订公司；薛广森创办协同和机器公司生产内燃柴油机；等等。

粤商不仅有商业上的成功，他们成功后重视教育，捐款办学及各种文化事业。1906年创办的《七十二行商报》是著名马来西亚侨商黄福的儿子黄景堂办的，是广州商界的喉舌。从1906年开办，到1937年抗日战争全面爆发时结束，《七十二行商报》对团结广州商界，增强广州商人在国际上的竞争力，提高广州商人的整体文化素质起了重要的作用。广东商人也关心社会公益事业，回报社会。他们还积极从事电影、戏剧等文化事业。而且许多广东商人参加孙中山领导的同盟会，在抗日中亦起了积极作用，有的还跟随共产党走上救国救民的道路。

同样是重要的商帮，晋商保守封闭，在清亡之后就衰亡了，而且彻底衰亡，永远退出了历史舞台；粤商开放，在鸦片战争后以十三行为核心的粤商衰亡了，但他们在新时代又焕发了青春，成为在中国近代史上一支重要的劲旅。直至今天，对比这两个曾经辉煌过的商帮，仍让我们感慨万千。

第四章　持剑经商的闽商

"三分天注定，七分靠打拼，爱拼才会赢。"我特别喜欢这首闽南民歌，每与朋友聚会都要请闽南的朋友用闽南话唱这首歌。**这首回肠荡气的民歌反映了闽南人敢打、敢拼、不畏艰难、不怕风险、永不服输的豪气，也是闽商的精神象征。**

福建东面临海，山多地少，福建人以海为生，早就有从事海上贸易的传统，海上贸易是闽商的主业。闽商并不仅仅是以郑芝龙、郑成功父子为首的海商兼海盗集团，但却是以这个集团为主干的。虽被称为海盗集团，但他们并不是杀人劫财的海盗集团，而是武装到牙齿、持剑经商的海商集团，盗是为了商。他们为什么要走上这条持剑经商的道路？为什么身为海商又兼做了海盗？回答这些问题还要从闽商海上贸易的历史谈起。

朝贡贸易体制下的闽商

福建原为闽越人居住之地。秦始皇派 50 万人进入这一地区，是为汉人移民之始。但大量的汉人还是在东晋之后、两宋之交时迁入的。唐开元二十一年（733 年），设福建经略使，始称福建。南宋时设有一府、五州、二军这八个级别相等的行政区，故称"八闽"。福建处于欧亚板块的东南部，省内峰岭耸峙、丘陵连绵，河谷盆地穿插其间，有"八山一水一分田"之说。福建人只能靠海吃海，以捕鱼、海上贸易为主。

福建的海外贸易兴于唐代。由于战乱，唐末时，从长安通往西域的陆上丝绸之路被阻断，阿拉伯商人纷纷取道海路向东，来到中国进行贸易。当时泉州外商云集，成为中国最重要的对外贸易港口之一。泉州也是海上丝绸之路的起点与商品集散地。唐开元年间（713—741年）已在泉州设有市舶使，掌管海外贸易的一切事务。

随着对外贸易的发展，福建的经济也发展起来了。早在唐代，福建的纺织业已具规模，成为全国绢丝生产基地之一。青瓷的制作工艺水平也相当先进。闽茶早已闻名天下。方山出的云雾芽茶成为茶中精品。建阳的建茶也久负盛名。唐五代，福建新的、较大规模的制茶工场开始出现，制茶工艺有了相当大的改进。对外贸易的兴起为福建造船业的发展注入了新的活力。唐五代航行于海外的商船中，有相当一部分是在福建建造的，每艘可载数千石之重。

到了宋代，尤其是南宋时期，南方的海外贸易更为重要，政府在广州、泉州、明州等地设立提举市舶司，管理以关税为主的海外贸易事务，接待海外来使，开展海外贸易。市舶司的税收已达政府财政收入的20%，出现了"经费困乏，一切倚办海舶"的局面。其中最繁荣的泉州港，市舶司管辖的范围达三湾十一港。这时福建商人满载丝织品、瓷器、茶叶等当地产品，北上山东、朝鲜，东赴日本，南入交广，远航于南洋各国。南洋各国派出的使臣和海外商贾也满载香料等产品，络绎不绝来往于东南海航线上。宋元之际，泉州作为对外贸易港的地位已超过了广州，被誉为当时世界最大的贸易港口之一。每年通过泉州港与中国贸易的国家和地区有一百多个。中国的丝绸和瓷器大量送往各国，外国的珍珠、象牙、犀角、乳香等从泉州进入中国。"潮回画楫三千只，春满红楼十万家"正是当年对外贸易繁荣的写照。

贸易促进了手工业发展。宋时福建的制陶业规模已十分庞大，制陶技术日趋完美。德化窑和建阳永吉窑烧制的瓷器销往欧、亚、非三大陆的许多国家。纺织业也享誉全国，轻绢、建宁锦、泉缎远销中外，与杭州媲美。此外，制茶、制糖业都相当发达。商业发达还促进了文化。宋时福建的雕版印刷业已在全国前列，建阳沙书坊名扬海内，与杭州、四川的书坊并称全国三大刻书坊，刻本之多为全国之最。

元代是中国海外贸易空前繁荣的时代。泉州与埃及亚历山大港并称为世界上最大的贸易港，与泉州往来贸易的国家与地区有100多个。《马可·波罗游记》中对泉州港的繁荣景象有生动的描写，书中讲到，当时来往于波斯湾、中国海之间的船只中，中国船最大，多数是泉州和广州所造，泉州的海船有15000多艘。元至正二年（1342年）摩洛哥著名旅行家伊本·巴图塔来到泉州，将这里誉为"世界唯一之大港"。当时指示航行的灯塔六胜塔，塔高31米，八角五层，上刻莲花、金刚、力士等浮雕，雄伟壮观，至今保存完好。

宋元时已有相当数量的阿拉伯商人来泉州经商并定居下来。其中著名的是蒲氏家族。蒲氏先祖是阿拉伯人，伊斯兰教徒。蒲氏先在越南经商，后来到广州，已经"总诸番互市"，"富甲一时"。到蒲开宗时迁居泉州，经商并先后任安溪县主簿和承节郎。其子蒲寿庚的经营以香料为主。蒲氏家族拥有大量渔船，成为当地商业首领，"善贾往来渔上，致产百万，家僮数千"。蒲寿庚还担任提举泉州市舶司。南宋时蒲寿庚组织民众抵抗海盗，被封为福建安抚使兼沿海都置制使，统领数个边防，走上官商结合之路，垄断南宋海上贸易达三十年。元以后，他家仍掌管泉州市舶司。元朝历史文献中记载，"元以寿庚有功，官其诸子诸孙，多至发达。泉人避薰炎者八十余年，元亡乃已"。传统社会中，政府对海外贸易的控制达到顶峰，要了解这种控制还要从朝贡贸易制度谈起。

朝贡贸易体制源远流长，早在西汉时已经存在。当时丝绸之路上西域各国正是通过朝贡贸易来中国进行贸易的。以后历代都继承了这种制度，中国与外国的对外贸易一直在这个制度框架下进行。**朝贡贸易简单说就是外国商人来向我国朝廷进贡，表示臣服。朝廷给予他们回赠，这种回赠往往高于进贡品价值的数倍。朝廷还允许进贡的商人进行一定数量的贸易活动。**

朝贡贸易制度并不是一种对外贸易制度，与对外贸易和国内经济状况无关。朝贡贸易是一种处理华夷关系的制度。这种制度的最终目的是"怀柔远人"，实现"四夷宾服，万邦来朝"。所以，在这种制度中，对外贸易本身并不是目的，而是手段。而且，这种体制不是以暴力征服外国使者之臣服，而是通过文化上的感召，"以德服人"。朝贡体制下，我国与外国的联系方式包括朝贡、赏赐、册封、互市、通使等，涉及政治、经济、文化各个方面。定期进行朝贡仪式是外国臣服与归化的象征，是各国对朝廷权威承认的标志，是我中华文化感召力的体现。说得直白一点就是用钱或允许贸易的特权获得洋人表面上的臣服。

朝贡体制包括设立市舶司、朝贡行为的规定，以及贸易品处理三个方面。各个朝代的做法也会有所不同。从明朝来看，市舶司"掌海外诸番朝贡交易之事"，设置的地方并不固定，主要是宁波、广州与福建市舶司。市舶司主要职能有三项：查验朝贡表文、勘合，辨其贡道、贡期、检验贡物，确定进京人数；负责对正贡以外的附至番货给价收买，监管贡使在当地的交易活动，执行朝廷的朝贡禁令；贡使居海期间，负责供应其饮食物品，并按照规定设宴款待。

各国对中国的茶叶、瓷器、丝绸等产品的需求相当大，许多国家以朝贡之名来中国行贸易之实，这不符合明朝政府闭关锁国的政策，因此明朝对各国朝贡时的各种行为都进行了严格的限制，包括：贡期，即不同的国家几年才能朝贡一次，比如安南一年一贡，日本十年一贡等；贡道，即在哪个市舶司所在的港口进港；朝贡规模，即来朝贡多少人，带多少物品，以及对朝贡物品的处理方法。进贡的物品通常占的比例并不大，一般为10%左右。对朝贡之外带来的货物，这些物品只能在京师会同馆或市舶司交易，且对交易的程序、时间长短都有规定。

这种严格的朝贡制度是专门为了限制对外贸易而设立的。朝贡制度与明初的海禁政策互相配合，极大地限制了对外贸易。

明初为了防范逃往海外的反明势力与海盗入侵，实行了极为严格的海禁政策。明太祖时规定"片板不许下海"，又全面禁止私人海上交易。《大明律》规定，私带货物出海交易者杖一百，把兵器和人口运往海外者绞首，走泄国情者斩首。同时又禁止建造两个桅杆以上的大船。明永乐时曾经有过规模远超哥伦布发现新大陆之旅和麦哲伦环球航行的郑和七次下西洋。但这次远航的目的是肃清明惠帝及其余党和炫耀国威，绝无开拓海上贸易之意，其结果是大量消耗财力而经济上无任何收获。所以，郑和下西洋并未打破海禁，对明时的对外贸易没有任何促进作用。

但这种朝贡贸易制度完全违背了当时的国际趋势。在哥伦布和麦哲伦之后，全球一体化的时代已经开始。一方面，国外对中国的茶叶、丝绸、瓷器等产品有强烈的需求，西方国家开始大规模进入东方。西班牙、葡萄牙的船队已到东南亚和中国，力图打开中国的大门。与此同时，中国对国外产品，尤其是白银有极大的需求。在中国的交易中，白银是主要货币。明代商品经济的发展对白银的需求也极大。但中国产的白银远远满足不了国内的需求。从南美流入欧洲，又从欧洲进入菲律宾的白银不少，完全可以通过出口中国产品来换取这些白银。但海禁政策和朝贡体制限制了这种交易，多次引起国内"银荒"，阻碍了国内商品经济的发展。双方的需求被海禁和朝贡制度压抑了，但需求的旺盛是不可抗拒的，这就使海禁与朝贡制度必然受到抵制。

同时海禁与朝贡制度本身也存在内在缺陷。朝贡贸易制度最大的矛盾是中央与地方利益的冲突。地方政府要承担朝贡贸易的各种成本，但无法得到任何好处。明政府规定，朝贡贸易的收入归内府，贡品要上缴，附带来的商品由中央政府"官给钞买"，即低价买进，高价卖出，同时又抽取一定比例的税，即抽分制度。对附带物品的经营与抽分使中央政府获得了可观的利润。地方政府得不到收入还要承担外国贡使的接待、运送货物、负责维修贡使的船只等费用。发展对外贸易对地方经济和地方财政收入都有巨大的潜在利益，且地方实力集团也希望在参与对外贸易中获益。此外，朝贡贸易的制度由中央制定，但许多环节要由地方政府执行，而中央对地方的控制并不是有力的。"天高皇帝远"的情况比比皆是。这样，朝贡贸易制度就遭到破坏，甚至名存实亡。**这种朝贡贸易制度名存实亡的表现就是福建这类沿海地区走私贸易的巨大发展。**

甚至在海禁最严的明洪武时期，福建沿海居民就"往往交通外番，私易货物"。明永乐年间，他们更是"私自下番，交通外国"。明宣德年间，由于漳州、泉州一带商民违禁下海者日众，明政府不得不"复敕漳州卫同知石宣等严通番之禁"。但这些禁令收效甚微。根据明正统十四年（1449年）福建巡海佥事董应轸的报告，"比年民往往嗜利而忘禁"，依旧通番不绝。到了明代中叶的成化、弘治年间（1465—1505年），福建海商冲破政府政令，积极参与海上走私贸易的活动，以自由商人的姿态出现在海上迷人的贸易中。史载"成弘之际,豪门巨室,间有乘巨舰贸易海外者","濒海大姓私造舰,岁出诸番市易"。其中以漳州、泉州二府的居民最为活跃。位于漳州城东南50里的月港成为走私商贩集聚的重要港口。这里过去甚为荒凉,人民生活艰难,于是纷纷走私,甚至渔民也弃渔从商。有钱的大户人家出资,穷人为佣,远航外国。他们以中华之产,易外国货物而归,其利可达10倍。虽政府严禁,但大户人家行贿于官,为官者受其惠,又惧怕地方大户的势力,自愿或不自愿地睁一只眼,闭一只眼。于是家家参与到走私贸易中,趋风扬帆,宝货塞途,家家歌舞赛神,钟鸣管弦不绝于耳,成为一个富裕的地方。有人感叹:"成弘之际,称小苏杭者,非月港乎?"

明正德、嘉靖之际(1506—1556年),福建海商违禁加入走私贸易又大大前进一步,沿海居民外出经商已成风气。《明世宗实录》中说,福建沿海居民"素以航海通番为生,其间豪右之家,往往藏匿无赖,私造巨舟,接济粮食,相倚为利"。由于走私贸易而发展起来的通商港口,遍布福建沿海各地。如月港已成为中外海商互市的贸易中心。附近的海域"每岁孟夏之后,大舶数万艘,乘风挂帆,蔽大洋而下","西漳之人与番舶夷商贸番物,往往结绎于海上"。泉州的安平港,明嘉靖年间成了仅次于月港的另一个海上贸易商港。"近年番船连翩往至,地近装卸货物皆有所倚也。"其他如梅岭、鱼沧、龙溪、崇屿、南溪,以及惠安的蓬城、崇武、同安等地,都是当时漳州、泉州走私海商经常出没的重要港口。福宁的海棠、福鼎的桐山、关东的梅花,以及福州近郊的河口、琅琦、嘉登里等地也是海商活跃的地方。甚至闽西、闽北山区的一些商民也投身于走私贸易的行动中。比如明弘治十年(1497年),暹罗国朝贡大使的随从翻译秦罗就是闽西北清流县人,他先从事海上走私贸易,后渡洋寓居暹罗,被任命为通事。

随着明中叶福建各地商人从事走私贸易者不断增加，他们活动的范围也日益扩大，与之贸易的国家也越来越多。东起日本、朝鲜，南至安南、交趾、暹罗，中经菲律宾群岛和南洋诸岛，西达阿拉伯半岛，甚至非洲东海岸，都有福建商人活动的足迹。据张燮《东西洋考》记载，仅与儋州月港一地通商的就有东西两岸的40多个国家和地区，还有葡萄牙、西班牙、荷兰、英国等欧洲商人。据当时许多外国人记录，17世纪前后，中国的商船遍及南海各地。在明代，中国的海商，特别是福建海商一直执东南各国海上贸易之牛耳。

明代福建海商经营的出口中国商品，据不完全统计有230多种，可分为手工艺品、矿产品、水产品、农副产品、动物和肉制品、干鲜果品、文化用品及中草药等八大类，尤以纺织品、瓷器、糖制品为大宗。据《东西洋考》记载，仅从月港进口的货物就达116种。除了传统朝贡贸易的香料、宝货及海产山珍外，还有手工业原料、手工业制品、农副产品、矿产品。到明嘉靖、万历时，后一类产品的进口量已超过传统的香料等。尤其是美洲所产的白银更是通过海商之手源源不断地进入中国。《东西洋考》中说："东洋吕宋，地无他产，夷人悉银钱易货，故归船自银钱外，无他携来，即有货亦无几。"走私海外贸易的繁荣，充实了海商的实力，壮大了其队伍。

明中叶福建沿海居民走私活动愈演愈烈，这使政府的海禁和朝贡贸易形同虚设。明嘉靖二年（1523年）宁波发生了两个日本商队因争夺朝贡权而武装冲突的"争贡之役"，政府以此为借口更严厉地推行海禁政策。浙江巡抚并提督福建沿海海防事务的朱纨严格执行海禁政策，不仅禁止海外贸易，而且禁止下海捕鱼阻断沿海交通，禁止一切海上活动，捕杀沿海商民。这种做法激起海上私人贸易集团和商民的强烈反抗。许多商民"失其生理，于是转而为寇"，形成"海禁愈严，贼伙愈盛"的状况。到明嘉靖中后期，终于酿成浩劫东南数省十几年的"倭寇之患"。名为"倭寇"，实际上是以中国沿海失去生计的商民为主体的。明万历年间任福建巡抚的许孚远曾概括了这一段历史。他说，东南滨海之民以贩海为生，已有悠久的历史，福建尤为如此。福建福兴、漳泉等地背山面海，田地不足耕作，不航海贸易就无以助衣食。此地人民不惧波涛且轻生死，已成为习俗。漳州府尤其如此。海禁之前，商民私贩为业，吴越之地的豪民羽翼庇护，历时已久。当权者动辄严禁，逼之过急则盗贼兴。

政府镇压海盗虽有成效，但当地经济凋零，政府也受到沉重打击。于是有识之士认识到，海禁无法禁止走私贸易，也不能防止倭寇、海盗猖獗。明隆庆三年（1567年），在福建巡抚、都御史涂泽民建议下，放开海禁，准许商民前往东西二洋贸易互市。这被称为"隆庆开关"。尽管还有一些限制，比如商民下海贸易要申请引票，且对船只数目、贸易地点都有规定，但毕竟总体上放开了。

隆庆开关后，政府在漳州的月港设督饷馆负责渔船、船商的管理和征税工作。正常的贸易渠道开通，海上贸易出现了新气象，关税收入也不断增加。明万历四年（1576年），税饷已至万金，明万历十一年（1583年）已"累增至二万有余"，到明万历二十二年（1594年）又超过二万九千金。海盗活动亦大为缓解。

但隆庆开关时对日本是例外。这因为丰臣秀吉对朝鲜发动侵略，明政府感到日本的威胁。所以"终明之世，通倭之禁甚严"。但福建海商对日本的贸易极为重要。于是福建海商中出现了专门从事中日之间走私和贸易的团伙。这些团伙都成为海盗集团，如李旦集团、颜思齐集团、郑芝龙集团、刘番集团及杨六、杨七、钟斌等集团。他们的势力相当大。这些海盗集团正与我们下面要介绍的闽商相关。

闽商与郑氏武装海商集团

我一直认为，把郑芝龙、郑成功父子的集团简单地称为"海盗集团"是不妥的。因为他们的"盗"是为了"商"。"商"是目的，"盗"仅仅是手段，是在当时形势下逼出来的。而且在他们的活动中有"盗"，但更主要是通过"盗"实现"商"，"商"仍然是主业。正因为如此，我称他们是"亦盗亦商"，而且更多地强调了"商"的一面。

读过王涛先生的《明清海盗（海商）的兴衰：基于全球经济发展的视角》后，我更坚定了这种观念。王涛先生在书中对中国的海商与海盗进行了区分，并与西方的海商、海盗做了对比。他把以贸易为目的，但为了对抗外国武装商船攻击和政府追剿而不得不武装自己的中国海商贸易集团称为"海商武装贸易集团"，如王直集团和郑芝龙、郑成功父子集团。主要靠海上抢劫为生的群体是海盗集团，如明代的陈思盼海盗集团或卢七海盗集团。**根据这种思路我把以郑芝龙、郑成功父子为首的集团称为"持剑经商的武装海商集团"，或者海商兼海盗集团。**他们武装到牙齿，以武力冲破海上贸易的阻拦与竞争，拿着剑进行贸易。

贸易本来是有利于双方的，应该和平地进行。即使有竞争、有冲突也可以通过协商解决，不必动用武器，商人完全不必"持剑"。但明朝中期以后的特殊环境造就了海上经商必须"持剑"、商人必须武装到牙齿的状况，这就使明代福建海上贸易商人走上了这条特殊的经商之路。

从国内来看，正如以上所述，明政府实行极严格的海禁政策与朝贡贸易制度。"片板不许下海"的海禁政策使以海为生的福建沿海居民没有了生存之路。人民无以为生，造反当然有理。朝贡制度严重限制甚至封杀了私人贸易。国外对中国茶叶、瓷器、丝绸的需求和中国对国外的白银需求得不到满足，商人无法进行正常的商业活动，反抗也是完全正常的。商人中许多是当地富商大户，甚至在地方为官，他们有组织自己的武装力量进行反抗的能力。民众被逼到走投无路的状况，也会支持并参与这些反抗活动。持剑经商的武装海商兼海盗集团的出现是必然的。当时这种集团并不少。

从国际来看，哥伦布、麦哲伦航行之后，全球一体化已经开始，西方国家进入以海盗抢劫和进行不平等贸易的原始积累阶段。先是葡萄牙和西班牙的海盗或武装海商集团，后是荷兰、英国的海盗或武装海商集团，向东方扩张，进入中国海域，甚至中国沿海。他们在海上进行海盗行为，即使以商业为目标，也是通过武力来实现的。福建海商在海上活动，不把自己武装到牙齿如何生存下去？

作为闽商海商兼海盗集团代表的是郑芝龙、郑成功父子的海商集团。

郑芝龙1604年出生于福建泉州南安石井乡。他的出生地从元代就是一个商人辈出的地方。在明清两代这里与国内外的贸易都相当发达，已有不少资金雄厚的大海商。在明代海禁和朝贡贸易时，这里也是海上走私商人最为活跃的地区之一。郑芝龙出生在这样的地方，自然也受到经商风气的熏陶。1621年，郑芝龙去澳门投靠其舅黄程。黄程是对外贸易商人，郑芝龙聪明能干，很快成为黄程的得力助手，经常代表黄程来往于澳门和马尼拉等地。在这一时期，郑芝龙学会了葡萄牙语和荷兰语，并加入天主教。1623年，黄程的一批白糖、奇楠、麝香、鹿皮等货物，搭大海商李旦的船到日本平户，郑芝龙负责押运。李旦为泉州人，原在菲律宾经商。西班牙人屠杀华人时，他从马尼拉迁至日本平户，并以日本为基地，建立起自己的商业王国。他拥有自己的武装船队，与荷兰人和英国人贸易，也是相当著名的武装海商集团首领。郑芝龙随李旦在日本平户住下，并娶平户女子田川氏为妻。他们生的儿子就是以后大名鼎鼎的郑成功。

1609年，李旦带了14万两银子来台湾买生丝，与荷兰人的谈判颇为周折。1624年郑芝龙到台湾，被李旦派到荷兰东印度公司担任通事，即翻译。1625年郑芝龙离开该公司，回到李旦的海商集团正式入伙，并成为一小支队的头目。郑芝龙能干又懂外语，颇受李旦信任。1625年李旦去日本，职务由郑芝龙代理。一个月后李旦去世，整个海商集团由郑芝龙继承，他成为海商集团的首领。郑芝龙能在不长时间内上升如此快，除了他深受李旦信任，掌握了整个集团的财富和权力外，还在于他与荷兰东印度公司的合作，也在于他在该集团中形成了自己以郑氏兄弟和堂兄弟的"十八芝"为核心的个人集团。这时还有林道乾、林凤、曾一本等为首的海商集团，但他们活跃于闽粤沿海，在日本和台湾地区都没有根据地。所以以郑芝龙为首的原李旦海商集团成为海上最强大的海商集团。当时的东亚—东南亚交易圈中，西方用美洲的白银交换中国的茶叶、丝绸、瓷器和其他产品。从1567年到1644年，流入中国的白银达三亿三千万两，占全球白银产量的三分之一。郑芝龙海商集团活跃于这一地区，与明王朝、日本、葡萄牙、荷兰等既斗争又合作，成为这一地区最强大的势力。

在持剑贸易的时代，郑芝龙海商集团扩大自己的势力，在台湾建立基地，着手组建军事性的机构，设先锋、左军、右军、冲锋、游哨、监督等职务，各尽其责。又派人督造战船，扩大船队，招募人员。1626年，郑芝龙率部攻掠福建广东沿海各地，打出了"劫富济贫"的口号，贫苦民众纷纷投靠。这样，郑芝龙海盗集团成为拥有大渔船千艘、兵员十万的海上武装力量。同时，郑芝龙把台湾作为基地，吸引福建民众渡海入台。他们以"三金一牛"（入台者每人银子三两，三人给一头牛）的优惠条件，把人运到台湾。赴台人数多达数万，是有史以来最大的一次向台湾移民。这些移民在台湾开垦荒地、种植粮食，成为整个海商集团的后勤保障。郑芝龙海商集团又占领了厦门，控制了台湾海峡，这对它的发展十分重要。

当时郑芝龙海商集团在台湾要与荷兰人斗争。在海上还有杨六、杨七、李魁奇、钟斌、刘香等海盗或海商集团。这些集团的势力与郑芝龙海商集团不相上下，不仅不听郑芝龙的调遣，还经常袭击郑的船队。于是，郑芝龙决定与明政府合作，利用明政府的合法地位和军队实现称霸的目的。郑芝龙在与明政府作战时实行"不追不杀，自计求抚"的策略，争取招安。明政府正处于李自成起义和清军企图入关的双重威胁之下，也有招降之意。双方谈判并不顺利，但在1627年郑芝龙集团打败了政府最强大的福建水师后，政府不得不妥协。郑芝龙被授予福建海防游击之职。郑芝龙利用自己的武装力量又借助于政府的军队，消灭了李魁奇、钟斌、刘香等海盗或海商集团。明政府封他为总兵，并誉他为"海疆长城"。这样，郑芝龙海商集团就成为中国东南沿海唯一的海商集团。郑芝龙又在海上战胜荷兰人，扫清了东西洋的航道。这时郑芝龙海商集团军队人数超过20万，不仅有汉人，还有日本人、朝鲜人，甚至非洲黑人；船队规模超过3000艘，成为西太平洋地区最大的海上军事力量。

作为一个海商集团，用武力征战只是"持剑"。"持剑"的目的还是经商。郑芝龙集团在通过征战控制了海上后，经商就成为主要的。他们的经商主要在三个方面。

一是对外贸易。打破了明政府的海禁与朝贡贸易制度，又击败了外国人的阻挠，郑芝龙的海商集团就组织船队，来往于东西大洋之上经商。

首先是对日本的贸易。当时执政的德川家康强烈要求与中国贸易。郑芝龙就把日本作为主要贸易对象，他开通了泉州到日本长崎的直通航道，日本和漳浦、泉州之间往来的货船每月都不停息。送往日本的主要是生丝及丝织品。他又与葡萄牙人秘密合作，把澳门的货物运往日本，把日本的货物运到吕宋，售与西班牙人。在1641—1646年间，郑氏海商集团的商船航行于中国大陆、台湾地区、澳门地区、吕宋、日本及东南亚各地之间，进出日本的船只是荷兰的7—11倍。1649—1655年，共运往日本生丝45万余斤、纺织品7.2万多匹，平均每年生丝7.5万多斤，纺织品1.2万多匹。据统计，100斤生丝在台湾收购的价格是荷兰币200里耳，在日本售价424里耳，利润达112%。输往日本的另一大宗商品是砂糖，输送最多的1641年，共计542万余斤。此外是鹿皮。台湾的鹿皮每百张20比索，牡鹿皮仅16比索，在日本售价为70比索，台湾每年所产20万张鹿皮全运往日本。

其次是对荷兰东印度公司的贸易。郑芝龙打败荷兰人后，中国前往马尼拉的航线开通，闽粤商人可直接到马尼拉贸易。郑芝龙与台湾的荷兰人在1640年达成海上航行和对日贸易互惠的协议，郑氏把生丝及其他产品运往台湾地区，荷兰以相当的价格收购后推售给日本，每年给予信用贷款100万弗兰林萨金币，每月利息2.5%。荷兰人通过郑氏集团把大量的砂糖运往波斯及欧洲各地。1628年，荷兰东印度公司"乌特勒希德号"等船，运往波斯的就有砂糖36404斤，价值3418盾。1637年由苏拉特开往甘隆的荷兰船中，有中国白砂糖19100斤，价值1839盾。这些货物均由郑氏集团转运。郑氏集团以雄厚的资金、庞大的船队，实现了多元化贸易，获利巨大。

二是国内贸易。这是郑氏集团海上贸易的基础。郑芝龙强大后,在家乡安海建豪宅,码头开通可通洋船的航路,在泉州、广州、澳门、宁波都有贸易活动。中外物品从海内外运到安海集结,再运往各地。郑氏集团控制了台湾海峡后,他们的船把大量生丝、丝织品、陶瓷器、米、砂糖、铁锅等运入台湾,台湾贸易一片繁荣。他们又通过台湾把国内与国外贸易联为一体。从宁波、澳门、泉州采购许多物品,运往海外。

三是向东西洋船只征税。在各海盗或海商集团被郑氏消灭之后,台湾海峡局面平静,往来的各国船只非常多,郑氏集团利用控海权规定,各国船都必须挂郑氏令旗方可通行。每一令旗每年收费三千金,每年收入达上千万金。各国船来往这一带海上,利润巨大,又可由郑氏集团保护安全,也愿意交纳此项费用。明政府不给郑氏军队发饷,郑芝龙就勒令沿海富户"拨水",即收取保护费。这种"拨水"不仅针对陆上富户,还包括在台湾海峡来往的各国船只,这项收费也是不小的收入。

郑氏集团为了扩大贸易,在京师、苏杭、山东等地建立了"五商"。五商包括山、海两路,并称"十行"。山路的五商包括金、木、水、火、土,设于内陆杭州及附近地方,主要职责是收购各地货物,并运往厦门。海路的五商包括仁、义、礼、智、信,设于厦门,负责将在大陆收购的货物运往东西两洋。这五商下每家有船12只。十行由郑氏集团的户官直接掌管,户官下设裕国、利民两个仓库,负责船本、利息的收缴和各行的出入银两。东西洋船是郑氏集团对外贸易的另一个重要部分,但与十行并无统属关系。除了"领本付息"外,从"令旗""牌饷"制度看,还应包括船只的租赁。还有独立商人从郑氏集团"领资贩运"。大察官负责稽查,每日列册向郑氏报告各库的收支,经阅后标以日期,并盖印。由此郑氏集团建立了包括海外贸易商、内地采购商、国库、借贷、租赁、稽查、专人负责（户官）、最高审核等一套完整的贸易制度。

十行商人或其他商人直接从户官郑泰手中或从公库中领取资金，采办货物或贩货下海，贸易完成之后以货物成本息的形式交还资金。商人领取的资金多则几十万，少则几万。如果经营稳定，每次交易后可以不偿还本金，仅仅支付利息，利息为每月 1.3%。当时一次海外贸易周期约为 3—11 个月，平均 7 个月。每次贸易征收的利息为 3.9%—14.3%，平均为 9.1%。晚明的民间利率为每月 2.7%，台湾荷兰商馆提供的储货利率为每月 3%。郑氏集团收取的利率低于它们，所以出资贩洋制度促进了对外贸易。

郑氏集团的贸易组织除了经营管理贸易之外，还有收集情报、策反等军事功能。因此，五商十行也是郑氏集团的一个情报网。

在郑氏集团中经商的人分为王商、官商和散商。王商是郑芝龙、郑成功、郑经组织的商行，把资本和商船委托给商人经营。许多王商是王府的家人。王与商之间是委托－代理关系，商人具有一定独立性。许多王商由于对贸易的贡献而进入领导层，如郑泰。官商是郑氏集团的官员将资本和商船委托给商人经营。散商是没有任何背景的自由商人。他们可以借资本，也可以以各种方式合作，如合伙造船或租船。他们的资金规模较小，一般为一二百两银子。

1644 年明亡之后，先是福王朱由崧组建弘光朝。弘光朝灭亡后由郑芝龙、郑鸿逵拥立唐王朱聿键建立隆武政权。郑芝龙实际上掌权，但隆武政权仅存在了一年三个月就灭亡了。郑芝龙看到明朝的势力已去，而清势不可当，意欲投清。郑成功坚决反对。1646 年郑芝龙降清，后被送至北京，1657 年被杀害。郑成功接管了郑氏海商集团，并继续扶明，被南明隆武帝封为"国姓爷"。1662 年郑成功收复台湾。1662 年 6 月 23 日郑成功在台湾去世，享年仅39岁。郑成功去世后郑氏海商集团由其子郑经接手。1681年郑经去世，由其孙子郑克塽接手郑氏集团。1683年郑克塽降清。郑氏集团历经三代，共计三十七年。这时作为一个海商集团，郑氏集团也消亡了。

我们把闽商定义为武装的海商集团，亦盗亦商，持剑经商。在这种形式的商帮中有一些不同于其他商帮的特点。

首先是在这种海商中是各阶层人的组合，成分极为复杂。投身于海商集团的人身份复杂，有凶徒、逃犯、被罢免的官吏、僧侣、失地农民、失业者、不得志的书生、富人等，可以说社会各色人等都有。但在这种组成中，有两点值得重视，一是在贫者与富者中出现了自由雇佣的关系。这就是贫者被富者雇佣，但本身有人身自由，来去不受约束。这种没有人身依附的关系是一种新型的关系。二是在各阶层的合作中，士绅官的阶级起着重要作用。他们在经商之前已有较高的文化和社会地位，与官方有千丝万缕的关系，更容易指导商业活动，也容易与官府建立互惠关系。

其次，在海商集团和其他海上贸易中，家族和宗族关系起了重要作用。郑芝龙能接管李旦集团正在于他有以兄弟和堂兄弟"十八芝"为核心的家族团体。在郑氏集团的整个历程中，这"十八芝"起了核心作用。在传统社会中血缘与乡情关系在海商中起了重要作用。

最后，海商与外国商人既有斗争又有合作。斗争的目的还是实现合作。比如郑氏集团与荷兰人、葡萄牙人、西班牙人、日本人、英国人的关系都是如此。他们与西方各国在东南亚的各种东印度公司也是既斗争又合作。

清以后的闽商

郑氏集团是闽商的主体，但并不是闽商的全部。郑氏集团灭亡之后，闽商仍然存在，并在清及以后有重要的发展。

清统一台湾之后，康熙二十三年（1684年），靖海侯施琅（泉州人、原郑氏集团将领、降清后收复台湾有功）等人请求开放海禁，被朝廷采纳。同年9月，康熙皇帝决定开放海禁，准许民间恢复海上贸易活动。

清开放海禁后，在厦门正式设立海关，从此厦门取代月港成为福建沿海唯一合法的进出口口岸。经过几年努力恢复元气后，各地海商重操旧业，纷纷云集厦门。据《厦门志》记载，当时的海关规定，厦门口岸准许内地的船只前往南洋贸易。贸易地点包括噶喇吧、三宝垅、突利、暹罗、柔佛、天坤、宋居、腾丁家卢、宿雾、苏禄、柬埔、安南、吕宋诸国。商人仍"冬去夏回，一年一次，初则获利数倍至数十倍不等，故有倾产造船者。然骤富骤贫，容易起落，舵水人等借此为活者以万计"。可见海上贸易之兴旺。

随着对外贸易的发展，厦门也迅速繁荣发达起来，成为东南沿海最重要的港口之一。清代前期，厦门人口不足万户，到道光年间人口已增至14万户。清人莫凤翔描述这里的繁华时说，"厦门一带田少海多，民以海为田，自从允许通洋，松弛海禁之后，中外商船鳞次栉比，犹如云屯雾集，以贩鱼盐蜃甲之利，上可裕国库，下可裕商民"。到清中后期，厦门已成为一个国际性的对外贸易港口。

与明代郑氏集团垄断海上贸易相比，清以后闽商的海上贸易有了一些显著的变化。

首先，闽商总体竞争能力大大下降，别说垄断了，连主导也谈不上。这一方面是由于17世纪以后，西方国家进行东方贸易的欲望与能力都大大加强。他们的军事能力与交通装备大大增强。外国武装的海商使用了更先进的船只，配备了更先进的武器。在贸易组织方面，各国陆续成立有官方背景的东印度公司，在经营交易上都强大而成熟。这一切增强了英国、荷兰、西班牙、葡萄牙等国的东方贸易实力。西方各国在东南亚许多国家占有的殖民地又成为海外贸易的基地，也控制了贸易资源。另一方面，中国经历了明末清初的社会动乱，福建及沿海各省的经济受到极大破坏。尤其是郑氏海商集团的消亡使中国商人整体上失去了军事与贸易上的优势。而且众多海商也无法结成一个像郑氏集团这样有力的统一实体，在与欧洲商人的竞争中处于极为劣势的地位。

其次，贸易商品结构发生了重大变化。在明代，中国的茶叶、瓷器、丝绸等产品为西方国家迫切需求的，而外国并没有什么中国需要的产品，因此贸易就是中国的产品交换欧洲的白银。但18世纪后，欧洲国家控制了东南亚各地的产品生产和贸易，原来由南洋商人向中国输出的香料、宝货、土特产等成为欧洲商人与中国贸易的主要产品。此外，清以后中国人口急剧增加，粮食短缺成为严重问题，政府不得不鼓励商人从东南亚各国进口大米。尤其是清中后期欧洲各国把鸦片输入中国，不仅危害了我国国民，也使白银大量外流。这时许多原由中国商人经营的货物贸易也由欧洲国家经营。总之这种贸易产品结构的变化，使中国从明代的白银输入国变为白银输出国。这时称雄一时的闽商甚至成为欧洲商人的附庸。

最后，闽商的贸易中，与台湾的贸易成为主流。康熙收复台湾之后，台湾得到进一步开发，农业生产迅速发展。加之台湾自然、气候条件优越，大米可以一年两熟甚至三熟。到清雍正年间，台湾已有"米仓"的美称。台湾的粮食成为闽商从台湾购买的大宗产品。福建有发达的手工业，闽台之间交通方便，所以台湾所需的各种产品由闽商大量运往台湾。往来于闽台之间的商船不下数千艘。《厦门志》中记载，清乾隆年间厦门与台湾鹿耳门港间往来的商船"向来千余号"，"其往来商船，皆内地富民所制，初则工料坚实，船身宽广，大者可载六千石，小者二三千石，贩运一次，获利数千金"。利润之高甚至让沿海许多渔船也投入闽台贸易之中。晋江、惠安、海澄、诏安等地的各类渔船偷渡与台湾贸易，假报海关说船只遭风浪倾覆，以此来规避官方配运官谷。这些渔船在闽台之间来往十分便捷，几乎夺商船之利。闽商的各路商人为了方便对台贸易，纷纷在台湾各主要港口市镇设立贸易据点，号为"郊行"。这大大促进了台湾西部各沿海城市的繁荣。比如，鹿仔港"烟火万家，舟车辐辏，为北路第一大市镇"。这里街道纵横交叉，主路长达三里，以泉州和厦门的郊行商号居多，市面上百货充盈。再如台北、台南等地也在闽台贸易中繁荣起来。

但应该注意到，清代对商船的管理也明显加强了。闽商出海贸易不仅要挂牌纳税，还要负担各种额外义务。比如，为了解决福建等内地的"官米"供给问题，政府规定，凡经过正式登记的船只，必须为官府无偿运载一定数量的"官米"来内地。这种强制的配运"官米"的招术实际上是劳役，商家苦不堪言。在各出入口岸，还要交纳纸笔、饭食和房租的额外费用。商船的往来只能在福州、厦门与鹿耳门、鹿港等港口。这些在相当程度上限制了闽台贸易。闽商已失去南海贸易的控制权，走私也受到政府强有力的镇压，闽台贸易又有众多限制。这样，闽商的海上贸易出现下滑趋势。

闽商的主体是沿海的海商，但福建的其他地方也有相当广泛的商业活动。活跃于闽西的客家人也是闽商中的劲旅。

明清时的闽西地区包括汀州府所属的八县和龙岩直隶州所属的三县，居民主要为由中原迁移而来的客家人。这里山多田少，落后闭塞，明以前一直是福建社会经济较为落后的地区，经商者很少。明代的《闽书》中说，"汀州府士知读书进取，民安稼穑，少营商贾"。到清代，闽西各县人口增加极快，大部分县的粮食不能自给。这就需要用自己的特产去交换粮食，从而经商活动成为生存的必要条件。这些地区有自己的特产，但清以前，多为外地人来此经商，如粤商就曾来闽西贩运木材、食盐也由广东潮州人运来。清代以后人口压力与手工业的发展使闽西人走上商业之路，并形成不可忽视的闽西商帮。他们也活跃于省内外，甚至国内外。

闽西商人经营的土特产品以林木以及与此相关的手工业为主。首先是纸张。《临江汇考》中说："汀地货物惟纸行四方"，闽西各县都产纸，且数量相当大，闽西商人中经营纸而富的不少。与造纸相关的是印书业。连城四堡是与闽北建阳麻沙齐名的福建两大刻印书基地之一。《临江汇考》中记载："四堡乡皆以书籍为业，家有藏版，当一刷印，贩行远近，虽未及建安之盛行，而经生应用典籍及课艺应试之文，一一皆备。"这里印的书总体质量不如杭州、四川，但价格低廉，更适于贫困学子，所以甚为畅销。该乡也因印书成为远近闻名的富裕之乡。

闽西烟草、蓝靛也相当有名。烟草在明代中期由福建商人从菲律宾引进，先在闽南一带种植，清初由居于汀州的漳州人引进。因土质与气候因素，闽西所产之烟成为闽烟中的上品。地方志中记载："福烟独著天下，而汀烟以上杭、永定为盛。"永定所产之条烟"色金黄、气味芬芳而醇厚，吸之驱瘴秽，夙有烟魁之称"。在龙岩县烟"与农夫争土分扬者已十之五关"，其他地方也不少。龙岩多烟商。"岩烟夙驰名长江南北，所在皆有岩人烟铺"。北京的龙岩烟商还建有龙岩会馆，足见其经营烟叶之成功、财力之雄厚。

靛蓝是染布的基本原料，江南等纺织业地区需求极大。它是从一种叫"蓝"或"菁"的植物中提取出来的,全国皆产。但福建蓝的色彩光润而名闻全国,号称"福建蓝甲天下"。明清时已在汀州广泛种植、加工,有"种菁之业,善其事者,汀民也"的说法。在这一行业中最活跃的是汀州上杭商人。他们几乎垄断了全国的靛业贸易。在江西、浙江、广东、上海、佛山、汉口等地都有上杭靛蓝商人所建的上杭会馆。

此外闽西商人还经营本地的茶、油、漆、药材等特产。他们的一个特点是到外地进行生产和加工。明清时,闽西商人在闽浙赣边区的山中从事商品生产与加工的现象相当普遍,被称为"棚民"。清地方官员报告说:"查棚民多系福建之人,在各处山乡租地搭棚住者,皆以种麻、种菁、栽烟、烧炭、种香菇为业。"这些"棚民"主要为汀州商民。闽西商还到许多地方从事其他产品的经营活动。他们到闽北的武夷山经营茶叶,贩茶到广东。在建瓯县开山种茶者,汀州人为第一。

闽西尽管在群山环抱之中,但地处闽浙赣三省交界、发源于闽西的汀江向南流入广东,成为闽西人外出经商的水路,他们由此走向各地。闽西又有九龙江通向漳州,可从厦门出海,向东北沿闽江可达福州,向西过闽赣交界的武夷山进入赣南,沿赣江可南下广东,北上湖广,西至四川。他们由这些水路走向全国。他们还在经商的各地建了会馆或会馆性质的天后宫。如广东潮州的汀龙会馆,佛山长汀与连城商人的莲峰会馆、在江西的河口、景德镇和汉口都有以闽西商人为主建的福建会馆,苏州有上杭纸商与永定烟商合建的汀州会馆等。闽西商人还进入四川,甚至定居下来。他们主要从事蔗糖业。清初四川糖业由于动乱而破坏殆尽,闽西商人用从家乡带来的种植、制作技术重振了四川糖业,也从事烟、盐等行业。

晚清时由于外国入侵及国内动乱,闽西商人的茶、烟、纸、书业受到严重冲击而衰落。《龙岩县志》中记载："咸同以后，各货既成强弩之末，富源遂如池竭，自从兼以洪党迭至，焚掠一空，闽里益形萧索之状，数十年来资历本亏而倒闭多，食用失而金融阻滞，商场中实莫大痛苦。"

海商衰落了，闽西商人也衰落了，但闽商并不甘失败，不认输，于是他们来到海外发展。

福建沿海居民移居海外可能早在宋元时已出现，但经常性移民还是在明代。郑和下西洋，已在爪哇岛上的杜板、旧港和爪哇国见过广东与福建漳州、泉州等地的移民，也不少人是跟随郑和到东南亚而留下的。明后期开放海禁后，移民更多。从1571年到16世纪末，开往菲律宾的中国船只从每年三四艘增至三四十艘，大批福建小商贩、失地农民和手工业者到菲律宾谋生，17世纪初已达数万人。据外文资料记载，1605年有18艘船载5500人到菲律宾，1606年又有25艘船载6533人到菲律宾。泉州安海镇成为华侨之乡。移居日本和台湾地区者更多，到清时赴台移民更多。在郑氏海商集团鼓励福建居民移居台湾后，移民甚多。清道光年间台湾人口200余万，大多数为漳、泉二府人。清末闽商衰落后移民更多。目前移居海外的3000多万华人，福建人有1000万左右，且主要在东南亚。

移居海外的福建人都是白手起家，或受雇于他人，或从事小本生意，最后获得成功。其中最著名的是出生于福建同安的陈嘉庚。他出生于一个华侨世家，17岁到新加坡协助父亲经营，后创办新利川菠萝罐头厂，后又经营橡胶园和其他产业。他的工厂有30多家，商店100多间，橡胶园和菠萝园15000英亩，职工32000多人，家产价值100万两黄金。他致富后不忘家乡，创办集美高初两级小学，又创办女子小学、师范、中学、幼儿园、商科、农业、国学专科学校，成为闻名的集美学村。尤其是他出资办的厦门大学现在已是国内外知名的大学。他不遗余力支持抗日战争和新中国建设。闽商中还出了许多世界闻名的企业家，如锡矿大王胡国廉、木材大王李清泉、糖业大王黄仲涵、万金油大王胡文虎、印尼首富林纪良。他们是闽商在海外的延伸和继续。

明清时代的闽商已经是历史了。今天的福建人在改革开放的时代仍然继承了那种"三分天注定，七分靠打拼，爱拼才会赢"的精神，创造出了更大的辉煌。

第五章　华丽转身的宁波商帮

宁波历史悠久。早在七千年前，这里就有河姆渡文明。春秋时为越国之地，秦时属于会稽郡。唐开元年间设明州，南宋改称庆元府。明初改回明州。明洪武十四年（1381年），明太祖朱元璋征召天下文人才子进京（南京）献诗。明州才子单仲友献诗受明太祖赏识。单仲友乘机启奏明太祖："臣籍明州府，明与国号同，臣以为不妥，请万岁爷改之。"明太祖觉得有理，沉思片刻说，你们那里有个定海，海定则波宁，就改为宁波府吧。从那时起，宁波这个名字一直用到今天。

历史上宁波府包括鄞县、慈溪、镇海、定海、奉化、象山、南田七县。**宁波商帮就是这七个县商人所形成的商业联盟。**由于宁波简称"甬"，因此，宁波商也称为"甬商"。宁波地处浙江东部，宁波商帮也称为"浙东商帮"。由于不少邻近的绍兴人与宁波人共同经商，所以也称为"宁绍商帮"。在中国近代经济史上，赫赫有名的"江浙财团"就是由江苏商人和浙江商人组成的。其主体是浙江商人，故也称"浙江财团"。浙江财团主体是宁波商人。所以，日本学者根岸佶认为，所谓浙江财团不外"大宁波帮"。由此可见宁波商帮在历史上的地位。

宁波人也有悠久的经商历史，但作为一个商帮是在清初形成的。在十大商帮中，宁波商帮的形成是最晚的。但在鸦片战争后，中国社会转型，其他商帮整体上纷纷走向衰亡时，宁波商帮迎来了自己的辉煌，或者说，在时代要求传统商帮转型时，**只有宁波商帮实现了整体的华丽转身。**

宁波商帮能实现这种华丽转身的根本原因是，与晋商、徽商、粤商不同，他们无论在发展过程中，还是做大做强之后，从来没有走过官商结合之路，没有利用政府的权力经商致富。他们完全靠自己的打拼，骄傲地以"草根商人"自居。所以，无论是沉重打击清王朝的鸦片战争，还是推翻清王朝的辛亥革命，不仅没有打击到他们，使他们灭亡，相反还为他们的辉煌创造了机会。**他们从传统社会的商人华丽转身为现代社会的实业家。**由他们组成的中国第一代企业家、金融家，是中国现代化的开拓者，中国民族工业的奠基者，也是推动中国经济的劲旅。如今他们仍然活跃在中国经济的各个领域。

孙中山先生对宁波商帮有极高的评价。1916年8月22日，孙中山先生到宁波视察时曾说："宁波人对工商业之经营，经验丰富，凡吾国各埠，莫不有甬人事业，即欧洲各国，亦多甬商足迹，其能力与影响之大，固可首屈一指者也。"德国地质学家李希霍芬曾七次到中国考察，他说："宁波人在勤劳、努力奋斗，在对大事业的热心和大企业家精神方面较为优秀。宁波人是浙江人中的特殊分子……尤其是商业中的宁波人，完全可以和犹太人媲美。"中外名人学者对宁波商帮都赞不绝口。

浙江的经济、商业与文化

宁波商帮的形成与发展离不开浙江经济、商业与文化的背景。我们由此开始来认识宁波商帮。

浙江全省陆地面积约为10.18万平方公里，分为平原、山区和海岛三种类型。丘陵占70.4%，平原和盆地占23.2%，湖泊河流占6.4%，有"七山一水二分田"之说。

浙江的人口增长相当迅速。西汉元始二年（2年）到唐天宝元年（742年），人口从76万增加到489万。南宋以后，大批移民进入。宋嘉定十二年（1219年），人口猛增到880万，仅南宋都城临安（今杭州）就有120万人。到元代人口已突破1000万。明清是中国人口增长相当迅速的时期，清咸丰九年（1859年），浙江人口增加到3039万，占全国人口7.2%。而且约有70%的人口住在40%的土地上，主要集中在环杭州湾地区、浙中盆地和温台沿海平原。

这种土地与人口之间的矛盾一方面引起史学家黄宗智先生所说的农业生产"内卷化"，即有限的土地投入更多的劳动，精耕细作。但这并没有从根本上解决问题。亩产增加了，但户均产量减少了。清中叶，江南水稻平均亩产421公斤，比明中叶增加30%，但户均产量由明代的2173公斤下降到清代的1941公斤，下降了12%。即使在最富裕的杭嘉湖一带，小康人家也只能每天两顿稀饭，一顿干饭。贫困之家则每天三顿稀饭。浙东沿海一带常年以玉米、番薯、南瓜充饥。

这种状况就逼迫浙江人走上经商之路。而且，浙江省内河流交织，又靠海，且大运河可通向北方，交通方便，为商业发展提供了有利条件。

早在宋代，浙江的农业商品化程度就相当高，商品交易也很繁荣。南宋周辉的《清波杂志》中记载临安的商业有三十六行，包括肉肆、海味、鲜鱼、酒、米、酱料、宫粉、花果、茶、汤店、药肆、成衣、丝绸、顾绣、针线、皮革、扎作、柴、棺木、故旧、珠宝、玉石、文房、用具、铁器、花纱、采荤等。另一本书中记载还有销金行、冠子行、梳行、蟹行、姜行、菜行、布行、猎行、鸡鹅行等。商业如此全面，分行又如此之细，足见商业繁荣的程度。

明代中国形成了统一的国内大市场,江南农业的商品化程度和商品经济发达程度又有所提高。许多商帮在这一时期形成的原因正在于此。在包括浙江的江南还有一件事刺激了农业商品化和商品经济。这就是明宣德、正统年间,南直隶(今江苏一带)巡抚周忱实行赋税改革,把两税折征金花银和棉布。

明人张瀚在《松窗梦语》中说,浙江"茧、丝、绵苎之所出,四方咸取给焉,虽秦、晋、燕、周大贾,不远数千里而求罗绮缯帛者,必走浙之东也"。清代福建巡抚吕佺孙在奏折中说,"江浙为商贾所集,闽、广货物无不于江浙售销"。五口通商后,来浙江的西方人也惊叹:"运河终点,乃是杭州,真正之商业中心。尤其西岸,货栈与商铺鳞次栉比。大字招牌标示所售之物,门前并排停泊着显眼瞩目的货船,证实此处买卖之大。整个大运河虽然开阔,却挤满了船只,装卸货物,仅留下非常狭窄的河道供航行。"沿海的温州也是"榷场林立,河舶辐辏,北通吴、会,南下闽、广,殊言异服,联袂接踵,商务以是大盛"。

商业的发达必然带来城镇的增加,除杭州、湖州、金华、温州、宁波这样的大中城市外,小城镇空前繁荣。以杭嘉湖平原为例,明代中期的市镇数目,杭州府为44个,嘉兴府为28个,湖州府为22个,总数为94个。到清乾隆年间,增加为杭州府104个,嘉兴府40个,湖州府24个,总计达到168个。而且,这些市镇"所环人烟,小者数千家,大者万余家,即其所聚财货,当亦不下中州郡县之饶者"。据学者研究,从16世纪到19世纪的三百年间,江南六府一州的市镇大约增长了80%以上。

在市镇数量增加的同时,集市贸易也越来越兴旺。明初一般是"十日一市",清以后发展为"五日一市",最终成为经常市,大多为每日市或间日市。"一月之中,靡日无市",甚至有每日

"早、晚二市"的。开市之日，"百货丛集"，商品琳琅满目，已出现了木棉、子花、丝绸、布匹、家禽、家畜、粮食、海产、柴火、日用品的专业市场。商人、小贩到市镇贩卖商品，沟通府属各县和邻近地区，并长途贩运，远销国内其他地方。

商业发达就形成了商帮。除了列入中国十大商帮的宁波商帮和龙游商帮之外，还有在"导言"中介绍过的南浔商帮和兰溪商帮。

浙江婺州（金华）物产丰富、交通发达，它属下的兰溪县早在宋代就成为婺州的商业中心。这里陶瓷、丝织、印刷、棉纺、五金等行业都相当发达。到清代已有"小小金华府，大大兰溪县"之说。其东阳、永康、义乌一带手工艺与商业也相当发达。到民国时，兰溪的商业已有95个行业，1739家商行，店铺、资金多达百万元以上，交易额在千万元以上。兰溪商帮以小商人为主，也有许多来自各地的商人。

与其他地方的商人和商业不同，浙江的商业和商人有其文化背景。这一方面是浙江人整体上文化水平高，另一方面则是形成了为商业辩护的学术流派——浙东学派。

浙江人不仅经商，也爱读书，形成了"田家有子皆习书，士儒无人不识麻"的传统。自宋代以来，浙江就是一个经济、商业与文化都相当发达的省份。

浙江的教育发达还要感谢王安石。北宋庆历七年（1047年），王安石到宁波任知县。他把离衙门不远的一处破庙宇改建为县学，并从民间礼聘杨适、杜醇、楼郁、王致、王说五位知书达礼的老学者来执教。这五位先生就是以后在浙东学术史上著名的"庆历五先生"。以后宁波又设立了作为科举专门考试场所的"考试院"。在这里，一批农民、商人的子弟成才。当王安石以参知政事的身份进行变法时，宁波产生了第一批进士，又产生了宁波历史上第一位状元。此后宁波先后出了2432名进士，12名状元，数万名举人和数十万秀才童生。

自此浙江开启了重教崇文之风。如今仍在各地孔庙的历代儒学碑记载了各地教育发展的历程。浙江形成一种"耕读传家，商儒并重"的传统。明万历《余姚县志》"风俗篇"中记载，当地百姓"力求务农，好学笃志，尊师择友，诵弦之声相闻，下至穷乡僻壤，耻不以诗书课其子弟，自农工商贾，鲜不知章句者"。其实这也是整个浙江的风俗。

浙江为儒学南宋重镇，教育普及，水平高，因此，人才辈出，知识分子总数居全国前茅。张仲礼先生在《中国绅士》一书中把有生员以上功名的人作为绅士。根据他的研究，太平天国之前，浙江绅士总数占人口的1.4%；太平天国之后，人口锐减，浙江绅士总数占人口的5%，位列全国第一。据此推算，太平天国之前，浙江生员总数为五万人，在苏、浙、皖、赣、闽、粤南方六省中位列第一。太平天国之后，浙江生员总数增加到六万余人，仅次于直隶，居全国第二。

当时最低一级的生员，即秀才，录取率为十分之一至二。由此可以推算出读书人的数量。太平天国之前，浙江的读书人，仅有资格参加考试的人，总数应该为50万人左右。太平天国之后，达到60万人左右。但要注意，这仅仅是参加童子试的读书人，还有一大批资格不够或并不参加考试的读书人。由此看来，浙江受过教育的人比这个数字多很多。

1891年，浙海关在第一个十年报告中指出：浙江男子中有5%的人为文人学士，45%的人能读会写，20%的人略微识字，文盲仅为30%。妇女百人中有四到五人识文断字。这是由于浙江妇女中信佛教的多，识字可以读佛经。可见妇女文化水平也不低。

而且，浙江的教学内容也较为先进。近代西方文化进入后，读书人不仅学传统的经学、史学和文学，也学习天文、地理、六书、《九章》至远西（西欧）的测量推步之学。教育中极其重视知识的实用性。

文化水平高对浙江商人的成功起了重要作用。首先，文化素质与道德修养是相关的。读过书的人经商深知诚信为做人之本，也是商业成功的基础，形成良好的商业伦理道德。其次，浙江商人读书多、见识广、思维敏捷，善于捕捉信息、抓住商机，并运用多种经营手段获得成功。最后，有文化的人善于接受新知识、新见解，头脑开放，能与时俱进。

从宋代开始，浙江就逐渐形成了一个独具特色的儒学流派——浙东学派。这个学派反对儒学的主流程朱理学，形成了一套舍虚务实、经世致用的思想体系，成为浙商形成和发展的思想基础。

从宋到清，浙东学派经历了三个阶段。宋时的浙东学派也称为永嘉事功学派。开创者是南宋时永嘉人薛季宣，稍后包括了以吕祖谦为代表的金华学派，以陈亮为代表的永康学派和以叶适为代表的永嘉学派。这个学派与强调"存天理，灭人欲"的程朱理学针锋相对，提倡功利，关心工商业者的利益。吕祖谦认为，百工技术都是学问，主张"明理躬行"，反对空谈虚言。陈亮提出注重事业功利，能利国利民生的"功利之学"。叶适提出了"通工惠商"的思想。他认为，士、农、工、商各有其用处，不应区别对待。时称"永嘉四灵"的徐玑也认为，只知以农为本，而不知商贾者市井之本，这会断送"小民"的生活来源。这是浙东学派的第一阶段。

浙东学派的第二阶段是陆王心学的传播与发扬。心学是主张"知行合一"的。在此基础上，余姚人王阳明认为，"四民异业而同道"，"士以修治、农以具养、工以利器，商以通货，各就其资之所近，力之所及者而业焉"，只要尽心于"有益于生人之道"，都是有价值的。

清代浙东史学派是浙东学派的第三个阶段。这一阶段的特点是强调"经世致用"，反对空谈义理。黄宗羲、万斯大、万斯同、全祖望、章学诚都是这一派的代表人物。黄宗羲提出"工商皆本"论，即"工固圣王之所欲来，商又使其愿出于途者，盖皆本也"。宁波人华夏专门写了《惠商论》，提出"儒者可以谋利以为身，国家不可病商滋弱"。

从以上看出，浙东学派一贯地为商业的发展"鼓与呼"。这种思想的形成与发展和浙江发达的商业密不可分，反映了商人阶层在政治上的诉求。这就使浙江人，尤其是文人经商有了理论上的依据，不以经商为恶。这种商业与学术思想的呼应，在其他商帮中是没有的。

商帮形成前的宁波商人

宁波商帮的正式形成在清初。在此之前，宁波已经有了相当发达的商业，包括国内与国际贸易。

宁波地处浙东沿海地区，背山面海。这里有甬江、余姚江（姚江）、奉化江等构成甬江水系，交通发达。海岸线达800余公里，形成众多良港，如宁波港、镇海港、象山港、石浦港等，以及沈家门、岱山等渔港。这样的地理优势为宁波人经商提供了便利条件。

秦时宁波称为鄞。宋代的《四明图经》的解释是"以海人持货贸易于此故名"。清乾隆的《鄞县志》的解释是"鄞，易也"，"邑人以其海中物产于山下贸易因名鄞县"。《四明图经》中的"海人"指近海岛屿上的鱼贩盐商和沿海地区的商贩村民。《鄞县志》

中的"邑人"指本地商民。这些记载说明,早在秦时,这一带已成为本地与邻近地区海产鱼鲜和日用品交易的地方。这些商贩应该是宁波商人的先祖。

秦汉以后,宁波修筑堰堤,开垦湖田,乡民"衣食常充"。海上航路北至辽东,南及交趾(越南),"沿海长驱,一举千里",贸易不断扩大。

在日本弥生文化后期(相当于中国的东汉、三国时期),已有日本商人开始驾船到会稽郡贸易,宁波当时属会稽郡。两晋南北朝时期,宁波这一带的商贾已北抵青、徐,南至交、广。

据日本学者桑原骘藏的考证,唐代宁波已是中国对外贸易的主要港口之一,并在此设立了管理对外贸易的市舶司。宁波商人,遥达海外,日本的遣唐使船也多次到明州(宁波)。如唐天宝三年(752年),日本孝谦朝遣唐使船三艘到明州。唐贞元二十年(804年),日本桓武朝遣唐使一艘船载12人到明州。唐开成三年(838年),日本遣唐使船二艘到明州。这些遣唐使有政治、宗教、文化交流的任务,但经商也是重要的内容。遣唐使到明州后,允许进京的只是少数人,大部分留在明州。他们用临行前日本朝廷所购的物品与明州商民"私相交易"。入京的遣唐使返回日本前也会与明州商民交易。遣唐使每次带回日本的丝绸、文房四宝、书籍、药材等物品相当多。日本朝廷还在建礼门前搭起三个帐篷,称为"宫市",向臣民出售。

唐时中日之间的民间贸易也相当兴盛。据日本学者宫泰彦考证,唐时泛海去日本贸易的中国商船,南路照例从明州出发,即使从福州、台州启航的船,也要先到明州,然后从明州横渡东海,到达值嘉岛,再驶进博多津。当时从事对日贸易的有大海商李邻德、李延孝、张支信、李处人、崔铎等。他们都自备船舶,往返于日本与明州。《宁波市志》记载,唐会昌二年(842年),李邻德的商船自明州启航赴日。唐大中元年（847年），张支信等37人驾商船由望海镇（在今镇海区）启航，到日本肥前国值嘉岛那留浦（今五岛列岛和平岛）经商。唐大中三年（849年），李延孝、张支信等53人乘船赴日贸易。当时明州不仅有大量日本商人，还有为数不少的新罗（朝鲜）和阿拉伯商人。

北宋时，明州是全国三大贸易港口之一。宋淳化三年（992年），两浙路市舶司从杭州移至明州定海。宋咸平二年（999年），在杭州、明州各设市舶司。明州还设来远驿，招待外国商人。那时明州是通往南亚、中东、东非沿岸"陶瓷之路"的启航地。为招待阿拉伯商人，市舶司设有波斯馆，狮子桥北建有清真寺。开往日本、高丽的商船从这里出发，日本、高丽来华的商船也停泊在这里。宋乾道年的《四明图经》中写道："南则闽、广，东则倭人，北则高句丽，商舶往来，物资丰衍。"

当时明州商人朱仁聪、曾令文、周文德、周良史、王满、卢范、潘怀清、孙忠、张仲尧、李光、孙俊明、郑清节等多次往返于明州与日本之间进行贸易。有的还受宋政府和日本政府的委托，为他们传递文牍礼品。

明州对高丽的贸易也相当繁荣。据日本学者斯波义信研究，两宋时，沿海各地去高丽贸易的中国商船，包括广东、泉州、福州、台州等地的商船，习惯于从明州启航。明州成为沿海地区的海运枢纽。从南方运来的有铁、木材、糖、染料、麻、胡椒、黄金和珍珠。从明州运出的主要是丝、瓷器、漆器、药材、香料、印刷品、文具、草席、银币和铜币。宋神宗元丰八年（1085年），北宋解除了对高丽通商的禁令，并限定只有明州市舶司签发的船只才能赴高丽。明州与高丽扎成港之间，"来船去舶，首尾相连"。据郑麟趾的《高丽史》记载，宋熙宁以后，明州商人赴高丽有120多次，每次少则数十人，多则百余人。

南宋时，明州更是"万商之渊"。南宋开庆《四明续志》记载，"四明为浙左大都会，城邑市井，人物阜繁"。当时来自日本的商人甚多。他们往往受风浪所阻。从南宋宝祐六年（1258年）开始，政府给受阻船只每人每日米二升，日支钱一贯五百文。斯波义信在《宁波及其腹地》中说，南宋开庆元年（1259年），宁波沿海有逾8000艘船，属于鄞县人的有624艘，定海人的有1191艘，象山人的776艘，奉化人的1699艘，慈溪人的282艘，舟山人的3324艘。由此可见宁波海上贸易之发达。

南宋时宁波人不仅从事海外贸易，也开始在国内经商。明州商人张之衢"起家货殖，结约徽商，同客维扬，逐资雄一乡，称封君焉"。南宋时编的《宝庆四明志》称"明州人喜游贩鱼盐"，当然那时的贸易中心还是对外贸易。

元代十分重视海外贸易，允许海商"往来互市，所从所欲"，有点自由贸易的意思了。元世祖至元十五年（1278年），"立提举庆元（宁波）舶使司"，市舶司和市舶库扩建。日本学者本宫泰彦在《日中文化交流史》中说："日元之间的贸易港，在元朝是庆元，在日本是博多，因此，所有的商船都往来于这两港之间。"

当时庆元（宁波）与日本的贸易包括两个方面。一是与天龙寺船的贸易，二是民间贸易。天龙寺船是一种获得幕府保护的日本官方商船，纲司（负责人）由寺院推荐，幕府任命。回国后不论亏盈，都要向寺院缴纳一定数额的钱币。民间贸易也十分活跃。日本西部冒险商人的私人船舶络绎不绝地来往于庆元。元至元十六年（1279年），来往于庆元的就有日本私人商船4艘，2000余人。本宫泰彦说："元末六七十年间，恐怕是日本各个时代中商船开往中国最盛的时代。运来中国的货物有倭金、倭银、倭枋板桧、倭条、倭橹、硫黄、乌木、苏木等。"

元代与高丽的海上贸易也相当繁荣。中国学者张政烺在

《五千年来的中朝友好关系》一书中说:"中国人所喜欢的高丽镶嵌的青瓷、铜器、纸张,蒙古人喜欢吃的新罗参、高丽松子、鹧鸪肉等高丽食物,更大量地运来,而中国的茶、瓷器、丝织、书籍也增加对高丽输出的数字。"1976年在韩国新安海底打捞的元代中国沉船,装载有几千件龙泉窑青瓷,并有一件镌铭"庆元路"的铜质砝码。显然是从温州运至庆元,又从庆元运往高丽的。

元至元三十年(1293年),温州市舶司并入庆元,元大德二年(1296年),上海、澉浦市舶司也并入庆元。自此庆元贸易更加繁荣,不仅有日本、高丽,还有东南亚、西亚的贸易船舶进出。

明朝建立后实行海禁政策,只允许有朝贡关系的国家进行有限的贸易,宁波为日本贡船入港口。明洪武三年(1370年),在明州设市舶司。向明政府进贡的船在进贡之后,所带的货物按比例征收实物税后,一部分由政府收购,另一部分可以在外国人住的会同馆开市交易。由于中日贸易利润巨大,明嘉靖二年(1523年),发生了两个日本商团为争夺贸易权在宁波互杀的"争贡事件",因此明政府下令海禁。

官方贸易受阻,走私贸易活跃。宁波一带豪门巨富致力于手工业和商业,有强烈的对外贸易需求。这样走私贸易禁而不止,反而日益加剧。当时葡萄牙、荷兰等欧洲国家的海盗和走私贸易者也进入宁波沿海。走私贸易有的是外国海盗或商人勾结中国豪门巨室和走私商人进行,有的是葡萄牙、荷兰等国的海盗船进行,但更主要的是中国的海盗集团进行的。

当时宁波府所属的双屿港、烈港、岑港都是走私集团的港口和大本营。以徽州歙县人王直为首的海盗集团就以双屿港为基地进行走私贸易。这种贸易主要是对日本的,王直海盗集团在日本也有基地。他们还与葡萄牙人贸易,用棉布、绸缎、湖丝换葡萄牙人的胡椒、银锭,并在中日之间为葡萄牙人贩运商品。这个海盗集团的头目还有鄞县人毛海峰、徐碧溪、徐元亮等人。明嘉靖二十七年（1548年），浙江副都御史朱纨派重兵清剿双屿港海盗，王直被赶到日本，但他的海盗集团并没有停止活动。明中期的"倭寇"与王直海盗集团密切相关，甚至是"倭寇"的主导。明嘉靖三十二年（1553年），烈港被王忬攻下。明嘉靖三十七年（1558年），岑港被浙江巡抚胡宗宪完全摧毁。胡宗宪用"招安"的方式来彻底消灭海盗，王直接受招安并回来，但在朝廷下令后，王直仍被杀。至此，这一带的海盗基本被消灭，走私贸易也衰落了，但并没有彻底消亡。

此后宁波商帮的贸易中心从对外贸易转向国内贸易，宁波商人活跃于全国各地。尽管"隆庆开关"之后，明政府放宽了对外贸易，但在沿海放开的是对东南亚的贸易，并没有放开宁波商人传统的对日贸易。与粤商和闽商相比，宁波商人在对东南亚贸易中毫无优势。因此，"隆庆开关"后，宁波商人商业活动的重点仍在国内，并有相当大的发展。

明中期以后，宁波商人在国内经商已相当广泛。明万历年间，宁波人孙春阳在江南名城苏州开设"孙春阳南货铺"。这家店铺又分为南北货、海货、腌腊、酱货、蜜饯、蜡烛六房，经营各种日常生活用品。其"店规之严，选料之精，合郡无不用"，一直经营了三百余年。鄞县商人沈文祯购船经商，"装载鱼胎桔转鬻杭越数郡"。鄞县徐氏家族徐昂、徐佩、徐桂等都在苏州经商致富，为姑苏大贾。慈溪董氏家族董绳先家贫经商，在晚明已成大富。鄞县李氏家族在万历前后有商人李邦综、李邦绘、李贤升等。慈溪秦氏、陈氏、董氏都在万历前后经商而兴。这时宁波商人经商已有相当规模。

清康熙二十三年（1684年），开放海禁，议定宁波为对外通商港口，分别在宁波、定海设浙海关。荷兰、英国等西欧各国商船云集宁波港。仅清康熙四十九年（1710年），来宁波的英国商船就达10艘。宁波人出洋经商重新活跃起来了。

宁波商人的国内贸易亦有相当大的发展。每年从山东、辽宁来的船达600多艘。从福州、台湾来的船500余艘，广东来的船20多艘。加上上海及本省各埠来的船，总计每年在1000艘以上。此外还有从内河来的船近4000艘，合计每年运货量在20万余吨。

宁波在宋元时代已有相当发达的造船业，明清时已自造沙船等大型海船，从事国内外贸易。造船需巨额资本，由船主自行筹办。商人造船又经营，获利颇丰。一般而言，一艘船上由宁波运往北方货物的货值为三四万两银子，由北方运回货物的货值为五六万两银子，由此可见商业规模之大。鄞县秦氏、吴氏，慈溪董氏、孙氏、章氏、郑氏、镇海李氏、乐氏，都是这些船运商的大股东。

商帮形成后的宁波商人

尽管在乾隆年间以前，宁波商人已经相当成功，但还没有形成宁波商帮。宁波商帮是如何形成的？

著名的经济史学者全汉昇先生在20世纪30年代出版的《中国行会制度史》中指出："同业者跑到他乡经商或劳动的时候，为应付当地土著的压迫而保护自家的利益计，遂组成帮（约分为商帮、手工帮、劳力三种），并建会馆，故会馆一面是同乡的团体，一面又是同业的组合，可说是同乡的行会。"全汉昇先生也注意到同乡的业帮与会馆的不同之处。这就是某一会馆可以包括众多的同乡同业帮。由此可见，一个商帮的形成与会馆的建立有密切的关系。

因此，我们从宁波商人会馆的建立来研究宁波商帮的形成。

宁波商帮专家张守广先生认为："就宁波商帮而言，由于其同乡团体（商人会馆、公所及同乡会馆）在组织上十分典型，在职能上非常广泛，在作用上十分突出，因此把宁波籍同乡工商业者公馆或会所的建立作为宁波商帮形成的一个主要标志是合理的。"

明代天启、崇祯年间，宁波药材商人在北京设立鄞县会馆。但这实际上只是鄞县一县人士在北京的同乡会馆，并非专为商人服务的商业会馆，且后来已荒废，在清初已不存在。把这个会馆的出现作为宁波商帮形成的标志并不合适。

清乾隆十六年（1751年），宁波人章某、陈某联合18位同乡，开始筹建鄞县会馆。清乾隆二十年（1755年），48位宁波同乡经过五年努力，积累的捐款和捐款所得的利息达350两。同乡范某、杨某、邵某闻讯后又联合25位同乡加入筹建会馆的集资活动中，以后加入者达到680人。陈某又把自己店铺中员工的储金借出供建会馆用，资金达到1000两，购房建北京鄞县会馆。清乾隆四十五年（1780年），宁波商人又在汉口建浙宁公所。张守广先生认为："从清乾隆二十年北京鄞县会馆的创办到乾隆四十五年汉口浙宁公所的创办，标志着以宁波旧属各县为乡帮范围的宁波商帮历尽艰难，正式形成。"我个人认为，如果把这一时间段缩短，找出一个标志性的年份，**宁波商帮的形成应该是清乾隆二十年**。与其他商帮相比，宁波商帮形成的时间相当晚，但它鸦片战争后的辉煌却是其他商帮无一可比的。

在此之后，又有一些宁波商人的会馆、公所出现。清嘉庆二年（1797年），宁波商人在上海创办了四明公所。后来该公所成为上海最著名的同乡会馆组织。清嘉庆二十四年（1819年），董莘记等在关外和山东贸易的宁波船商在上海创建天后行宫（后改称浙宁会馆）。温州四明公所建于嘉庆年间。山东芝罘（今在烟台）和广东也建有宁波会馆。在江南一些市镇也不乏宁波人独自或与绍兴商人合建的会馆,如在盛泽镇,乾隆年间宁绍商人建宁绍会馆;在双林镇,乾嘉之际有宁绍药材公所;南浔镇在嘉庆年间有宁绍会馆;这些会馆的建立说明,到乾嘉时,宁波商人已在北京、汉口、苏州、上海及江南许多市镇的商业中有相当高的地位和影响,成为活跃于各地的商帮之一。经济史专家傅衣凌先生指出,浙东多海商,以宁波帮为大,有八百余年历史,嘉道之际发展甚速。鸦片战争前后,已成为中国最有影响的商帮。

宁波商帮从乾隆年间到鸦片战争前,行商的足迹遍及全国及国外,经营的行业无所不有,尽管缺少晋商、徽商、粤商一样极富的巨商,但无数中小商人组成一幅极富活力、生机勃勃的商业画卷。

先来看宁波商人经营的地域。他们经营的地域相当广泛,包括长江流域、沿海地区,以及日本为主的国外。

他们的经商沿着两条主干路线。第一条是东部沿海,南到闽粤,北到辽东的海上贸易商路。这一条沿海路线又分为长江以北的北洋航线和长江以南的南洋航线。这条沿海路线有两条补充的国际贸易商路,一条是到日本的,另一条是南至东南亚各国的。这条航线中,以北洋航线和赴日贸易为中心。第二条商路是沿长江西上,直达湖广、四川的沿江贸易商路。当时长江流域人口众多,经济发达,商业繁荣,是宁波商人活跃的地区。此外,宁波商人还有两条同样重要的商路。一条是以宁波为起点,沿浙东运河到杭州,再由京杭大运河南段到达太湖流域各地。另一条以扬州为起点,沿京杭大运河到达京津,再由京津赴东北或塞外。前两条路线被宁波人称为海路,后两条路线被宁波人称为陆路。其实所谓陆路者也是水路,无非不是海而是内陆的河而已。通过这四条路线宁波商人就在全国建立了庞大的商业网络。

浙东地区是宁波商人的发祥地。宁波、绍兴、温州都是沿海繁荣的城市，这里各地商人甚多。宁波人有地利、人和之便，早已在这一带经营。如鄞县李氏家族明中后期已兴起，清代李氏的李培基年轻时即继承家业。李耀基开顺成店铺，相当有名。镇海人王维岳，贸易甬江，家业日盛。他们许多人在宁波起家后再向外发展。宁波成为培养宁波商人的基地。温州宁波商人也相当多，如镇海人王景扬、包仁义等。清嘉庆年间还建了以镇海人为主的四明公所。绍兴是棉花产地，锡箔、绍酒、瓷器等手工业发达，也是宁波商人活跃之地。宁波商人收购海产品运往南北各地，又从南北各地运回木材、粮食、蓝靛、糖等物品。

日本为宁波商人传统的贸易之地。清海禁解除后，宁波、普陀与日本长崎、东京等处航路繁忙。宁波商人以文房四宝、药品、瓷器、丝绸、书籍等交换日本的铜。

闽广沿海地区和东南亚是南洋航线。这一带商业活跃，宁波商人早已利用自己地域与传统的优势进入。慈溪人陈调光、童在朝、童祥正，费氏家族、严氏家族、俞氏家族的人都活跃在这一地区。他们把江浙的布帛和北方其他产品运过来，又把这里的木材、纸张、糖、水果送走。有一些商人由此进入东南亚，如鄞县人孙弘孝。受与闽粤商人竞争影响，宁波人集中于福州以北沿海和台湾。

长江三角洲地区明清时已是全国经济文化中心之一，所产棉布"衣被天下"，丝绸在国内的市场广阔。宁波商人明中期已在此开拓，到清中期已形成稳定的基础。鄞县孙氏、李氏，慈溪董氏、镇海郑氏都在这里实力雄厚。从18世纪下半叶到1842年，宁波商人进入上海，如镇海方氏、慈溪董氏、镇海李氏等。他们从事船运和钱庄业，到嘉庆时已建立四明公所。

冀鲁与辽东沿海地区。从长江上至冀鲁辽东沿海地区的航路被称为北洋航线，早在宋元以来已经畅通。明中叶后湮没，清代解禁后才重新畅通。宁波商人是重开北洋航线的主力。如鄞县人谢占壬、慈溪人费文煜、叶诛、秦趾等。他们运回大豆、豆饼、参药、枣子、瓜子等。董氏家族、李氏家族在这条航线上赫赫有名。他们还在上海建浙宁公馆。

在湘、鄂、川地区。宁波商人沿长江而上,在汉口、沙市等地经商,又进入湖南、四川。慈溪董氏家族的董一揆、董振乾、董醉儒、董景澄、董继亨、董华铨等在18世纪到19世纪活跃于这一带。早在清乾隆四十五年(1780年),宁波商人在汉口已建有浙宁公所。

在京津地区和塞外,宁波商人也相当活跃。宁波朱氏、慈溪董氏、秦氏、罗氏、乐氏在北京有相当大的势力。宁波商人往来于宁波、上海、天津之间,除为清政府运粮(漕运)外,还兼营南北货贸易。天津漕运局总办张友堂是宁波人,为宁波商人提供方便。宁波商人最早进入天津法租界,开有冠生园南味店和李同益西服店。由京津又向附近地区,包括塞北地区扩张。

清代宁波商人活动地区相当广泛,但中心是长江流域和沿北洋航线的沿海地区。18世纪后期和19世纪又以上海为中心。这对宁波商帮整体成功转型至关重要。

宁波商人经营的行业也十分广泛,但以船运业、钱庄业、民信业、南北货为主。

宁波在沿海,海商经营的船运业是传统行业。清代宁波海商有了新发展,包括宁波船船商、沙船商,以及从事对日贸易的宁波洋铜商。他们经营的商品有海产品、南北货、绸布、粮油、建材、洋铜等。宁波船分为蜑船和"三不像船"两种。蜑船诞生于清康熙之前,可装载1800石粮谷,适应南北洋航线各种运输条件。"三不像船"模仿清康熙二十八年(1699年)承运福建木材的钓船,并加以改进。因其样式不像江南沙船,不像福建乌船,不像浙江蜑船，故名。它能装载 2000 石粮谷，专用于北洋航线，不能行驶于南洋航线。这两种船都在宁波建造，故称宁波船。沙船是一种航行于沿海的大型帆船。它来源于宋代的"防沙"战船，船底较平，结构牢固，在沙滩上搁浅也不易损坏或倾覆。据航运业专家樊百川先生研究，宁波船的总数在六七百艘，载重量可达八万多吨。在清嘉庆、道光时期，宁波出现了造船经营航运业的热潮。慈溪、鄞县商人是主力。镇海是重要出海口，镇海方氏亦加入海运业。清道光年间恢复漕粮海运之后，宁波船商亦成为主力。沙船业以上海为中心，主要在北洋航线沿海地区。慈溪商人董杏芳在上海开办董萃记宁波船号，多次航行到东此各地采办参药。其子董秉忠以巨资营运辽东。他又与弟弟董秉愚创办上海大生沙船号，成为上海最著名的沙船号之一。航运业利润丰厚，大型宁波船一次货值约为 15000 两，获利 1900 两。小型宁波船货值为 6000 两，获利 500 两。以一年四次计，大船获利 7600 两，小船 2000 两。

洋铜商。从事对日本贸易。清代铸造民间使用的铜钱，每年需铜一千数百万斤，国内供给严重不足，靠从日本进口。各省都有铜商，由官方配给份额，故称"额商"。原来主要由官商经营，包括内务府商人、盐商和官铜商。乾隆年间最大的官铜商山西范家垮台后，鄞县商人王世荣成为官铜商。从清康熙六十一年（1722 年）起，额商办洋铜须进浙海关，宁波成为唯一的铜船始发和收泊港，这为宁波人进入洋铜业创造了条件。1766—1780 年，获得配额的额商有二十三姓，其中宁波十六姓。清雍正后也到南洋购铜，半数由官府收购，半数可在市场上出售。洋铜获利甚丰。清《东倭考》记载："大抵内地价一，至倭可易五，及货得，则又以一得二。故铜之豪富，甲于东南，与粤之洋商、淮之盐商相埒。"

钱庄业。清代实行银钱并用。银子的成色需要鉴定，银钱之间需要兑换，钱庄最初的业务就是银子鉴定与银钱兑换。以后兼营存贷款、汇兑业。宁波人经营的钱庄业从北京开始。清初北京信誉最好的四大钱庄是恒兴、恒和、恒利和恒源，时人称"四大恒"。当时富有的标志之一就是"腰揣四大恒"，即有四大恒的银票。四大恒由镇海郑氏家族中的郑世昌于清康熙四十九年（1710年）在北京创办，由慈溪人罗陶、罗镜涵经营，直至八国联军入侵后方改营首饰业。但宁波人钱庄的重点在上海和宁波，这与船运贸易相关，并为之服务。1830年前后，镇海人方仁照在上海办南履和钱庄（后改名为同康钱庄），不久又办上海同裕钱庄。鄞县人赵朴斋也于鸦片战争前在上海经营钱庄，"以名德重望为上海银业董事"。宁波商人控制了上海钱庄业。宁波本地的钱庄开始于清乾隆年间，鸦片战争前宁波已是长江下游地区重要的金融中心。

民信业。从事民信业的民信局又称信局，是宁波人创办的一种民间邮递组织，为社会各界尤其是商人邮递银信包裹等物，也兼营汇兑业务。民信局起源于明永乐年间，在清道光至光绪初年最为兴盛。初时仅限于沿海各地，后及于内地，甚至东三省、陕、甘、疆地区。宁波人在民信业中首屈一指，有"票号为山西人特有，信局为宁波人独占"的说法。

鱼盐、南北货业。宁波港是海产品、南北货的集散中心，也是宁波人的传统行业。镇海郑氏世代"操鱼盐于甬江"，这个家族的许多人都因此致富。以盐业著称者有慈溪董氏的董真儒。王世荣曾任长芦大盐商。慈溪严氏、鄞县江氏等在盐业中也颇有名。南北货是日常生活用品，包罗万象。宁波商人中的南北船商即是运输、贩卖这类物品的商人，在各地有一些著名的铺号，如苏州的孙春阳南货铺等。

药业。宁波人有经营药业的传统，明代北京鄞县会馆由药业商人创建就是证明。清代药业以鄞县和慈溪人为主。鄞县童聚培在北京有药肆。鄞县郭良铭在清初"设肆京师"。慈溪董氏、叶氏、杜氏、乐氏、童氏都是药业中的佼佼者。他们在全国各地办了许多药店：慈溪人叶培心于清康熙年间在温州办国药店叶同仁；慈溪人杜景湘于清乾隆初年在绍兴办著名中药店震元堂；慈溪人叶谱山于清嘉庆十三年（1808年）在杭州创办叶种德堂药号。慈溪乐氏早年是走方郎中，明永乐年间移民北京。清初乐尊育为太医院吏目，其子乐梧冈于清康熙四年（1701年）创办同仁堂药室，到清雍正年间已供奉御药。其药信誉卓著，以丸、散、膏、丹著称于世。鄞县董善业在清乾隆年间到上海开设恒泰药行，经营中药材批发业务。清乾隆四十八年（1783年）接盘上海竺涵春中药铺，改为童涵春堂，研制的人参再造丸、太乙保珍膏闻名天下，成为上海四大国药号之一。

成衣业。成衣业在清代发展起来，北京成衣业由宁波人控制。清人钱泳说："成衣匠各省皆有，而宁波人居多，今京城内外成衣者，皆宁波人也。"且宁波人工艺之高令人称奇。某顾客去一宁波成衣店，成衣商问了穿衣者的性情、年纪、相貌、科举登第年月等看似无关的问题，顾客奇怪。成衣商说，少年得到科举功名的人，心高气傲，昂首挺胸，衣服要前长后短。肥者其腰宽，瘦者其身仄，性之急者，宜衣短，性之缓着，宜衣长。宁波成衣商中，以慈溪人为多，以后又有奉化人。鸦片战争后，洋人进入，他们制作了第一套西装。西装为红毛洋人所用，故他们被称为"红帮裁缝"。解放后上海的成衣店迁京，为"红都服装店"，毛主席、周总理等党和国家领导人的中山装都由他们制作。美国总统老布什在任美国驻华办事处主任时，红都曾为他制作西装。老布什当总统后，访华时就穿了这套西装，并自豪地告诉别人是红都做的。

此外，宁波商人还从事**牙行**，即商业中介业务。清代刘家港为沙船货易中心,四家牙行中一家为宁波人吴某。宁波缺粮,宁波商人也从事粮食贸易。清乾隆时定海人严殿先、鄞县人袁丕营都是著名粮商。由于邻近福建,河运发达,宁波商人也经营木材业。包括台湾在内的闽广地区是蔗糖产地,宁波商人经营有利。江南是纺织业中心,宁波商人也经营纺织业。除此之外,宁波商人还有经营书业、织造业、矿业者。

在鸦片战争前,宁波商帮已形成一个由钱庄业、船运业、民信业、鱼盐南北货业为支柱,包含极为广泛的其他行业的经营体系。这为他们的华丽转身提供了条件。

华丽转身前,宁波商帮和其他商帮一样深受中国文化的熏陶,吸收了中国文化中的精华而获得成功。因此,宁波商帮与其他商帮有许多共同之处。

首先,各个商帮的商人都是白手起家,靠自己的拼搏而成功的,所以具有勤奋、不畏艰苦、冒险创业的精神,宁波商人也是如此。清光绪《慈溪县志》中说:"邑人敢于冒险进取,出外业航运及工商业者甚众,颇多获利。在津、汉、沪等处,执商界之牛耳。"这也是整个宁波商人的特点。这种冒险精神并不仅仅是胆子大,而且是能抓住商机,利用自身的优势成功。明中期以后,受海禁政策的影响,对外贸易尤其是对日贸易受到严重限制。他们看到了国内商品经济的发展,转向以国内贸易为中心,这才迎来新的发展。宁波人利用沿海的优势,无论国际还是国内贸易都抓住了一个"海"字。在经商中他们也体现出了中国人勤劳、不怕吃苦、不畏艰难的优秀品质。这些正是包括宁波商人在内的中国商人成功的基本原因。

其次,诚信是中国文化的核心,各个商帮都把诚信作为自己经商的伦理道德,宁波商人也不例外。宁波商人信奉"诚招天下客,义聚八方财"。民国《鄞县通志》对诚做了一个解释:"以言为凭者,上也;次则须订结契约,然尚能履行;若订约而不能履行,斯则下矣。"这就是以"一诺千金"为诚信的最高层次,以契约保证又履约为次。一诺千金并不是法律意义上的诚信,它以道德为基础,这正是中国传统社会中诚信的特点。即使不以法律为基础,宁波人仍信守承诺。北京同仁堂制作丹心丸一向用效力更好的红参。有一次红参缺货,要货又急,加工者就用了差一点的白参。但东家知道后,坚决要求烧毁这批用白参的丹心丸。一般消费者吃不出红参、白参的差别,但东家说,我所做的是良心药,顾客不知也不能降低标准。正是这种诚信让同仁堂的药成为宫廷用药。在百姓的心中,"同仁堂的药放心"这个观念直到今天还存在。孙春阳南货铺能经营三百多年也是靠货真价实、"诚"字当头。宁波商人开的钱庄坚持"资本多寡无关宏旨,全恃合伙人之身家信誉为断"。所以上海钱庄的银票"虽一纸万金,西人皆乐受之,视为无限信用"。

最后是同乡团结互相帮助的精神。中国文化中,不仅重家族之情,而且也重乡情。"老乡见老乡,两眼泪汪汪"就是对乡情的重视。中国出现的诸多商帮正是以乡情为基础的。宁波商帮同样如此。清光绪《慈溪县志》中说,本邑民风"朋友以诚信相孚,乡党之间蔼然和气"。日本学者根岸佶也注意到这一点,他说:"宁波商帮是乡党观念异常强烈的乡帮。"许多成功的宁波商人小时贫穷,经族人或同乡引荐,投亲靠友,外出经商而致富。尤其在鸦片战争后,洋人进入,在与洋商的竞争中这种同乡互助、互相扶植的精神更为彰显。宁波商人在各地建立了许多会馆和公所,正说明他们对同乡互助无比重视。

但在鸦片战争后,中国社会发生三千年未见之剧烈变动时,其他商帮纷纷走向衰亡,只有宁波商帮实现了整体华丽转身,这就在于宁波商帮有自己不同于其他商帮的特点。

宁波商帮一个显著的特点是经商之人极多，经营地域广、行业多，尽管也有一些成功致富者，但缺少像晋商、徽离、粤商中那样极其富有又处于行业垄断地位的巨商。宁波商人整体力量不弱，但缺乏极有实力的个体商人，慈溪董氏经营范围广，财富也相当可观，但并没有在哪个行业中形成垄断地位。加之，他们经营的行业，除船商中的漕运和洋铜商外，都与政府没什么关系，也并非政府要控制的行业。这就是他们另一个极为重要的特点：没有走官商结合之路，保持"草根商人"的本色。依靠政府的权力经商致富就失去了自身的奋斗精神和创新精神，一旦失去政府的支持，就只有衰亡了。**宁波商人始终不靠政府的权力，自我奋斗，不断创新，这是它成功转型的重要原因。**

宁波商人总体文化水平高，经商去过许多地方，与各地不同的人都有交往，这就使他们见多识广，思想开放不保守，善于吸收各种新知识，也能适应社会变革。当鸦片战争后，外国人和许多外国新事物进入中国，他们不是抵制，而是努力学习吸收。《南京条约》签订后，宁波成为通商口岸。英、法、美、德、俄、日、西班牙、葡萄牙、荷兰、瑞典等国商人纷纷来宁波，相继设立太古、怡和、旗昌、美孚、宝隆、华海、花旗、永兴、协和、谦和、正隆等二十多家洋行和企业。同时开通邮政，印书，建立现代航运业、银行业、保险业等。洋人还办教会、办教育、办医院。**宁波人对这些并不抵制，反而参与其中，接受了许多西方的观念和经营模式。这对宁波商帮的转型起了关键的推动作用。**

鸦片战争后，上海成为中国经济中心。宁波商人的经营在此之前已经转移到上海。**宁波商人在上海经商已有稳定的经济基础与实力，形成上海商界的一股不可忽视的力量。**且他们在上海经营范围广泛。这就为他们以上海为基地实现整体转型提供了经济基础。

宁波商帮不靠官，不受清政府遭受沉重打击甚至灭亡的影响，思维开放，吸收了西方的先进思想，又在上海有了稳定的经济基础。万事俱备，转型就是水到渠成了。宁波商帮的转型就是从传统社会的商人转变为现代企业家。这既包括从传统商业转向实业，又包括从传统银庄转变为现代银行业，这个过程中，既有进入新的行业的成功案例，也有传统行业经营方式根本转变的成功案例。

华丽的转身

宁波商人华丽的转身是从当买办开始的。鸦片战争后，中国传统商人成功转型无一例外都是从当买办开始的。粤商在鸦片战争后整体衰亡，是进入上海当买办使粤商获得了重生。洞庭商帮也是进入上海，从买办起家，发展为以后的苏商。宁波商人也不例外，尽管他们并不是上海第一批买办，但却是上海人数最多、实力最强，又对近代中国经济影响至大至深的买办。

宁波开放后，贸易发展并不如西方所预期，很快就被上海超过。民国《鄞县通志》记载，"外货贸易皆经上海，直接来甬者少"。宁波不仅不如上海、天津、汉口等一流港口，甚至不如牛庄等二流港口。但宁波商人在上海已有雄厚的商业基础，于是转战上海，以上海为中心发展。

上海外商的迅速发展也为宁波人转型提供了条件。鸦片战争后，西方商人大举进入上海，一大批西方商人在上海设立洋行、轮船公司和银行。1843年，原在广州的怡和、宝顺、仁记、义记等老牌洋行到上海开分行。1847年，上海租界内有进出口洋行24家，1850年达到30家。到19世纪50年代中期，上海洋行达120余家，1876年已达200余家。他们在上海开设总行，又在汉口、天津等地开设分行，把业务扩大到沿海各地和长江流域。随着洋行业务的发展，轮船公司和银行也先后开设。1848 年至 1895 年，已有轮船公司十余家。1848 年，英国东方银行（又名丽如银行）在上海开设分行。到 1848 年，外商银行 8 家，分支机构 16 处。同时外商又办机器工厂。1870 年，各通商口岸工厂 40 余家，1894 年达 100 家左右，以修建轮船、原料加工为主。

外商在中国遇到制度与文化的障碍也为买办出现提供了条件。中国城市里普遍存在的行会和商帮势力成为外商在中国经营的屏障。中国与西方不同的商业制度与习惯，尤其是中国人普遍存在的排外心态和对洋人的不了解、语言不通，使洋商在中国寸步难行。他们需要中国商人的帮助，这就是买办出现的背景。而且《南京条约》中已经废除了外商须由政府指定的公行（十三行）进行贸易的规定，"勿论与何商交易，均听其便"。这使买办这种职业合法化了。

最早的买办是广东人，以后就以宁波人为主了。宁波人能进入买办这个行业的原因，一是他们具有开放观念，又略懂一些洋泾浜英语，愿意也有能力与洋商打交道；二是他们多年在上海经营，熟悉本地商业规则与习惯，且有广泛的经营网络。宁波买办的形成有两个重要来源。一个来源是学徒出身，有多年在洋行从业的经验，熟悉外商的商业规则与习惯，懂英语，为外商欣赏、信任。如王槐山、虞洽卿、叶澄衷、朱葆三、周适弼等。另一个来源是商人出身，原来就有自己的经营网络。他们与洋行有业务来往，为洋行所倚重、信任。如杨坊、许春荣、顾福留、黄佐卿等。成为买办是宁波商帮整体华丽转身的关键一步。

近代上海的第一个买办是定海人穆炳元。1840 年鸦片战争中，英国人攻陷定海时俘虏了他。他略懂英语，被英国人带到上海。英国人有大宗交易，则由他作为中介。他还收学徒，推荐他们到洋行当买办。但他还不是严格意义上的买办，严格意义上最早的宁波大买办是鄞县人杨坊。1843年，杨坊到上海经商，设泰记栈，经营丝茶生意，并在教会学校学英语。之后，杨坊进入英商怡和洋行，从事报关和收取工作，后升任买办。怡和洋行通过杨坊形成"苏州制度"，即买办从上海带鸦片到苏州产丝地销售，并在那里购买生丝。杨坊还出资由美国人华尔组建"洋枪队"，以对付太平军。他的思想极其超前开放，还把女儿嫁给华尔为妻。

镇海方氏家族开埠前已在上海经商。其家族的方仁旺曾开同裕钱庄，后改为方记号（又改方镇记），从事丝茶进出口业务，19世纪50年代成为英商李百里洋行买办。其弟方仁荣、方孝协助其兄，他们收丝茶给李百里洋行，并购买花色洋布。余姚人王槐山原为钱庄跑街，1869年任汇丰银行第一买办。镇海人叶澄衷，幼时家贫，由同乡介绍到上海法租界当学徒。他的工作是划着小船在黄浦江上向外轮上的船员和乘客卖日用品。有一次一位洋人把钱包落在船上，他找到失主归还了钱包。这位洋人是洋行的大商人，感其诚信而聘用他。以后叶澄衷成了买办，最后成为上海有名的五金大王。这些人代表了第一代宁波买办。

由于宁波人在上海及沿海、长江流域有庞大的商业网络，从19世纪80年代后取代了广东买办，成为买办的主体。海关税务司裴式楷在1891年写的十年报告中明确指出买办"主要来自宁波"。这些买办中有代表性的是定海人朱葆三。他早年是清水师官员，后到上海进协记五金店当学徒，又自学英文，勤奋工作，升任经理。1878年他自设慎裕五金号。1900年前后任上海道的袁海观是他的老友，得其帮助，成为上海五金业中的活跃人物，任英商平和洋行买办。他的四个儿子都在外国洋行、银行当买办，还介绍其他宁波人当买办，显赫一时。上海有"上海道一颗印，不如朱葆三一封信"的说法。

镇海人虞洽卿幼时家贫，到上海瑞康颜料号当学徒。白天勤奋工作,晚上进夜校学英文。1893年由其族叔、礼和洋行买办虞芗山推荐进入经营颜料的德商鲁麟洋行,先当跑街,后当买办。1902年到华俄道胜银行当买办,第二年又转任荷兰银行买办。他担任洋行、银行买办三十余年,积累了巨额财富,在上海商界极有声望,以后又投资船运业。上海公共租界还把他住的西藏路改名为虞洽卿路。

奉化人朱志尧接替其弟任法商东方汇理银行买办,以后办了上海求新制造机器轮船厂。

值得注意的是,这一代买办中还有不少人受过正规教育。如袁履登、周宗良和叶启宇都毕业于宁波斐迪中学。袁履登后又就读于上海圣约翰学院。毕业后任美商茂生洋行买办,后任大昌烟草公司汉埠总经理,美国烟叶公司在华总经理。可惜在抗日期间成了汉奸。周宗良毕业后进入海关。以后任上海任谦信洋行和德孚洋行买办。叶启宇曾任业广地产公司买办。

19世纪80年代后,宁波买办业务范围还扩大到天津、汉口等地。鄞县人王铭槐曾在叶澄衷的老顺记五金号当学徒,后被派往天津任老顺记分号经理。通过同乡严信厚结识李鸿章,任德商泰古洋行买办,从事军火和机器贸易。以后又任华俄道胜银行津行买办,成为天津"四大买办"之一。他家三代人中有许多在洋行、银行当买办,称为"三代买办"。他还在天津培养了一个宁波买办集团,有镇海人叶星海,德商兴隆洋行买办;镇海人陈协中,德商逸信洋行买办;还有严苍铭、王品南、李正卿等。在汉口有宁波人汪昱述、王伯年、蔡丕基等,他们在"招徕货运和推销进口货方面",都有决定性优势。

宁波在为洋商服务的过程中,了解了世界变化的趋势,了解了现代贸易的规则与习惯,也了解了管理企业的方式,从而改变了自身的价值观和行为方式,在中国传统式经营中融入现代市场经济的理念。尤其是知道了投资现代产业的巨大利益。把这种认识变为现实需要资本，过去经营中小商业所积累的资本是远远不够的。当买办所积累的资本则为他们投资于现代产业提供了弥足珍贵的"第一桶金"。这"第一桶金"来自哪里呢？当然来自买办的收入。买办的收入之高使他们积累了投资现代产业所需的资本，实现了华丽的转身。

不同买办的收入方式与数量并不同，但大体分为四部分：薪金、佣金、花红和各项陋规及暗中做手脚的收入。薪金并不是主要的，以经营茶丝的洋行买办为例，月薪从关银百两到数百两不等。主要收入来自佣金，一般占营业额的1%或略多一些。有些洋行给买办"花红"，即可以分红利，如怡和洋行的买办分的花红占总红利的0.5%—1%。仁记洋行买办一年可分5000两花红。陋规与其他私下的收入无法估算。如丝栈买办的"吃油炸桧"。这就是洋行买丝时买办居其间，丝号通事与洋行大班接洽成交，但交货过磅和鉴别质量由买办办理，买办要在每包丝中抽出几绞丝作"样条"。这些"样条"就作为"油炸桧"被买办私吞了。积少成多，则可卖出赚钱。不同行业类似这样的陋规和作弊手法还很多。

买办还把自己赚到的钱以独资或合资的方式从事商业活动，投资于行栈字号（仓储）、钱庄、当铺、金号、房地产等；或附股外商企业，即在外商企业投资。这些投资都会带来多少不同的收入。

由这些来源得到的收入尽管不同行业的买办并不同，但总体上是十分丰厚的。买办也有了相当多的财富。据估计，杨坊的家产在几百万两以上，王铭槐家产250万两，叶澄衷的家产高达800万两。买办除了用这些钱建别墅、豪宅，享受奢侈的生活之外，就是用于投资。与山西那些土财主把钱用于买地、买房，把银子"窖藏"起来不同，买办们有新观念，他们把财产主要用于投资新行业和改造原有的产业。所以，山西土财主们消失在历史中，而宁波商人创造了至今仍有影响的辉煌。

宁波商人转型后投资哪些行业呢？

首先是进出口贸易。进出口贸易在鸦片战争后发展极为迅速，又与洋行的业务相同，宁波商帮的买办们就投资于这一行业。买办在任职时通常开设自己独立经营的进出口商号。有些买办在担任买办多年有经验有实力之后辞职，专营自己的进出口贸易。起先他们的进出口贸易不如广东商人，甚至不如婺源茶商和湖州丝商，但很快他们就超过了这些商人。《中国近代工业史资料》中记载，上海"金属、染料、棉布、砂糖、机械、杂货等输入品之经营，数十年来，为宁波人绝对独占"，也出现了一些著名商业行号和巨子。如叶澄衷的顺记五金洋杂货店，朱葆三的慎裕五金号，鄞县秦氏家族经营洋靛业成为巨富之家，周宗良经营颜料业，宁波翁景和的大丰洋布店，鄞县蔡氏和卢氏的玻璃业，慈溪林奎经营的军械业，以后还有经营西药业和钟表眼镜业等的宁波商人。

其次是近代船运业。船运是宁波商帮的传统主业，鸦片战争后，新式轮船代替了宁波船和沙船。1908年，虞洽卿集资在上海成立宁绍商轮公司。由于该公司股东之间的矛盾，虞洽卿退出。1913年他又集资20万元创办三北轮船公司，业务发展迅速，到1919年已增资至200万元，有十余艘轮船。1919年1月，虞洽卿又集资买下英商鸿安公司的英商股份，成为全华股的轮船公司。1917年虞洽卿之子虞顺恩投资20万成立宁兴轮船公司。朱葆三投资设立五家轮船公司：1906年投资5.5万两银子办越东轮船公司；1915年投资14万元办镇昌轮船公司；又投资30万元设顺昌轮船公司；1918年投资10万元设立同益轮船公司；1922年朱葆三与儿子朱子奎投资32万元，设舟山轮船公司。此外，还有许多宁波买办创立轮船公司。他们还投资与轮船公司相关的码头、仓库和造船业。

传统的帆船航运业在三个方面发生了重大变化，一是宁波商人的帆船挂起了西商旗号。1861年的关册记载，仅在上海就有193艘船挂英国旗，129艘船挂美国旗，另有50艘船挂其他国旗。二是这些宁波人的船受雇于西方商人，为其运输货物。三是购买洋商火轮夹板船。这是一种简单的机帆船，载重180吨，售价为墨西哥银元4500元左右。这些船颇有成效，在长江上运来棉纱、棉布、绸缎、海产品，运出杂粮、黄豆、桐油、芝麻、棉、米等，年贸易额为3500万到4000万吨。这些特点说明帆船业的存在与发展完全依靠西方商人。但总体上帆船业在衰退，逐渐被新式轮船替代。

第三是近代工业。 从19世纪80年代起，宁波商人投资于近代工业。最初是机器工业，以后扩大到各个工业部门。机器工业是由于外轮远道而来需要修理而兴起的。最初全由洋人垄断，后来宁波商人才进入。1882年，慈溪人董秋根、何金泉创办永昌机器厂，1885年宁波人何德顺办广德昌机器厂，郑良裕办公茂机器厂，1888年，周梦湘办大昌机器厂。这些厂资本仅1900元，但却占上海几家机器工厂的52.8%。后来他们又广泛投资于钢铁业、棉纺织业、火柴业、日用化学品业、制药工业、电器工业、造纸工业、橡胶工业等，出现了一批在中国近代经济史上有名的制造业企业。

钢铁业方面，慈溪人乐振葆与朋友在1917年筹资办和兴钢铁厂，日产生铁10万吨。1934年宁波人余名钰办大鑫钢铁厂，成为抗战前全国最大的民营钢铁厂。

在许多近代工业行业中出现了一批在近代有影响的企业家与企业。

首屈一指的企业家是定海人刘鸿生。他的祖父与父亲都是著名的商人、买办,他的岳父是著名企业家叶澄衷。他大学毕业后在开滦煤矿当买办,后租船数十艘运煤到上海,成为有名的"煤炭大王"。后来又投资于煤炭销售、火柴工业、毛纺织工业、水泥工业、搪瓷工业、保险、码头、机械等行业,形成庞大的刘鸿生集团。他本人被称为近代有名的"企业大王"和"上海第一富豪"。

著名的企业有:

三友实业社。1912年由慈溪人陈万运、沈九成、沈启涌创办,最初资本仅450元,生产棉线烛芯。后来成为上海著名的大型棉纺织企业集团。20世纪30年代初已在上海、杭州有两个大型工厂,上海郊区有17个毛巾工厂,1个总发行所,36个分发行所。

中国化学工业社。1912年由镇海方氏家族的方液仙创办。在家族支持下,生产的三星牌牙粉、雪花膏、香皂、蚊香等四大类产品,不仅在国内市场受欢迎,还进入南洋和美国市场。以后又开办永盛药品厂、肇新化学厂、造酸公司、中国胶木厂等企业,成为有四个工厂和三个附属企业的日用化学工业集团。

五州大药房。1907年建,由鄞县人项松茂主持。一战期间获利甚丰。1917年在天津设立五州药房支店,1918年收购太和药房,1920年又收购德商固本肥皂厂。1925年收购南洋木塞厂和中华兴证香皂厂,1929年又收购宁波公济药棉绷布厂。生产药、皂、医疗设备等产品。在各地设支店十余处,联号50多处,成为一个集医疗器械、医疗用品、日用化工品生产与销售的集团。

信谊化学制药厂。原为1922年德籍俄人霞飞在上海的一家化学制药小企业,1930年鄞县鲍国昌、鲍国梁兄弟与合资人收购,共有资本10万元,改组为华商股份有限公司。该公司发展迅速,产品达百种以上,著名的有消治龙片、维他命制剂、维他命保命针丸等,产品远销南洋等地,与上海新亚制药厂齐名。

民丰、华丰造纸厂。奉化人竺梅先、镇海人金润庠先办银行，1930年筹资30万元接办嘉兴禾丰造纸厂，改组为民丰造纸股份有限公司。1931年又筹资50万元接办杭州武林造纸厂，改组为华丰造纸股份有限公司。先制造纸箱、纸盒用的纸格黄纸板，后制薄白纸板、灰纸板、卷烟纸。它的帆船牌黄纸板、薄白纸板、卷烟纸都是优质国产名牌。

大中华橡胶厂。宁波人余芝卿在1928年投资8万元创办，生产双钱牌套鞋。后来生产套鞋、跑鞋、球鞋、长筒靴、热水袋等，成为上海橡胶业中资本最雄厚、规模最大、设备最先进的大型企业。以后还生产汽车轮胎和自行车轮胎，是规模相当大的民族橡胶工业企业集团。

此外，宁波商人还投资陆路运输业、房地产业以及出版、电影等文化产业，著名的商务印书馆就是鄞县人鲍咸恩、鲍咸昌、鲍咸亨与鲍家女婿夏瑞芳在1897年创办的。宁波人也投资于近代资本主义式的农林渔业。

这些近代工业的投资及成功标志着宁波商帮完成了从传统商业向现代实业的转型，也成为中国最早的民族工业。

再看金融业。鸦片战争后，宁波人在上海的钱庄有相当大的发展。上海钱业总公所分为南公所和北会馆。上海钱业总公所的总董先后由宁波人赵朴斋和经芳州担任。宁波帮的钱庄在上海有悠久的历史和资本实力，他们把宁波一带流行的过账制度移用于上海，发展为汇划制度。并利用票号拆放头寸，扩展业务，仿效山西票号做法，联络长江及沿海各埠同业，办理地区收解，经营汇兑。清同治二年（1863年），上海钱业总公所议定，不入同行组织的钱庄不得出具庄票。开发可用于上海华洋商人之间的庄票便为入园钱庄所独占，而入园钱庄基本是宁波人的，宁波人的钱庄发展更快了。宁波钱庄还通过上海钱业总公所建立了以庄票为中心的汇划制度和以二七宝银为实货的九八规元虚银本位制，巩固了他们的垄断地位，并影响其他各埠和内地市场，使各地银钱业无不唯上海钱业马首是瞻。

鸦片战争后宁波钱庄业发展迅猛。清同治年间，宁波人拥有36家资本数万以上的大钱庄。到清光绪年间增加到400余家。到19世纪末20世纪初，宁波人已在上海钱业中执牛耳了。在上海九大著名钱庄资本集团中，以宁波人为主的浙江商人超过了三分之二。据估计，当时"浙江帮钱庄的资本，在上海要占钱业总资本额的60%至80%"。他们还进军天津、北京、武汉、苏州、沈阳等商业重镇，形成了一个庞大的金融网络。当时上海资本雄厚的钱庄的大股东都是宁波人。如镇海的方介堂家族、李也亭家族、叶澄衷家族、宋炜臣家族，慈溪董耿轩家族、严信厚家族，鄞县的秦君安家族，奉化的朱志尧家族等。而且许多钱庄也由宁波人经营，如上海钱业界魁首福源钱庄的经理就是慈溪人秦润卿。他曾任上海钱业同业公会会长达二十余年，1947年还被选为中国民国钱庄商业同业公会全国联合会理事长。

但在19世纪末20世纪初，钱庄这种传统的金融形态已不能适应时代的发展，外国银行显出其优势。所以，宁波钱庄商人审时度势，主动向现代银行业发展，不像晋商票号一样抱缺守残，从而实现了传统金融业的现代转型。

1897年，第一家华商银行——中国通商银行创立。宁波商人严信厚、朱葆三和叶澄衷为银行总董。当时总董共八位，宁波人就占了三位。该行实行"权归总董，利归股商"，宁波人实际上控制了该行业务经营的实权。1916年镇海人付筱庵当选为总董，1919年任总经理，掌握主要权力。以后曾任外商银行买办的宁波人朱子奎、厉树雄也都担任该行常务董事。

1908年宁波商人建立完全由本乡人投资的四明银行，慈溪人孙衡甫长期担任董事长兼总经理。该行信誉良好，成为宁波商帮的金融根据地，支持了宁波商帮工商业的发展。

宁波商人的另一个重要银行是1926年建立的中国垦业银行，由宁波人童今吾发起，镇海人俞佐庭任总经理。该行引进宁波本地钱庄的长期放款作为大部分股份，并获得钞票发行权。该行原在天津，后迁至上海，由慈溪人秦润卿、王伯元接办。

此外，宁波商人还创办了其他银行，如刘鸿生的上海煤业银行、秦润卿的上海棉业银行、项松茂的宁波实业银行、邬挺生的中华劝工银行、张寿镛的上海女子商业储蓄银行、绍兴人黄楚九的日夜银行等。1934年浙江兴业银行在调查报告中指出："全国商业资本以上海居首位，上海商业资本以银行居首位，银行资本以宁波人居首位。"

宁波人不但自己办银行，还参股其他银行，并在许多银行中任总经理或高级管理人员。近代银行"南五行"中的中国银行、交通银行、浙江兴业银行、浙江实业银行，都有宁波人参股或参与经营。中国银行商股董事15人中有宁波人周宗良、叶琢堂等。交通银行中，宁波人李秦山是董事之一。1928年后，宁波人胡孟嘉曾任总经理，梁晨岚任总行副理，王正适任董事长，鄞县卢鸿沧任该行汉口分行经理，镇海人盛竹书、慈溪人秦润卿曾任该行上海分行经理。余姚人宋汉章在该行成立之时就任上海分行经理，后来还任该行总经理、董事长。1907年办的浙江兴业银行由浙江铁路公司发起，宁波人盛竹书曾任该行总经理，镇海人蒉延芳任该行董事兼地产部经理。浙江实业银行由1909年成立的浙江官司银号演变而来，宁波商人朱葆三、周宗良为该行董事，卢学博为该行常务董事。虞洽卿、秦润卿曾为中央银行监事，周宗良为该行董事。此外，还有宁波商人贺德邻和童今吾1919年在天津办东陆银行，童今吾1920年在北京办明华银行，等等。

除了银行业，宁波人在证券、保险、交易所、信托公司等新兴金融行业中也独占鳌头。1881年，朱葆三在上海发起创办华安水火保险公司，以后又组织华兴水火保险公司、华安合群人寿保险公司、华成保险公司。定海人厉树雄是华兴水火保险公司和泰山保险公司董事。镇海人贲延芳独资开设信平保险公司。1927年，刘鸿生和陈兴甫合组大华保险公司。此外还有宁绍水火保险公司、宁绍人寿保险公司、肇泰保险公司、肇泰人寿保险公司、四明保险公司等。1920年，虞洽卿创办的中国第一家华人自办的证券交易所——上海证券物品交易所开业。虞洽卿为理事长，盛应华等为常务理事，并聘朱葆三为名誉议董。同年，黄楚九、叶山涛办上海夜市物券交易所，定海人厉树雄等开设物品证券交易所，镇海方氏方稼荪独资开办乾丰证券号等。1921年，中国第一家信托公司——中易信托公司成立，朱葆三任董事长，俞佐庭等分任要职。中国这些新型金融行业都是由宁波商人首创的。

随着宁波商帮的成功转型，他们在上海的经济中起到了举足轻重的作用，他们的组织也在不断发展、完善。1902年上海商业会议公所正式成立，严信厚为总理，另一位慈溪人周晋镛为协理，五位总董中有严信厚、朱葆三两人，议员中宁波人有5位，宁波人实际上控制了这个组织。从1902年到20世纪50年代，这个组织的发展经历了上海商业会议公所、上海商务总会、上海总商会、上海市商会四个发展时期。在这期间有17任总理或会长，其中13任是宁波人，包括严信厚、李厚佑、周晋镛、朱葆三、虞洽卿、傅筱庵。担任协理或副会长的有19人，宁波有9人，另有浙江4人。1912年以后上海总商会成立，上海的商会进入全盛期，共有九届班子，其中宁波人七届，加上余姚的宋汉章，在八届中担任总理或会长。可见宁波商帮在上海地位之高。

上海开埠后宁波人不断进入上海，到1948年，上海人口498

万余，本地籍只有 75 万，仅占 15%。在移民中，宁波人最多，占 25%，有 100 多万人，且成功人士居多。据 1936 年出版的《上海工商人名录》中统计，工商界的 1836 位名人中，宁波人为 453 人，超过四分之一。上海受宁波人影响甚大。如上海人常说的"阿拉"就来自宁波。上海本帮菜中许多来自宁波菜，或者改良自宁波菜。上海也出现了不同于商会的同乡组织，最主要的是成立于 1910 年的宁波旅沪同乡会。这个组织以对同乡的慈善、公益事业为主，也给宁波商人以支持和帮助，四明银行成功抵御换总风潮，宁绍公司在与英商太古公司和法华合资的东方公司的竞争中，都靠同乡会的支持而获胜。

宁波商帮整体的华丽转身是宁波商人在中国近代经济中起到了核心作用，造就经济辉煌的根本原因。在回顾中国民族工业的产生与发展，中国近代产业与金融业的形成，以及 1927—1937 年中国经济"黄金十年"时，我们都要回到宁波商帮。

转型后的宁波商帮

1927 年，南京政府成立之前，宁波商帮整体的转型已经完成。在南京政府期间、抗日战争期间，以及 1949 年以后，中国的政治格局发生了巨大变化。在政治变幻时期，宁波商帮有什么变化与发展呢？

宁波商帮希望南京政府能够对外修订不平等条约，以保护民族工业的发展；对内镇压日益高涨的工人运动，以保护他们这些资本家的利益。所以，**他们对蒋介石统一中国和镇压革命运动都采取了完全支持的态度。**

北伐时，虞洽卿曾以蒋介石同乡和上海总商会会长的双重身份到南昌会见蒋介石，答应提供 600 万贷款支持。1927 年 3 月，虞洽卿联合上海实业金融界代表人物组成上海商业联合会，目的在于促成上海实业金融界企业家与蒋介石的合作。蒋介石想请虞洽卿任财政部次长，但被婉拒了。在蒋成立的江苏兼上海财政委员会中，虞洽卿、秦润卿等宁波商帮巨头名列其中。他们先后两次为蒋介石垫支300万元。南京政府成立后，三次发行"江海关二五附税库券"共7000万元，主要也由他们购买。在"四一二"大屠杀中，虞洽卿以国民革命军总司令部少将参议的身份积极参与，是"清共五大功臣"之一（其他四人是黄金荣、杜月笙、张啸林、杨虎）。

南京政府成立后，确实采取了一些有利于民族工商业和宁波商帮的政策。比如，从1929年起提高了进口商品的税率，1930年底起在全国实行裁厘改征统税和特税等新税。前者对民族工业起到了一定的保护作用，后者在一定程度上减轻了工商业的负担。其他诸如制定工商法规条例、奖励国货工业、统一度量衡等，都有利于工商业的发展。这些政策并不是仅仅为宁波商帮制定的，但作为民族工商业主体的宁波商人大受其益。这一时期，宁波商帮的企业加快了资本进程，在金融业、火柴工业、橡胶工业、制药工业、化学工业、造纸工业和轮船运输等行业，经济实力有了相当快的发展，形成了一批具有相当规模的银行和集团企业。从1927年到1937年抗战全面爆发，被称为中国近代经济发展的"黄金十年"。

但是，国民党南京政府是一个专制独裁的政府，它要实行对经济的全面控制。这种控制开始于以"四行二局"为中心的金融垄断体系的建立。中央银行在1928年建立，全是官股，为国家银行。中国银行由大清银行演变而来，后成为国际汇兑银行。交通银行原由清邮传部奏请设立，中央银行成立后成为特许实业银行。1928年和1935年，政府用公债预约券及金融公债券充官股，实现了对这家银行的国家控制。中国农民银行实际资本720万元，都由官股控制。中央信托局和邮政储金局分别成立于1935年和1930年，称为"两局"。在这"四行二局"中也有宁波商人担任职务，但无论他们担任什么职务，实际控制权都在政府手中，难以像在四明银行和中国通商银行中那样起到主导作用。金融完全被政府垄断了。

在金融业中，对宁波商帮打击最大的是银两本位改为银元本位，以及法币的发行。钱庄业生存的基础是银两本位，因为这种制度存在才有鉴别银两成色和银子与银元兑换这两种钱庄的基本业务活动。1933年4月南京政府实行废两改元，沉重打击了钱庄业。1935年，钱庄业爆发危机，资金困难。财政部拨出金融公债2500万元设立钱业监理委员会，由中央银行、中国银行、交通银行贷给钱庄。当时上海钱业公会会员钱庄共55家，有27家贷款。其中宁波商帮的有恒巽、恒源、恒隆、恒贵、恒兴等多家。这样，通过钱业监理委员会，宁波商帮的钱庄业在相当大程度上被国家金融资本控制。

此后不久，国际金融市场上银价飞涨，大量白银外流，1935年南京政府实施法币政策。法币由中央银行统一发行。曾获得货币发行权的银行，限期用中央银行发行的法币收回。宁波商帮的四明银行、中国通商银行以前都有钞票发行权。财政部通知，必须根据已发行的钞票总额，提出十足的准备金，其中现金为60%，房地产债券为40%。这两个银行财力不足，不得不同意官股加入，变成了官商合办银行，管理层均由财政部派出的人担任。尽管也有不少宁波人担任董事长，如慈溪人吴名鼎，奉化人孙鹤皋、俞飞鹏，镇海人俞佐庭、徐桴等，但他们的身份并不是宁波商人，而是政府派出的官员。这样，长期由宁波人控制的私营银行变成了由财政部控制的官商合办商行。宁波商帮在金融业中的钱庄和银行两大支柱产业的优势与便利完全丧失。

在工商业和交通方面，宁波商帮也受到政府打击。刘鸿生曾接手国营的轮船招商局并使之渐有起色，但在1935年世界危机的打击下，刘氏企业的全部产业都抵押给银行。当银行要来收回债款时，刘鸿生希望把全部财产转而抵押给中国银行，但被余子文拒绝。企业生存困难。在航运业中，1933年秋，铁道部举办全国水陆联运，把民营航运业排斥在外。后由于遭到反对，成立国营、民营航运企业联合办事处，但并未认真实行。到1938年，行政院又下令暂停民营航运公司参加水陆联运的办法。1937年，宁波人宋炜臣在汉口的既济水电公司被宋子文控制的中国建银公司接收改编。这些宁波商帮中的头面人物尚且如此，何况实力、地位远不如他们的一般宁波商人呢？宁波商人并没有想依靠政府的权力致富，他们支持蒋介石的南京政府只是为了有一个平静自由的发展环境。但面对这个独裁专制的政府，他们这种正当的要求都无法实现。千万别以为同为宁波人的蒋介石会成为宁波商帮的后台，千万别以为他们对蒋介石上台的支持会得到回报。专制者对民营企业都是恩将仇报的。

中日战争前，日本已从经济上进攻中国，宁波商帮已同日本在华企业进行商战。1931年7月，上海各界组织以虞洽卿为主席的反日援侨委员会，号召抵制日货，三友实业社以高质量的三角牌毛巾击败日货铁猎牌毛巾。九一八事变后，宁波旅沪同乡会和各地宁波同乡会要求"停止内战，一致抗日"，并成立旅沪各地同乡会抗日救国会，征集物品劳军，开办临时伤兵医院，援助十九路军抗日壮举。三友实业社总厂还组成400人的工人抗日义勇军。一·二八事变之后，该厂被日本人摧毁。宁波人五州大药房总经理项松茂，不仅抵制日货，还组织一个营的义勇军，亲自任营长。

抗日战争全面爆发后，宁波企业家把厂矿迁到内地生产，支持抗战。如宁波企业家余名铭的大鑫钢铁厂，胡西园的亚浦耳电器厂，以及叶友才的华成电器制造厂。还有的企业留在租界内或迁至香港经营，如刘鸿生和余芝卿的企业。当然也有个别企业家民族意识淡薄，反对内迁，只有傅筱庵和袁履登最后成了汉奸。前两类企业家是宁波商帮的主流，他们以在内地或香港等地的经营活动支持抗日。

抗战胜利后，宁波商帮的企业经历了经济复员、恢复发展和再次迁移三个小阶段。他们对国民党的战后经济政策的不满日益加剧，尤其蒋介石政权在解放前发行金圆券，并强制回收公众手中的外汇与黄金，甚至用绑架等手段强迫宁波商人，使他们损失惨重，令他们极为不满。而共产党十分注意团结宁波商人。毛泽东、周恩来对宁波商帮在工商业中举足轻重的地位有深刻的认识。重庆会谈刚结束，周恩来就在宁波商帮企业家胡西园主持的西南实业家协会的聚餐会上发表了著名演讲《当前经济大势》，阐述了有关保护民族工商业政策的基本方针与具体内容。中共中央南方局通过各种方式展开对宁波企业家的统战工作。在解放军向东南沿海挺进时，毛泽东特意给前方将领明确指示："在占领奉化时，要告诫部队，不要破坏蒋介石的住宅、祠堂及其他建筑物，在占领绍兴、宁波等处时，要注意保护宁波商帮中大中小资本家的房屋财产，以利我们拉住资本家在上海和我们合作。"宁波商帮的许多重要企业家与中国共产党以及毛泽东、周恩来都有所接触，并留下了美好的印象。

在这个历史转折的关头，宁波商帮企业家做出了三种不同的选择。大部分留在了大陆，如刘鸿生等。也有相当一部分去了香港。从1947年到1950年，上海金融家、实业家中出现了一个以香港为目的地的搬迁潮。有相当规模的资金、工厂迁至香港，比如王启宇等人。也有不少迁至海外。迁到台湾的并不多，但更多的人是多元搬迁。比如，刘鸿生家族的企业中，大中华火柴公司、上海水泥公司、章华毛纺厂的刘念仁、刘念礼、程年彭去了香港和台湾，刘鸿生、刘念义、刘念智以及华东煤矿的另一大股东留在上海。中国钟厂的王宽诚去了香港，李康年留在上海。

解放后留在大陆的宁波商帮企业通过公私合营走上另一条路。**继承宁波商帮传统并事业有成的是在香港的宁波商人。**他们对香港的经济发展做出了重大贡献，是香港60年代后繁荣的核心力量。他们也成为新一代宁波商帮的代表人物，主要集中于纺织、建筑、金融、航运、电影、地产等行业。

宁波迁港的企业家约有三分之一从事纺织业，纺织业是香港经济在20世纪60年代起飞的关键行业。宁波商人在其中起了关键作用。

王统元原来在上海就从事纺织业，1948年移居香港创办香港纺织有限公司。到50年代末已拥有纱锭45440枚，是当时香港规模最大、设备最先进的纺织厂，产品远销英美市场。他是香港纺织的先驱者。他的女儿王培喆女士也是香港著名的纺织及成衣工业家。

陈适骅1950年迁港，1954年创办香港南丰纺织有限公司。到1960年，公司纱锭已超过5万枚，资本600万港元；1970年上市，资本达4500万港元。70年代后其产业扩大到房地产等行业。1987年仅棉纺织业纱锭已达十多万枚，陈适骅被称为"棉纺大王"，南丰集团成为香港十大著名财团之一。

曹光彪1949年到香港，1954年创办毛纺织厂，1964年创办香港永嘉企业有限公司，在多国开设分厂，成为著名的"毛纺大王"。他还与包玉刚合办港龙航空公司，在包氏退出后任董事会主席。

安子介 1948 年移居香港，先后参与创办香港华南染厂、中南纺织厂、永南纺织厂等企业。1969 年他与人合办香港南联实业有限公司，并任董事局主席。该企业集纺织、漂染、针织、毛纺、制衣为一体，产品远销世界各地，下属公司七十多家，是香港经济起飞的龙头企业之一。

王启宇在上海时已从事纺织业，1950 年移居香港，创办香港、九龙等纱厂，并任香港棉纺织业同业公会理事长，是开拓香港现代棉纺织业的重要人物。其子王福之创办的怡泰制衣集团是世界著名的制衣跨国企业集团。

厉树雄 1948 年到香港，先创办信昌机器公司。1950 年后联络香港纺织业人士，将 17 家棉纺厂中的 14 家组成联营公司，从事印染等业务，产品进入国际市场。他还投资住宅、水库、机场、码头等基础设施。

包从兴 1946 年移居香港，创办香港友宁纺织投资有限公司，并任董事长。60 年代在西非的加纳办友邦、天马等纺织厂，成为西非最大的纺织集团。

赵安中 1947 年到香港，创办香港荣华纺织有限公司，该公司以后成为香港有名的纺织工业集团——荣华纺织集团。

航运是宁波商帮的重要传统行业。20 世纪 50 年代之前，香港的航运几乎完全由太古洋行、怡和洋行控制，是包玉刚、董浩云这些宁波企业家打破了这种局面。

包玉刚 1949 年移居香港，先从事进出口贸易，后创办环球轮船代理有限公司，经营印度与日本之间的煤炭运输，获利颇丰。1972 年又创办环球国际金融有限公司。到 1980 年，环球集团的轮船已达 202 艘，总吨位 2050 万吨，被美国《新闻周刊》称为"海上之王"。以后又收购九龙仓有限公司及其他企业，形成包括九龙仓、置信信托等九家上市公司在内的大型综合性企业集团。

董浩云，抗战后已在上海创办中国航业公司。1949年移居香港后创办金山轮船国际有限公司。1950年该公司迁台湾后，他又经营油轮。1969年创办东方海外集装箱航业公司，有22艘集装货轮，总吨位达54万吨，有8条航线，业务遍及世界各地。70年代中期，他旗下的东方海外实业公司有船150艘，总吨位达1200万吨，成为名副其实的"世界船王"。

此外，镇海的顾宗瑞也是香港航运界的重要人物。

在影视业中最重要的是镇海人邵逸夫。他1949年在香港成立邵氏兄弟（香港）影业有限公司，1958年改组为邵氏兄弟（香港）有限公司，制作电影。1965年与香港利氏集团等创办香港电视广播公司。1980年成为香港电视广播有限公司最大股东，并出任香港无线电台董事会主席。同时又投资房地产、股市，所属企业为香港十大财团之一。

邱德根、袁仰安在香港电视、电影界亦有所建树。80年代风靡大陆的《霍元甲》就是邱德根的亚洲电视台所拍。

还有许多宁波商人在香港各界做出了重要贡献。如酒店业大亨李达三、银行家金宗城、新昌企业集团叶庚年、地产大亨王宽诚、钟表大王李惠利和闻儒根，以及王剑伟、邵炎忠、顾国和、姚云龙等。

海外企业家中也有许多宁波商人。如新加坡著名企业家胡嘉烈，日本著名企业家应行文，北欧的著名企业家范岁九等。

无论在港台还是海外的宁波商人都保持了宁波商人重乡情的特点，在各地的同乡组织就有十多个。他们坚持了诚信经商、互相帮助等宁波商帮自形成以来的特点。而且，他们爱国、爱乡梓。改革开放之后许多宁波商人回内地投资，对大陆的经济发展起到重要的作用。同时，他们热心公益事业，包玉刚创办的宁波大学、邵逸夫在内地各大学建的"逸夫楼"，就是最好的例证。

宁波商帮形成时间并不早，但近三百年过去了，当其他商帮早已烟消云散时，他们依然存在，并有了极大发展，原因在于他们能抓住商机进行转型。1840年以后，他们从各地转向上海，完成了传统商帮的转型；1950年以后，又从上海转向香港，获得新时代的辉煌，再次成功的华丽转身使他们直到今天仍然推动着中国与世界经济的发展。宁波商帮的优秀传统还在造就一代又一代宁波商人。

第六章　遍地龙游成一帮

在十大商帮中，浙江独有两个。一个是已经讲过的宁波商帮，另一个是现在要讲的龙游商帮。

龙游县在明清时属于浙江衢州府。**龙游商帮指龙游及附近常山、西安（衢州）、开化和江山五县的商人形成的商帮。**由于在这五县中龙游经商的人最多，且经营得法又最成功，故以"龙游商帮"命名。明万历年间的《龙游县志》记载，龙游商人"挟资以出守为恒，即秦、晋、滇、蜀，万里视若比舍，俗有遍地龙游之谚"。

虽然宁波商帮和龙游商帮都在浙江这块土地上产生、发展，但它们之间差别极大。宁波商帮是一个大商帮，对近代中国经济有过深远的影响。即便不了解经济史，对宁波商帮的大名也不会陌生。龙游商帮是一个小商帮，甚至知道其名的人都极少。十几年前我去龙游，问及龙游商帮，无人听过这个名字。不过大商帮有其特点，小商帮也有自己的特点，这正是我介绍龙游商帮的原因。

龙游商帮的历史

龙游县地处浙江省西部金衢盆地，地理位置得天独厚。北靠杭州，东临金华，南接遂昌，西连衢州。它也是连接江西、安徽、福建三省的重要通道，被称为"八省通衢""东南孔道""西通百越，东达两京"。明代一本经商指南类的书列出全国水陆行程100条，其中第16条就是"处州府而由龙游到衢州陆路"，还有四条行程与龙游相关。明万历时曾任龙游知县的万廷谦曾说："龙邱浙衢胜壤，水陆辐辏。"明人徐复初也说："邑（龙游）当孔道，舟车所至，商货所通，纷总填溢。"

龙游历史悠久。春秋时有姑蔑古国，与越国同是浙江大地上的国家。秦王政二十五年（公元前222年）设太末县。唐贞观八年（634年）改名龙丘，五代吴越时改称龙游，是浙江历史上最早建县的13个县之一。

除了交通，**龙游商帮的兴起还基于本地的特产以及这些特产所形成的手工业**。其中主要是竹子及用竹子造的竹笋纸，在龙游已有几百年历史。甘蔗有紫白两种，紫的仅产于龙游，供口咀用，白的来自闽中，被加工成糖。木材，康熙《龙游县志》记载，"木之品，多梓多柏，南山多杉，它如桐梓松柏之类，处处皆有"。茶以方山最佳，岁贡四斤。薯，有紫白两种。茶、木、染料、烟、油等山货，除少部分自给外，大部分外销。杉、炭、漆、姜，其中杉为上，姜、漆次之。橘，有朱橘、绿橘、狮橘、豆橘等多种，朱橘最有名，称为"衢橘"。黄花梨甚为出名，龙游被称为"中国黄花梨之乡"。

龙游不仅有丰富的特产，而且有深厚的文化，被誉为"儒风甲于一郡"。在历史上刘禹、杨炯、宗泽都担任过龙游地方官，对发展龙游文化做出了贡献。自建县以来，出了众多文化名人，如西汉高士龙丘苌、南齐学者徐伯珍、唐代诗人徐安贞、南宋状元刘章、南滇名宰相余端礼、元代科学家赵友欣、明代藏书家童佩等。特别是在北宋末中原人南迁时，孔子的第48代孙孔端友移居衢州，形成了孔府南宗。孔氏后人以普及教育和文化为己任，对发展这一地区的文化起了有力的推动作用。龙游商帮中著名的刻印书业正是以这种文化为基础的。龙游古代民居、宗祠、庙宇、牌坊、桥梁、楼台亭阁，处处透出文化底蕴。

龙游人经商是南宋初年开始的。这与北宋灭亡后，中原人向南方移居相关。南宋定都临安（杭州）后，修建了东起杭州，西接赣湘的官道。这条官道从龙游与寿昌交界的梅岭关入龙游，并穿越龙游全境，这就为江南经济的发展和龙游人经商提供了极大的方便。南宋定都杭州后大兴土木，需要大量木材，龙游商人就把大量木材等物资运往杭州。不过这时龙游商帮还没有形成。**龙游商人作为一个商帮出现是在明代，并一直兴盛到鸦片战争前。**到清代光绪年间后，龙游商帮整体上衰亡了。

明中叶以后是龙游商人大显身手的时期。明隆庆时龙游知县涂杰说："民庶饶，喜商贾。"到明万历时"龙丘之民，往往糊口于四方，诵读之外，农贾相半"。明天启年间"几空县之半，而居家耕种者，仅当县之半"。随着经商活动的发展，龙游富裕起来，民风由原来的节俭变为奢侈靡费。《龙游县志》记载："邑中室庐往称朴素，万历中叶渐以雕琢相当。"过去俭朴的住房到这时装饰讲究了。万历《龙游县志》中记载："服饰多用纱绢，器皿多用金银，侈靡相高，已非一日。"如龙游丝绸商李汝衡子承父业在湖广地区15个郡贩卖丝绸，并兼经高利贷，相当成功。致富后经常请友人"置酒高会，佐以声伎之乐，其门填噎，诸同贾者莫敢望"。

清代以后龙游商仍在发展。但经商的不仅是龙游人，也有西安县、常山县、江山县的人。清雍正年间的《浙江通志》记载，西安县"谷贱民贫，恒产所入，不足以供赋税，而贾人皆重利致富，于是人多驰骛奔走，竞习为商，商日益多"；江山县"邑沃壤，民殷富，人肩摩，店舍鳞次，商贾辐辏"；常山县"地狭民稠，人尚勤俭，事医贾趋利"。原本贫困的地区都因经商而富，也因富而奢。这些县的商人形成龙游商帮。到清代，龙游商帮已远走全国各地。清康熙《龙游县志》中记载："吾邑闾阎熙攘，烟火和乐，家家力穑服贾，足以自给。""北乡之民，率多行贾四方，其居家土著者，不过十之三四耳。"换言之，十有六七之人都外出经商了。

龙游的经商成功和富裕也吸引了许多外来的商人，他们甚至在龙游住下来，成为龙游商帮的成员，近则本府，远则皖赣者。如祝氏为兰溪太丰乡人，随其父来龙游经商，迁至北乡居住。湖北商人汪文俊祖上为安徽歙县人，到龙游经营盐业，迁居龙游龙回陈村，龙岩人池明英经商迁居今里。周学锦为江西抚州人，来龙游经商，迁居八郡凤基坤。来自四面八方的客商迁居这里，说明龙游商业之兴旺。

鸦片战争后，传统的农村手工业产品销路受到严重冲击。加之龙游商帮经商能力逊于宁波商帮，且他们成功后并没有将钱财用于进一步发展，而是享受奢侈生活，他们也没有能力转型，从而逐渐衰亡。民国《龙游县志》中记载："遍地龙游之说，久不闻矣。"龙游本地商业逐渐被徽州、绍兴、宁波、兰溪、江西商人所取代。龙游商帮作为一个商帮不存在了。

龙游商帮的经营地区与行业

明清时代的龙游商人在哪里从事经营活动，他们经营什么行业？

既然被称为"遍地龙游"，他们的经营范围必定相当广。龙游商人不辞艰辛，无远不至。这就是明天启年间《衢州府志》中所说的"龙游之民，多向天涯海角，远行商贾"。龙游商人从事长途贩运，"以其所有，易其所无"，必然奔波各地。不仅像其他商人一样活跃于江南、北京、湖南、湖北和闽粤诸地，而且一直深入到西北、西南等偏远地区。龙游人朱世荣到常州经商，"流商常州致巨富，置产亘常州三县之半"。明时龙游商人章运川明嘉靖年间已至宣府、大同做边贸生意，"一往返旬月，获利必倍，岁得数万金"。在西南云南的姚安府（今楚雄彝族自治州西部），明成化年间就聚集了龙游和江西、安徽商人三五万人。他们甚至漂洋过海经商。明嘉靖"倭患"时，政府抓捕的"通倭奸商"中就有龙游人，尽管只是"胁从者"。在龙游本地和其他地方志、文人笔记中，都有不少龙游人在各地经商的记载。

龙游商人经营的行业也相当广泛。他们结合本地特产，开创了自己经营的独特行业。

纸业。龙游山区多产竹，为造纸提供了丰富的原料。龙游及邻近的江西铅山、浙江江山、常山都是历史悠久的造纸之地，技术成熟，纸张质量好。龙游生产的纸远销各地，江南、河南、湖广、福建等地所用宣纸均自龙游采买。造纸者被称为"槽户"。林巨伦就是著名的"槽户"，他子承父业，努力经营而积资累巨万。历任龙游知县都严禁外地人来龙游伐竹采笋，以保证造纸原料供应，因为造纸的获利远大于其他。十二株竹可造纸一担，价二两，除去成本，获利一两，而掘笋十二株仅值三四十文。龙游造纸业工人主要来自江西铅山和浙江东阳。

龙游所造的纸大体分为黄笺、白笺、南屏三种。南屏纸又有焙、晒两种。据不完全统计，清末民初年产约30万担。龙游人造纸追求质量完美。龙游傅家是造纸业的杰出代表。傅家第一代傅立宗开始经营造纸业，其后人坚持质量第一。他们造的纸坚韧白净、均匀齐整，比同行生产的纸每件要重十多斤。他们有一套生产纸张的严格工艺程序，每个环节要严格把关，严格检验。他们生产的纸上标"西山傅立宗"，这种纸享盛大江南北，各地纸商以经营这种纸为荣。

因为造纸业发达，龙游商人经营的另一个重要行业就是**纸业贸易**。龙游的纸商大致分为两个类型。一种是坐商，在龙游本地开纸行收购纸张，从事纸张贸易。这类纸行在龙游的市镇、乡村，各处都有。其中最大纸类贸易市场或交易中心设在龙游县溪口村。这里各地来的客商会集，繁荣程度高于市镇。民国的《龙游县志》中记载："其村之繁盛，乃倍于城市焉。"另一种是行商，从事纸张长途贩运交易，把龙游所产的纸运送到其他地方。他们一般不开店铺，只是运销，把纸运到外地店铺。在清光绪年间，龙游留下名号的纸店有20家，分布在溪口、驿前、湖镇和茅头等地。

刻印书业。龙游的造纸业不仅提供了贸易的产品，而且也可以用于龙游本身的刻印书业。借助于纸业发达以及衢州、龙游这一带的文化底蕴，龙游人从事的另一个行业就是刻印及贩书。所刻印的书大体有三类。一类是各种应试用书，帮助考生在各级科举考试中成功。这类似于现在的各种教辅或各类考试指南，如考公务员指南之类，学术水平谈不上，但市场需求旺盛，是一个赚钱的行业。这类书为整个刻印书业提供了经济基础。第二类是经典名著，如正史、各种典籍、历史上文人的集子等。这类书要求精心校勘、印刷，才有市场。第三类是其他书，如文人自编的集子、家谱之类。著名的书商有龙游北乡童岗坞村的童佩。他的先祖在闽广一带经商，积累了万贯家财。他的父亲是一位儒雅的书商。童佩从小就随父往来于吴中贩书。他酷爱读书，外出经商时经常"手一帙坐船间，日夜不辍"。他还爱藏书，藏书达25000卷，其中不乏善本、精本，甚至孤本。他被后人列为著名藏书家。另一位书商胡贸也是亦儒亦贾，自己爱读书，又以书商为业，往来于书肆及士人之间。龙游望族余氏也是世代经营书业，曾在江苏太仓州娄县开设书肆。据记载，"清初，龙游余氏开书肆于娄县,刊读本四书字画无伪,远近购买"。为了保证印书的质量,余氏特聘请当时著名的学者金绩进行校勘。明清时杭州刻印的书为最佳,这些使杭州书闻名天下的书商中就有不少是龙游人。

珠宝业。明中叶以后社会繁荣,形成一个包括官员在内的富人阶层,他们对于珠宝有强烈的需求,于是这一行业兴旺发达起来。从事珠宝业需要两个条件。一是珠宝本身价值高,经营它需要较多资本。二是有专业知识和加工、鉴定的技术能力。不少龙游商人投资于这一行业,到明中叶时经营珠宝的龙游商人已闻名于全国商界。当时贩运珠宝要受到种种限制,且路上风险又大,把珠宝运往京师的主要珠宝市场需要颇费心机,而龙游商人成功了。《广志绎》中记载:"龙游善贾,其所贾多明珠、翠玉、宝石、猫眼轻软物。千金之货,只一人自负京师,败絮、僧鞋、褴褛、假痈、巨疽、膏药内皆宝珠所藏,大无知者,异哉贾也。"直至鸦片战争后,龙游商帮整体上衰亡时,北京、上海等大城市的不少售卖首饰的银楼仍为龙游人所经营。

山货业。龙游是山区,盛产竹、木、茶、染料、油漆、橘等。龙游山多地少,当地民众就把这些山货就地加工成半成品,运往各地销售,遂形成山货行。清康熙的《龙游县志》中记载,龙游"土产向以竹木纸为大宗,四乡居民衣食之所资"。据统计,清光绪年间,龙游商人开设的山货行30多家。当时,龙游的北乡因其茶叶交易活动极为活跃而改名为"茶圩",并成为当时龙游地区百物汇聚交易的一大商业市镇。当时北乡居民以商人和手工业者为主,农户反而很少。除茶叶外,北乡所产的大米、白蜡、莲子等从这里运往钱塘江沿岸各埠,北乡所需的物资也以这里为口岸转运。灵山江自南而来,带来了产于县南山区的竹木薪炭及竹纸、药材等山货;龙溪自北面来,带来了产于北乡腹地的稻米、油蜡、生猪等农副产品。其经营的货物与地理特点相适应,驿前码头以山货为大宗。著名的店铺有龙游首富张芬的"张鼎盛木行",流动资金达20余万两的汪益乐的"汪怡泰米行"。

药材业。龙游山区盛产各种中药材。药材商人往往既是商人又是医生。他们从事药业交易,既开中药铺,又坐堂当郎中。而且他们的药铺既经营中药,也经营西药。这一带较为著名的药铺就有200多家。

丝绸业。龙游本地丝织品生产并不多,成不了规模。丝绸业从事的主要是把苏杭的丝织品运往湖广等地贩卖的长途贩运业务。最有名的丝绸商人是李汝衡。他子承父业,先后在湖广地区的15个郡贩卖丝绸。因信誉良好,他几乎垄断了楚湘的丝绸市场,成功后他还兼营高利贷。

矿业。龙游的邻县西安县有银矿和铜矿,龙游北部有煤矿,毗邻的浙闽赣交界的铜塘有铅矿。在明万历年间西安县发现银矿后,"狂民趋之如蝇嗜血,扶资求富"。明嘉靖时又发现铜矿。龙游商人都参加了这些矿的开发。他们也在铜塘采集铅矿,龙游人祝十八就聚矿徒数百人在铜塘开矿,是一个兼矿徒首领的商人。

棉布业。龙游并不以棉业与布业见长。但由龙游人胡筱渔经营的姜益大棉布店极为有名,被称为金华、衢州、严州三府第一家。这家布店不仅经营的布质量好,价格低,童叟无欺,而且为了防止流通中银元掺假,还专门请三位有经验的验银工对其经手的银元进行严格检验,并盖以"姜益大"印记,让顾客放心。有"姜益大"印记的银元成为龙游人放心使用的银元。

作为一个不大的商帮,龙游商帮经营地区与行业如此广泛,值得关注。

龙游商帮的特色

龙游商帮的特色首先在于它是一个小商帮，或者夸张一点说，是一个极小的商帮。如果要按经商的规模、影响、人数、资本、知名度等标准对十大商帮进行排行，它毫无疑问应该排在第十位，无怪乎连龙游本地人也不知道龙游商帮的存在。另一个说明其小的标志就是，我们所介绍的其他各个商帮，都在各地建有会馆，并可以作为商帮形成的一个标准。但从现有文献看，还没有发现龙游商帮所建的会馆。其实我们说的龙游商帮就是指龙游的商人。至于是否形成严格意义上的"帮"，也无人确定。它不如没有进入十大商帮的南浔商帮，甚至不如其他并不大的商帮中的"小帮"，如江右商帮中的漳树、建昌的"药帮"或景德镇的"瓷帮"。

龙游商帮之所以小，与其所包括的地域范围相关。龙游商帮仅仅包括一个县，至多再加上邻近西安、常山、开化和江山县的商人。陕商、鲁商、江右商尽管也属于小商帮，但它们包括的地域范围毕竟是一个省，即使经商之人的比例并不大，但加在一起，从商人数的总量就远远多于一个县了。尽管每个从商的人做得并不大，但加在一起总量和影响就大了。因此，把龙游商帮与陕商、鲁商、江右商帮做比较并不公允。

而且不能仅仅从龙游商帮所在的地域来解释其小。仅就地域面积而言，洞庭帮只包括东山、西山两镇，面积178平方公里，比龙游商帮小多了。但在其他任何方面，它都比龙游商帮大得多。讲经济史可以忽略龙游商帮，但绝不能忽略洞庭商帮。龙游商帮之所以小的另一个重要原因是缺乏自己的主打产品与行业。能成为一个有影响的商帮，无论大小都有自己的主打产品与行业。江右商帮小，但江西的药材和瓷器是在国内外相当有影响的产品。洞庭商帮也不大，但他们在鸦片战争前从事粮、布大宗贸易，此后进入买办行业，都极有影响。陕商在西北的棉布、烟草交易和进入四川以后的经商活动，都相当引人注目。龙游商帮的主业造纸与印书在其商帮内最为重要，但这两个行业很难做到很大，有多大影响。何况从全国看，龙游商帮在这两个行业中也算不上有多高地位。造纸在全国都相当普遍，龙游的纸也不如宣纸那样知名。就印书而言，明清时全国有三大印书中心——杭州、成都、福建，龙游商人是归入杭州这一中心的，但又绝非杭州印书业的主流，无论就数量还是质量而言，他们在杭州的印书业中都不突出。

龙游商帮中也有李汝衡、童佩等较知名的商人。但这也是"矬子里拔将军"，放到更大范围内，他们就相形见绌了。李汝衡经营丝绸，但在全国，李汝衡的丝绸远远算不上知名。胡筱渔的姜益大布业在全国多如牛毛的布商中也不过是九牛一毛的"毛"而已。与江右商帮相同的一点是，这些小商帮主体都是小商小贩，缺乏作为整个商帮支撑的大商人。龙游商帮没有可查考的会馆与这一点相关。

龙游商帮虽小，但它与其他商帮也有共同的特点，并且也形成了其地域文化的特点。认识这些可以深化我们对整个中国商帮的认识。

作为中国这个社会和文化中成长起来的商帮，龙游商帮有和其他商帮一样的特点。这共同特点最根本的就是以儒家文化为指导来经商，体现在经营中就是诚信经商。诚信是所有商帮共同的特点。大到晋商，小到龙游商，都不例外。无论是庞大的晋商票号体系，还是龙游商帮一个小商贩，虽然他们经营的规模、业务范围有极大的差异，但在诚信经商的理念上是共同的。儒家文化是一套为人处世的哲学，"穷则独善其身，达则兼济天下"是包括商人在内的所有中国人做人的行为准则。商人，无论做到多大，如晋商中的曹家、乔家那样，也无论是多么微小的商贩，像江右、龙游等商帮中无数连小康都不一定达到的小商贩那样，都遵循了这一做人准则。各个商人在成功后对社会公益和慈善事业的关注与贡献反映了这种精神。

不过大商帮和小商贩还是有很大不同的。关键的一点是官商勾结的程度。大商帮中，宁波商帮和洞庭商帮实际上是在鸦片战争后才做大的。他们做大是靠洋人，与政府关系并不密切，所以基本没有官商结合。晋商、徽商、粤商都是靠官商结合做大的，闽商在郑芝龙被招安当了政府官员之后是亦官、亦盗、亦商的，官与商结合为一体。但陕商、鲁商、江右商帮、龙游商帮这些小商帮没有走官商结合之路。一来他们都是以小商小贩为主，没有必要也没有能力去寻找政府的支持。他们是真正的自生自灭的草根商人。在这一点上，龙游商帮与其他小商帮没有什么差别。

即使都是小商帮，但各地有自己的地域文化特征与经济发展状况，他们仍形成各自不同的特点，认识到这一点极为重要。用一个模式来对待不同商帮，尤其是特点不突出的小商帮，会引起一些有害的"一般化"。研究商帮，要研究它们的共性，但尤其不能忘了它们各自的特性。

就龙游商帮而言，有三个特点值得注意。**一是在行业的选择上，从自己地区的特点出发，把造纸、印书和珠宝作为主业。**这既取决于当地的物产，又取决于它们的文化。造纸和印书业务支撑起了龙游商帮，使它在十大商帮中占有一席之地。龙游商帮并没有把粮、布这类大宗商品行业作为主要行业，也没有以自己的茶叶为基础进入茶叶贸易。它们选择了另外一个极为有限的行业：珠宝业。其他商帮，无论大商帮还是小商帮，都没有把珠宝行业作为主业,因为它毕竟太小了,难以支撑起一个有点规模的企业。但龙游商帮把珠宝作为自己的主要行业之一,做得风生水起。一个小行业成就不了一个较大的商帮,但可以成就一个小的商帮。这就是龙游商帮选择的意义。造纸、印书、珠宝,都是成不了大气候的行业,但对龙游这样的小商帮而言,只要做好这些小行业就够了。毕竟他们也没有能力去从事那些大的行业。

龙游商帮与其他九个商帮一个相当大的差别就在于"遍地"上。理解这个"遍地",重点不是他们经营范围有多广,而是海纳百川的气度。我们知道,"商帮"的"帮"是封闭性的,对"帮"内的商人互相帮助、扶植,形成群体力量,但对外是排斥的。而且,几乎所有商人,无论在什么地方经商,最后还要落叶归根。即使不回最初的"根",也要在长期客居之地。如徽商,即使不回徽州,也要在扬州。**但龙游商帮的"遍地"就不同了。他们可以住在不同地方,不必回龙游,这就可以理解为"遍地"生根。**另一方面,他们也欢迎"遍地"来的商人,不排斥、不歧视,共同经商、共同生活。这样就有"遍地"的商人到龙游落户。这种"遍地"的态度,在各商帮中并不多见,尤其在鸦片战争之前。这反映了他们广阔的胸怀,也保持了龙游商帮的活力。

龙游商帮另一个值得注意的特点是**工与商的结合**。其他商帮都是以商为主,甚至只经商而不涉生产。经营布业、丝绸业的都是个体手工业户,商人向他们收购、销售。但龙游商帮经营三个主业都是工商结合,自己既加工生产又销售。造纸业如此,印书业如此,珠宝业更是如此。这些行业的技术不像织布、丝织业那样普及,它们有自己的专业性,技术要求相当高,并非任何人都可以进入,也不是什么人都可以学会的。而且这些产品总量并不大，不必求助于中间商，自己加工，自己经销就可以。这样，工与商就结合为一体了。这完全符合一个小商帮的特点。

商帮小而有特色，这就是研究包括龙游商帮在内的商帮的意义。

第七章　钻天洞庭小而强

中国有悠久的经商历史。到明代，商品经济已经相当发达，且形成了十大商帮。这一点也反映在文学作品中。明代话本小说"三言"和"二拍"中就有不少小说是以商人的活动为题材的。冯梦龙的《醒世恒言》中有一篇题为"钱秀才错占凤凰俦"，其中写道："话说两山之人，善于货殖，八方四路，去为商为贾，所以江湖上有个口号，叫作'钻天洞庭'。"这"两山"就是太湖上的洞庭东山与洞庭西山。**这"钻天洞庭"就是本文要介绍的洞庭商帮。**

鸦片战争前的洞庭商帮

洞庭东山、洞庭西山简称东山、西山，是太湖中最大的两个岛屿，现在是苏州市吴中区的东山镇和西山镇。东山镇由于泥沙淤积，现在已与大陆连接，成为半岛。西山镇仍为一岛，有桥梁与大陆连接。东山因传说隋朝时名将莫厘居此，又名莫厘山。又有传说春秋时伍子胥迎母于此，故称为胥母山。因在洞庭山之东，自明朝起称东洞庭。西山上有林屋洞，故称林屋山。因四方皆水，或相传仓公居此，故称仓山。还有传说大禹治水会各路诸侯于此，故又称禹迹山。洞庭山的由来是因为湖中有金庭玉柱。

东山与西山的面积分别为96平方公里和82平方公里，共计178平方公里。就在这么小的地方形成了中国十大商帮中赫赫有名的洞庭商帮，且以"钻天洞庭"名扬天下。这样小的地方如何造就了一个大商帮？这要从它特殊的自然环境谈起。

东山与西山都在太湖东南部，风景秀丽。两山上重冈复岭，洞天福地，灵踪异迹随处可见。气候相当宜人，最高温度33℃，最低零下3℃，年平均气温为15℃—17℃。土层肥厚疏松，有利于果树生长。明清两代，两山共有土地14万亩左右，人口10万左右。人均土地1.4亩，适于种植粮食的仅为0.5亩，且单位产量远低于苏州平原地区。粮食奇缺，自然环境又适于果木及其他林产品种植，两山人就利用自己的地缘优势，发展经济作物种植和渔业，走上经商之路。

两山水果种类繁多，且品质甚佳。水果有梨子、梅子、杏子、桃子、杨梅、枇杷、樱桃、花红、柿子、橘子、金柑、枣子、板栗、银杏、石榴、橙子、香橼、葡萄等。其中最有名的是杨梅、枇杷、银杏、梨和橘五种。仅梨就有蜜梨、张公梨、白梨、孩儿梨、谄梨、乔梨、消梨、金花梨、太师梨等十余种。橘子的种植更广泛。范仲淹的诗"万顷湖光里，千家橘熟时"正是描写两山橘子成熟时的美景盛况。柑橘早在唐代就被列为贡品。其中的真柑，芳香超群，被誉为天下第一。苏轼形容真柑之香"三日手犹香"。在南宋绍兴年间亦成为贡品。而且，橘树的收益甚高。一树橘子可值千钱，多者达二三千钱，甚至有达万钱者。枇杷同样名闻天下。据民国初年统计，仅查湾的藏船坞一地的枇杷，年产值就有五六万元之巨。

水果之外，两山还有茶与桑。东山有一种茶，其香迷人，被当地百姓称为"吓煞人"。清初康熙皇帝巡视太湖，认为其茶甚好，但其名太俗，遂改为至今仍然知名的"碧螺春"，位列中国十大名茶。此茶质量上乘，产量不多，颇为名贵，清末民初已远销欧美。两山茶叶的加工也极为精细，水月寺僧人焙制的茶叶味道极美,称为"水月茶"。

不宜种果种茶之处,皆种桑树。两山人家皆以桑蚕为务,女子未成年就熟习育蚕。农历三四月是蚕月,家家闭户,不相往来,专事养蚕。明东山人王鏊写道:"山之所产,稼穑维艰,桑柘悠广,养蚕拾茧,堆雪填幌,盆手缫丝,呼娟擘缠,或农或贸,乃织乃纺,是家相袭而里相仿。"农家缫丝后,运至苏州城隍庙前,卖给收丝客商,称为"卖新丝"。洞庭两山所产桑除自用外,还出售给沿湖各县。冯梦龙《醒世恒言》中的"施润泽滩阙遇友"就描写了吴江人施复和邻居过湖到洞庭山购买桑叶的故事。民国初年,仅东山出售的桑叶每年就达三万担左右。

两山还种植了各种竹木,包括松柏、香梓、榆木、黄杨、楝树、昆树、杨柳、香椿、杉树、玉兰、桂树、橡树、石楠、楮树及竹子。这些都成为两山重要的资源,并销往外地。

两山水产资源也极为丰富。鱼虾之属有鲤、鲋、鲫、鲂、鳜、鲶、鲢、鲻、鲩、鳊、青、白鱼和虾、蟹等几十种,且不少是仅见于当地的特产。其中以鲋鱼、刀鱼、银鱼和白鱼最为有名。鲋鱼就是古今闻名的鲈鱼,名人诗篇多有咏诵。白鱼隋朝时已贡入洛阳。水中蔬菜则有莼菜、茭白、茨菇、菱藕、芡实、荸荠等。鲈鱼和莼菜是当地两大名产。宋代诗人苏舜钦有"笠泽鲈肥人脍玉,洞庭橘熟客分金"诗句,常引起人们的"莼鲈之思"。

两山的这些特产都是高度商品化的产品,绝大多数作为商品投向市场。最初的商品交易就是用这些特产去换取粮食及其他生活必需品。清康熙时苏州文人汪琬说两山"至于鱼虾之利,橘柚李梅,果实之珍,莲芡芋栗,菰莼之富,甲于三吴,为商贾所辐辏,舻衔肩负,络绎不绝"。这些产物就是商业发展以及洞庭商帮形成与发展的物质基础。

两山所在的太湖地区是明清两代赋税最重、经济最发达,商品交易也最发达的地区。这里除了粮食外,棉花和桑树的种植相当普遍,烟草、苎麻、靛青、茶、豆等经济作物种植也普遍。在此基础上又形成丝织业和棉纺织业两大手工业生产基地。"比户习织""万家机声""衣被天下",这些词形象地描写了这些手工业发达的状况。苏州的丝织业、棉布加工业、粮食运销业、印染业、纸业、铜铁器业、金银珠宝业、木器业等几十种手工业与贸易业都极为发达。这就为两山商业经济发展和洞庭商人经商提供了极好的条件。

两山的商品经济发达,洞庭商帮得以发展,不仅依靠了本地物产及太湖地区的经济发达,而且也依靠了便利的交通。传统社会中商品交易主要依靠水路运输。两山人在太湖中生存,所以"以舟楫为艺,出入江湖,动必以舟,故老稚皆善操舟"。洞庭东山西至无锡138里,西南至宜兴215里,南至湖州90里,至南浔54里,长兴160里。西山东至吴江50里,南至湖州70里,西至无锡130里,北至胥口50里。这样的路程使两山人到明清时商品经济最为发达的苏松常嘉湖五府的大小城镇,少则半天,多也不过一两天。太湖又连接通向江宁、镇江两府的荆溪,连接着经苏州、松口流入东海的刘河、吴淞江和黄浦江,连接着通往湖州的苕溪,连接着苏州、常州通往长江的许浦和江阴运河,同时也与大运河相贯通。太湖通过其周围的河流,沟通了两山与全国的联系。便利的交通,低廉的水运成本,为洞庭人经商提供了极为有利的条件。

借助于丰富的物产、太湖地区的高度商业化与便利的交通,两山人在宋元时已开始经商。北宋元丰年间,西山人夏元富就行贾于四方,厚积资产。明洪武年间,西山人蔡仲铭已经商于淮阴。到明代正德、嘉靖时,两山人的经商活动已相当活跃。明昆山人归有光就说,洞庭人好为商贾,"往往天下所至,多有洞庭人"。

在明嘉靖、万历年间，洞庭商帮已经形成。 当时社会上已有"钻天洞庭遍地徽"的说法。可见在当时人们的心目中，"洞庭商"已成为能与"徽商"相提并论的商帮。

鸦片战争前，洞庭商人活动的范围相当广，全国大多数地方都留下了他们经商的足迹。所以，介绍两山风俗的《林屋民风》说，洞庭商人"行贾遍郡国，滇南、西蜀，靡远不到"。甚至海外也有他们经商的迹象。所经营的行业也相当广泛。如明末清初东山人翁笾在河、济、海岱、荆襄、南京、闽、粤，乃至辽左，经营布匹、棉花、颜料等生意。类似这样的洞庭商人还不少。但总体上看，洞庭商人的活动集中在几个较为固定的地区，经营几个较为集中的行业。且商业活动的地域与行业也随着时代的变迁而不同。

在传统社会贯穿南北的大运河是国内主要的航运水道，洞庭商人在运河沿线的商业活动十分活跃。在这个区域又可分为两个地区。

首先是以太湖流域为中心的长江以南地区。 太湖流域是洞庭商人的发祥地，他们最早的商业活动是在太湖附近的苏州、松江、嘉兴和湖州等城市及这一带星罗棋布的市镇。在这一带，他们利用花果之乡的优势经营鲜花与水果行业。这一带也是全国粮米集散地，他们也从事粮食贸易。清代苏州城西南部的枫桥市是江南最大的米粮集散中心，有人用"云委山积"来形容这里粮米之多。这些粮米多由洞庭商人长途贩运。所以洞庭人自豪地说"枫桥米舰日以百数，皆洞庭人也"。清康熙初年，在洞庭商人蔡鹤峰、王荣初倡议下，这里建立了会馆。南京是江南的繁华之地，洞庭商人多在这里活动。明后期，洞庭人朱良佑在南京开酤坊，吴小州开糟坊，有一二万金之资产。清之后，洞庭人到这里活动更多。东山商人翁怡亭倡议集资，在清嘉庆四年（1799年）建成洞庭会馆。在江南大城市周围的县城市镇也有许多洞庭商人在经商。洞庭商人在这一地区以经营当地果木、丝绸、布匹、米粮为主,也兼营粮食加工、刻书印书业等。

其次是长江以北的广大北方地区。这就是沿着大运河向北延伸。顾炎武在《天下郡国利病书》中说,东山人"商游江南北,以迨齐鲁、燕、豫,随处设肆,博锱铢于四方"。清康熙年间的《县区志》中也说:"东山多大贾,走江、淮间。"东山商人主要在这一带活动,如东山的王氏、唐氏、葛氏、叶氏等。这一带是江南棉布的主要畅销区。如明代苏州府嘉定县的斜纹布、蓝靛布、紫花布就由他们贩运,"近自杭、歙、清、济,远至蓟、辽、山、陕"。松江产的棉布则"俱走秦、晋、京边诸路"。东山商人在这一带以经营布业为主,与徽州布商、山陕布商共同分享北方地区的销售。此外也经营为布业服务的蓝靛等产品。

运河之外,长江沿线的湘鄂地区也是洞庭商人经商的主要地区。这一地区以西山商人为主。沈氏,明初沈季文就往来淮楚间,经营数年而资产大增。以后有沈南溪、沈冕、沈宾、沈棠年、沈九华、沈升等均为成功的西山商人。秦氏,明朝秦隆达荆楚,秦江、秦公祚、秦思仁等都在荆襄经商。郑氏,郑宣诚、郑以杰等世代经商,贩木吴楚之间。邓氏,从明末到清邓文、邓秉臣、邓学敏、邓士瀛、邓玉相等遍及三湘七泽间。徐氏、孙氏等均在这一带经商。西山商人在明嘉靖、万历年间在长江建立金庭会馆。经商于长沙、湘潭、益阳、常德、宁乡的西山商人在清雍正年间建金亭会馆(或称公店)。在汉口的江苏会馆、江浙会馆、苏湘会馆中也有不少洞庭商人。洞庭商人在这里主要经营米粮和苏布。这里既是江南丝绸布匹的销售终点,又是米粮集散的起点。这一地区也有徽商经营,但在清前期洞庭商人几乎垄断了棉布销售。清代巴陵县的散布极为有名,均由洞庭商人经营,一年的销售额达 20 万两。

鸦片战争后，洞庭商人集中在上海经商，这一点以后详谈。

洞庭商帮的特色

和传统社会中其他商帮相似，洞庭商人的特点也是家族经营。这就是经营活动由一个家庭进行和传承，每个家族集中在某个地域并以几种商品为主，但洞庭的家族与其他商帮不同的是，他们不少为南迁的大家族，并非白手起家，而且整体上较为富裕，文化水平较高。这就使他们的经营有了自己的特点。

我们先来看看洞庭东山中一些成功的家族。首先是王氏。王氏为天下第一名门太原王氏之后，南宋时迁至东山，成为东山望族。开始经营农业，明时王敏经商成功，其孙辈中王鏊中进士，成为大学士。自此书香不绝，贾儒相间。王氏主要在江淮经营。翁氏随宗室南迁而到东山，世代为农。明中期七世孙翁毅和其子翁永福开始经商，以山东临清为经商中心，以布业为主，且延伸到江陵、广陵、荆襄、南京、闽粤等地。席氏唐末时避黄巢之乱，由武卫将军席温率家族由关中迁来，或为宦或经商。明嘉靖、万历年间，在山东临清经营布业，鸦片战争后到上海，以买办著称。叶氏，先祖叶逵为越国刑部侍郎，宋时迁居洞庭，六世孙叶梦德宋徽宗时为翰林学士。元末已开始经商，经营地域较广，行业较多，重点是江北，尤其是淮北一带。严氏原居浙江宁波鄞县，为当地望族，后一支定居东山。这也是贾儒相间，经商与入仕迭相为用的家族，明弘治九年（1496 年）严经中进士，官至彭德知府，严氏起家。明嘉靖、万历时开始在华北与华中经商，晚清时仍在上海经营钱业、轮船运输业。万氏原居开封，宋末移居东山，二世祖种橘数千株，成为东山大族。明中期后经商，虽经商而不忘儒。郑氏为宋哲宗驸马都尉郑钊之后，宋南迁时到东山。这是典型的经商家族。葛氏原居开封，随高宗南渡，居东山武峰下，拓基开壤，树桑艺谷而成巨室。经商以南京和徐淮为主。此外，东山还有刘氏、施氏、金氏、张氏等望族，但以"翁、席、叶、严"为主。

再看看西山的家族。秦氏据说为北宋时高邮人龙图学士秦观之后。南宋绍兴年间居苏州，其后人迁洞庭，其支派散居各村"几半洞庭"。明中期秦怡松在荆襄经商。后人秦仁在汉湘之地经商20年，以后秦氏人多经商。徐氏据说源出东汉徐庶，世居开封，北宋末年迁西山，前后数百年都有人经商。马氏据说是汉伏将军马援的后人，亦为望族。清初马东庵弃儒习贾，后人在楚地经商。邓氏先祖为宋高宗南渡的邓肃、邓胜兄弟，从明末到清经商者甚多。蒋氏始祖蒋间南宋建炎年间南迁西山，原本并不显赫。十一世孙蒋银中明正德八年（1513年）中进士，为江西道监察御史。十七世孙蒋登清顺治十六年（1659年）中进士，始成望族，后人经商。沈氏，明初沈季文在淮楚间经商成功，后人亦经商。孙氏，明后期即有不少人经商荆襄。叶氏，清道光时经商成功。此外，还有高赞、金棠、凤世昌、郑宣诚、黄大昌等。

从以上介绍的东西两山家族可以看出，他们并非一穷二白，白手起家，而是经商前已为名门望族，或务农或为仕成功，以后经商。**他们整体上文化水平高，这对洞庭商帮有相当大的影响，决定了这个商帮的特色。**

先来看洞庭商人的筹资与经营方式。洞庭两山资源丰富，总体上较为富裕，尤其不少家族在经商之前已由入仕或务农而致富，故而为独资经营创造了有利的条件。独资经营就是靠自身积累或祖上的遗产进行经商。东山王家和翁家经商的资本都来自遗产。独资经营，经营全靠自有资金，自负无限责任，自有资产与商业资本并无界限。洞庭商人中不仅小商小贩以自有资本经营，即使做到极大，成为"翁百万"，也仍为自有资本。以独资经营者，既有所有者与经营者为同一人，也有资本所有权与经营权分离的。这就分为直接经营与委托经营两种形式。

直接经营主要是小本经营者。他们资本不多，经营规模不大，通常是所有者直接进行经营。洞庭商人中，尽管这种小商小贩远非洞庭商帮的关键组成部分，但就人数而言数量最多。

委托经营有两种形式。一种是经营规模较大，且分布在不同地方与行业，所有者本人不可能亲操其全部业务，将部分甚至全部经营委托给所信任之人经营。洞庭商人中有名的大商人大都采用了这种方式。如称雄清源布业两个世纪的翁氏就是这样。翁赞择人而用时，待人真诚，用人不疑，深得下属敬佩。他的侄子翁笠经营规模扩大后选子弟僮仆中精明强干者，指授方略，派往南京、荆襄、闽粤、苏州等地经营布匹、蓝靛和棉花。其子翁启明手下经营百余金者多达千人，经营千金者百人。席氏左源、右源兄弟运筹帷幄，派人北走齐燕，南贩闽广，不到二十年，资累巨万。翁、席两家能成为洞庭商帮中巨商的重要原因之一正在于他们善于运用委托经营法，策划得当，指挥得法。当然，委托经营并不是所有者完全退出。他们仍要观察瞬息万变的市场，运筹帷幄，指导经营者的方略。资本所有者仍为决策者，受委托经营者仍为伙计，与晋商中的所有权与经营权分离还是不完全相同的。受委托者虽为所有者的子弟、僮仆、门客、亲旧，但他们之间并没有主仆关系，而是现代社会雇佣的关系，他们也有自己丰厚的收入甚至产业。

另一种形式是所有者完全把经营交给受委托者，全由受委托者经营。这可能是由于所有者突然故去，子女尚小无法经营，也可能是由于所有者无意经营。如郑氏世代在长沙经商，但主事者郑耀庭死后，由于无人经营，其产业无论大小皆交给受委托人，直至郑的儿子长大，才把家业接过来。再如西山秦氏的秦其声，本来在湖南经商，赚了一些钱后就把湖南的经营全部委托他人，自己回了家乡。像这样的洞庭商人有不少。

另一种筹资经营方式称为"领本"。 领本经营就是用别人的钱进行经营活动。《林屋民风》中说，当地"凡经商之人，未必皆自有资本，类多领本于富室"。领本有两种情况。一是想经商而无资本，二是经营中遇到困难需要资金而去领本。有本而给别人者当然是已成功的富人，比如席本祯不仅自己广泛开展商业活动，而且将资本大量借给别人领本经营。

特别要注意的是，这种领本并不同于借贷。借贷到期要归还本金，并按协定支付利息，与债权人的经营状况无关。"领本"是富者出资，穷者出力，获利后按一定比例分红的形式。分红的比例一般是三七分或对半均拆，即出资者七领本者三，或出资与领本者各一半。这种分红显然大于一般借贷的利息，但领本者不用归还本金。由这种做法可以看出，这种"领本"实际上是出资者与经营者共享收益，共担风险。如果经营者成功，出资者可以坐享红利；如果经营者失败，出资者血本无归。出资者并不干预领本者的经营，经营者完全是独立的。但因为出资者要承担无限责任的风险，所以在选择领本者时十分谨慎。出资者选择经营者时不考虑领本者是否有产业，即偿还能力，而只考虑领本者本人的信誉、品德和经商能力。这就给了那些一无所有又有经商才能的人以机会。在中国各商帮中这是一种相当特殊的形式。不过，到清后期这种"领本"已被借贷所替代。

洞庭商帮中合资经营也相当普遍，而且在经商做大时往往采取这种方式。合资经营就是共同出资，共同经营，共同负责盈亏。在单个资本无法独立经营较大规模的商业活动时会合资。但也有其他情况，如两人关系较好者合资经营。如果合资经营不限于一次商业活动，而是保持较长久的合资关系，就是现在的合伙制。比如，《留东外史》中记载，"姑苏有秦与蔡二姓，自祖以来合计在楚贸易，后生业日隆"。又有东山徐明珍家，与妻弟蔡淡庵家，"贷缯长沙市，曰永秦缯肆者，两家共权子母，六十年，无间言"。这就是合伙制了。

洞庭商人整体文化水平高，又有相当长期的经商经验，商人之间相互学习，许多经营手段成为他们成功的保证。

首先是注重市场信息，预测市场变化。市场情况由多种因素决定，且瞬息万变，所以掌握市场的这些信息与变化就成为经商成功的基础。市场信息包括各种物产的季节、产地、价格、数量及运输里程与方式，甚至与物产相关的气候变化、年成丰歉等等。根据这些因素的变化预测市场供求变化及价格变化是所有商人都极为重视的，洞庭商人在这方面非常出色。大凡经营地区广泛，涉及物品众多，且经营成功的商人在这方面都是行家里手。如席本祯，"修备知物，乐观时变。错用计然、白圭之计，而以仁智取予"。吴伟业《梅村家藏稿》中所收录的席氏《少岑公夫妇合葬墓志铭》中说他"其子治生也，任时而知物，笼万货之情，权轻重而取予之"。他还"喜观万货之情，所消亡者使有，利者使阜，害者使无，靡者使微，罔不归其权衡，举金穰水毁，水饥大旱，能变以因时"。可见，席本祯的成功在于对市场信息掌握得清楚又及时。他在掌握市场信息又预测市场变化的基础上对何时该买何种货物，何时又该卖何种货物，把握得恰到好处。在有关洞庭商人类似的记载中，像席本祯这样的例子并非个例，而是成功洞庭人共同的特点。

其次，因时而变，经营不同商品。洞庭商人关注季节变化，根据市场状况利用季节的替换经营不同商品，也就是善于"随时而逐利"。席本祯正是"能变以因时"而成功。这已成为洞庭商人的普遍做法，如明后期的东山商人徐有德"不拂于时，不拘于物"，从而"资日丰，业日裕，大拓其门闾"；清乾隆年间的徐以淑"化居因时，旧业日恢"。他们善于抓住机会变化经营地区与商品以获利，经营方式极为灵活，不拘一格。如明中叶东山的徐禧，经商不受季节限制，不受品种限制，一年四季经营不同物品。经营的多样化及善变是许多洞庭商人成功的秘诀。

第三，洞庭商人的一个特点是经营与民生日用品相关的大宗商品。东山商人以山东临清为中心，从事江南和华北之间的棉布贸易以及相近或附属行业的贸易。他们把华北产的棉花运到江南，又把江南的布运到华北，兼营颜料之类的商品。西山商人集中在长江沿线，以汉口和长沙为中心，从事粮食和绸布贸易。这些产品需求量大而稳定，所以《林屋民风》中说，当地人"业于商达楚地为多，故下水货以米为常物，山中民惟向生意稳当者为之，上水则绸缎布帛，下水惟米而已，险道不为也"。

与经营大宗商品相关，销售则采用了薄利多销。这不仅通过增加销售量而获利，而且减少了物品的损耗和仓储费用，更加快了资金周转。清康熙年间的西山商人徐三涵"得微息辄出，速输转而无留货，以是获利恒倍"。为东山席氏经营的金汝鼎也是"辄平价出之，转输废居，务无留货而已。以故他贾每致折阅，而翁恒擅其利"。

当然，"薄利多销"也并不是适用于所有物品的经销方法。洞庭商人也会选择高附加值的商品，高价销出，同样能实现利润最大化。这里说的高附加值的商品就是质量上乘的商品，如水果中的优质产品、加工精细的茶叶、上好的绸缎或名牌产品。这些产品体积小，运输费用低，且不易败坏，市场也有相当需求，价虽高但易于销售。比如仍然是为席家经营的金汝鼎，"他贾所市物争取贱直，其货多若窳，翁独求其贵良若，人以是悉趋翁，诸所居物既易售，而利又数倍"。

根据不同的产品采用不同的销售方法，显示出洞庭商人灵活多变的经商技巧。他们灵活地运用不同销售方法，从而取得成功。

作为一个传统社会中的商帮，洞庭商帮和其他商帮有共同之处。**这首先是他们重视宗亲与乡情，依靠相互间的高度信任与互助，共同在商业竞争中获胜。**应该特别强调的是，这两个小岛是弹丸之地，居民之间关系亲密，彼此了解。尤其在外经商人数比其他商帮的绝对数量要少得多，更容易团结起来，从而地域特色更浓厚，作为一个帮的力量也更强。《林屋民风》中就说："'洞庭人'异乡相见，倍觉多情，虽谊属疏阔，至乡人之寓，如至己家，有危必持，有颠必扶，不待亲族也。即或平生有素，遇有事于异乡，鲜有不援助者。如其不然，群起而非之矣。"商帮的作用正在于这种互相帮助的群体精神。这一点在洞庭商帮身上格外突出。洞庭商人凡在经营之地多建有会馆就是明证。

正如前文所述，许多经商的洞庭人多是由北方迁来的大户人家，有较高的文化修养，他们诗书传家，深受儒家文化熏陶，许多人亦儒亦商，以当儒商为志，**因此经商以儒家文化为伦理道德基础，讲诚信，重商德，乐善好施。**如席氏的席右源和席左源的子侄辈以信誉道德为重，面临破产的危险，依然施舍兴善。孙子辈席启图更是自奉节俭，修整道路，劝兴家乡纺织则在所不惜，"每积所入，悉罄于施予"，几乎散尽了全部家产。洞庭商人中像席家这样的不在少数。

洞庭商人的经营理念是什么？明清时洞庭商人在江苏句容经营的店铺相当多，可以说这一带的商业基本由洞庭人垄断。句容人王秉元编成《世事》一书，后经河北人汪浃在清乾隆年间修订成《生意世事初阶》，总结了洞庭人经商的理念，**其中主要包括对**

待顾客的态度、顾客至上的观念与随机应变。

当顾客进店时礼貌待客。书中记载,洞庭商人开的商店,在顾客进店时"必须挺身站立",态度要"礼貌端庄",和颜悦色地询问顾客要买什么,给顾客留下良好的第一印象。洽谈生意时,"要谦恭逊让,和颜悦色,出口要沉重有斤两",要"如春天气象,惠风和畅,花鸟怡人",做到"人无笑脸休开店"。做生意时,"须要言如胶漆,口甜似蜜,还要带三分奉承,彼反觉亲热,买卖相信,如最相熟者,还可说两句趣话,多大生意,无不妥矣"。对那些还价不到本的顾客,也"必须笑容相待,推之以理,详之以情",切不可"浮草大意,回他去了"。可见,为了促成生意,礼貌待客为洞庭商人普遍遵循的准则。

坚持顾客至上的理念。接待顾客时,"不管贫富奴隶,要一样应酬,不可藐视于人,只要有钱向我买货,就是乞丐、花子,都可交接,不以貌取人,贵贱长幼一律平等"。交谈生意要恰到好处,"虽要言谈,却不要太多,令人犯厌,须说的得当,你若多言,不在理路上,人反疑你是个骗子"。相反,若是性急,"三言两语,将几句呆话说完,及至结局,没得对答",人家以为不耐烦,生意肯定做不成。如果顾客嫌货物价贵,店员就要做些必要的解释工作,"必须将货物从地头因何而贵,或是不出,或遭干旱,或遇水荒,以致缺涨,如此分剖明白,买者自然信服,添价买去"。对那些批评货差的顾客,也不可粗鲁行事,"他善批你,你亦善解"。对那些还价不到本的顾客,也要虚与周旋,切不可"抛去不理他,恐买者动气而去"。对不同顾客有不同的方法,让他们无论成交与否都满意而去,这也就是一般所说的"买卖不成仁义在"。这种耐心、细致的待客之道都来自顾客至上的理念。

在接待顾客时要注意灵活应变。在接待顾客时必须机灵,注意倾听顾客的答话,善于"听他出口,探其来意"。从顾客的言谈中,"度情察理,鉴貌辨色"。交谈时要掌握分寸,"知彼公道正直,出言有理,必须公道待他","如那人本来粗躁,话语强硬,亦不可弱于他,要放些威严应付他"。向顾客要价时,总的原则是先出口"瞒天说价",让顾客"就地还钱"。这是因为"时下生意,老实不得,要放三分虚头,到后奉让,彼是信服的。你若突然说实在价,买者未必全信,决不肯增,只有减的"。当然这些还要视缺货还是冷货而定,"你要水鸟不离桥,不可过于离经"。总之,在向顾客要价时,必须做到"见景生情,随机应变"。做生意要根据不同的情形灵活变化。对那些只还价而根本无意买的顾客,照本也要卖,由此可能会经他宣传拉些顾客来,这叫"拉主顾"。对于亏本生意,偶尔也要做,"今日不成钱,还有下次扳本"。对大笔生意,应该"慷慨些,洒脱些,比不得做小生意,锱铢必较",在付款时也要有变通的余地,不能过于刻板,一味固执。由此可见,洞庭商人对顾客的心理相当了解,应对方法灵活多变,不拘一格。这种生意经是长期经商经验的积累,也是经商成功的基础。

从以上的分析看,洞庭商帮有不同于其他商帮的一些特点。

首先是形成于山清水秀、经济发达、文化昌盛的地区。许多商帮都形成于贫穷落后的地区,是贫穷逼他们走上经商之路。无论是晋商、徽商,还是江右商帮、闽商,都产生于自然条件差,甚至难以生存的地区。但洞庭商人所在的两山土地肥沃、物产丰富、交通便利,自然条件优越,社会经济发达。这里"鱼虾之利,橘柚李梅,果实之珍,莲芡芋粟,菰莼之富,甲于三吴"。西山"可望家给人足,而无不测之忧",东山"华屋康衢,熙来攘往,有东土气象",故人称"东南之沃壤"。整个两山"无素封之家,亦无冻馁之人"。不仅经济富裕,文化也发达。明清两代东山出过两个状元,一个探花,两个会元,28名进士。西山虽逊于东山,但也出过12名进士,至于举人、秀才就更多了,读书人也相当广泛。科举是一个文化标志，但背后是整体文化水平。许多经商大家族，不仅经济殷实，也是历代"诗书传家"。其周边的苏松常嘉湖地区更是自古以来的经济文化昌盛之地。

洞庭两山总体上已达小康水平，许多人称得上富裕，但他们为什么走上经商之路？我认为有三个重要原因。一是两山物产丰富，但缺少粮食，这就需要他们用自己的物产去换取粮食。水产、果品、茶等物产丰富，但本地居民不能全部消费，而生活必需的粮食又缺乏，这就有了交换与经商的需要。二是他们所在的太湖地区经济发达，这就激起他们想要更富的雄心。仅限于本地的资源，故步自封是无法有更多财富的，因此他们走上经商之路，以求更大的富裕。这里环境的影响不容忽视。三是整个太湖地区商品经济发达，交通又方便，为经商提供了便利的条件，何乐而不用？这样洞庭两山的人不满足于小康的现状，走上了经商致富之路。也正因为他们富裕而文化水平高，经商就有了自己的特色。这也决定了他们的经商之路与被贫穷逼上经商之路的商帮有诸多不同。

其次，洞庭商人与其他商帮经营的品种与行业不同。 洞庭商人的经营相当广泛，包括粮食业、蚕丝绸缎业、棉花布匹业、染料业、木材业、粮食加工业、典当业、花木果品业、药材业、皮张业、盐业、山地海货业、瓷器业、纸张书籍业等。但主业是粮食业、布帛业及相关的染料和粮食加工业。换言之，他们以大宗商品粮食布为主。

洞庭商帮的这种主业选择主要在于地缘因素。尽管太湖地区是鱼米之乡，但由于人口稠密，且许多土地用于商品经济作物的种植，总体上缺乏粮食，经营粮食有广大的市场，需求旺盛。同时，这个地区又是布帛的产地，发达的丝绸棉布业使之成为全国许多地方，尤其是华北各地的布帛供应地。把粮食这种生活必需品从外地运来，又把布帛运往其他各地，有稳定的市场，因此这种贸易风险甚小。同时一种商品的销售起点就是另一种商品的销售终点，节省了运输成本。这就是《林屋民风》中所说的，"下水之货以米为常物"，"上水则缎布帛"，上下船都不空载。而且，洞庭商人从开始经商时就以这两种物品为主，长期的经营不仅让他们积累了经营粮食和布帛的经验，建立了畅通的购、销、运输渠道，而且在这两种物品的贸易中也建立了一定的垄断地位。这就为他们成功经商提供了风险低、收益高的条件。

还应该指出的是，在传统社会中，专制政府对粮、布这些基本生活品的贸易从来没有管制过。一来数量太大，地区又广泛，政府没有能力管；二来利润远不如盐铁之类的商品，也无心去管。这样洞庭商帮就有了一个显著的特点，**不用依附于政府，也不必走官商结合之路**。这就完全不同于不得不依附政府、官商结合的晋商、徽商和粤商。洞庭商人保持了自己经商的独立性，这也是以后成功转型的条件。

最后还应该看到，洞庭商人整体文化水平高，又不依靠政府，从而思想开放，善于不断接受新观念，摆脱了传统文化的保守性与封闭性。这使他们在中国传统社会变革的时代实现了成功转型。这正是下一节的主要内容。

鸦片战争后的洞庭商帮

鸦片战争是中国历史上最重要的转折点。西方列强用枪炮打开了封闭已久的中国大门，把中国强行拉入以西方国家为中心的世界经济体系。中国传统的自然经济被打破了，原有的经济结构被破坏了。这些变化是缓慢发生的，传统经济仍在自觉或不自觉地抵制这种改变。首先发生改变的是以上海为中心的沿海地区。

上海则逐渐成为中国经济与商业贸易的中心。此外，1851年爆发的太平天国运动沉重地打击了以长江流域为中心的江南经济，活跃在这一带的各个商帮也受到沉重打击。

上海经济的开放发展成为吸引力，江南经济遭受打击成为推动力。这两种力的共同作用使原来活跃于各地，尤其是长江流域江南一带各个商帮的活动中心向上海转移。

各地许多商帮进入上海后仍然从事原来的传统行业，只是换了地方。晋商仍从事票号，无非把票号搬到上海，或在上海开设分号；徽商不经营盐业了，仍然是以经营茶、酒为主；闽商经营的仍是花、果、糖；江右商帮经营的瓷器和纸张未变；鲁商经营杂粮、煤炭；过去没有形成商帮的湖北、四川商人经营粮食；等等。**只有思想观念开放的粤商、宁波商和洞庭商放弃了原来的主业，从当买办起步，逐渐进入现代工业和金融业。而且，他们没有像传统商人一样把商业利润用于奢侈性消费和购买土地，而是再投资于扩大经营规模，用于新企业与新行业。这些变化使他们完成了从传统社会商帮向现代实业家、金融家的转型。**

洞庭商人鸦片战争前就在上海经商了，不过主要经营的还是传统的粮食、布帛等。鸦片战争后，尤其是太平天国破坏江南经济后，洞庭商人把中心转移至上海。《上海洞庭东山会馆纪》中记述了这一转移过程："初我山人，素善贾，精华萃江、皖、淮、徐间。前清咸丰朝，发匪蹂躏东南，商业荡然，征贵贱者，群趋沪江。……同治朝，官军克复苏松，发贼分窜东山，山人避地来沪者众。"这里说的"发匪""发贼"就是太平天国。太平天国起义对洞庭商人的破坏影响极为深远，许多家谱中亦有记载。王氏王仲持："粤匪蜂起，家产荡然，公不得已弃续谋贾，客苏、沪间。"叶氏叶翰甫："清洪杨后，家道中落，乃出而治生，遨游沪、汉间。"施氏施禄生："洪杨事起，奉太夫人沈氏避难青邑，乱平，至上海习钱业。"清光绪末年，沪宁铁路建成，自后汽车通车，交通便利，洞庭商人更辐辏于上海。据《上海洞庭东山会馆纪》，到民国初年，"我同乡散处申浦，统政界、学界、商界、工界计之，无虑千万人"。其中"翘然有异于众，高掌远蹠而致巨利者亦常数十人"。民国四年（1915年）东山会馆成立时，捐资的就有783家商号，可见洞庭东山商人在上海势力之强大。

到上海的洞庭商人主体也逐渐放弃了传统行业，转向新型的金融与工业。这一切是从当买办开始的。洞庭商人总体上文化水平高，思想开放又善于学习，这就成为他们进入洋行当买办的有利条件。说到洞庭商人中的买办，当然还要从在近代上海经济中影响甚大的东山席家说起。

东山席氏唐末移居于此，到明中期席左源、席右源时已成为商业大家。席家后人在苏松、淮扬、齐鲁、湘楚一带经营棉布、棉纱、粮食、丝绸、木材、蓝靛、药材、南北特产，他们还开设了"扫叶山房"刻印书籍，已经相当成功。鸦片战争后席元东与其四个儿子席素煊（嘏卿）、席素贵（正甫）、席素荣（缙华）和席素恒（缙延，过继给舅父沈二园，改名沈吉成）来到上海，相继被几家外国银行和洋行聘为买办。此后以席元东的子孙们为核心，形成上海滩颇具实力的买办家族、金融世家。

这个买办、金融世家的核心人物是席正甫。席氏兄弟进入上海后先自己办钱庄，因善于经营并与本地商人有密切关系，为外商青睐，遂当买办。据《商埠志》记载："（席正甫）当其初抵沪滨之际，遂与其兄昆仲同时谋事于商界，未几创办中国钱庄，自行执事，善于经营，日有进步，继由西商敬服，慕名延聘，充当汇丰银行买办之职。"清咸丰十年（1860年）席嘏卿到麦加利银行当会计。席正甫先由二舅沈二园推荐进入汇丰银行，在买办间做跑楼。跑楼类似票号的跑街，就是在外从事招揽生意，接洽存款、放款,并报告市场情形,探取顾客意向等业务。席正甫从事这项业务,不仅积累了丰富的经验和广泛的人脉关系,而且也学了些英语。1874年接原来买办王槐山之职,担任买办。他去世后由其子席立功接任,席立功去世后又由其子席鹿笙接任。从席正甫到席鹿笙祖孙三代任汇丰银行买办达55年。

以席正甫为中心,席氏子孙与亲属先后进入外国银行和洋行担任买办。其弟席素荣曾在汇丰银行买办间工作,1889—1894年为英国有利银行买办。后为英国德丰银行买办。1903—1907年为俄国道胜银行买办。席正甫的侄儿席裕康1879年进麦加利银行买办间任账房,后为副买办,1896年升为买办。1907年他将买办之职让给堂妹夫王宪臣,自己到华俄道胜银行任买办。其子席德望离开道胜银行后,任法国中法工商银行买办,1929年由其婿东山叶振民接手。席正甫的儿子席立功1904—1923年任汇丰银行买办。席正甫的三子席裕光任英国宝信银行买办。席正甫的五子席裕奎1904—1907年任大清银行汉口分行经理、后任汇丰银行副买办,1916—1931年任日本任友银行买办,1931—1938年任英国有利银行买办。席裕康的次子席涵深先与其父任职中法工商银行,后任瑞士商人所办轮船公司买办。席裕康的三子任美国信济银行买办。席正甫的孙子席鹿笙1923—1926年任汇丰银行买办。席裕光的长子席德懋曾任外汇经纪人,1925—1926年任意大利华义银行买办。席正甫的另一个孙子席德薰1925年任美国通商银行买办。席正甫的侄女婿王宪臣1888年起任新沙逊洋行收账员,1894—1896年任英国中华汇理银行买办,1907年任麦加利银行买办,1931年退休后由其子王叔麟接任。席正甫的另一个侄女婿叶明斋1893—1918年任日本横滨正金银行买办。席裕康的女婿叶振民1929年继席裕康为中法工商银行的买办。

东山席氏及女婿共出了14个买办。最早是席正甫,然后是其弟席素荣，从1889年开始先后33年担任三个外国银行的买办。其姻亲王宪臣也担任外国银行买办38年。在中国最重要的英国汇丰银行，席氏从1874年到1937年担任买办达63年。

洞庭东山还有其他人担任过外国银行与洋行的买办。如东山严彭龄当过公平洋行的买办，严兰卿担任过敦裕洋行买办。东山孔金声当过礼和洋行的买办，后来又传给儿子孔文焕。朱霭堂先后做过开利、百司、基大、礼和、永光等洋行的买办。朱馥业也当过买办。严俊权是礼和、老公茂、谦和诸洋行买办，席家的买办是席正甫的弟弟、后过继给二舅的沈吉成。席裕福还是上海影响最大的申报馆的买办。

银行的买办负责货币的出纳与保管，负责金银外汇的买进卖出，负责对钱庄和外国银行之间的票据结算，以及对中国工商业和政府的放款。他们的收入来自丰厚的薪金和佣金。薪金是固定的，但佣金花样繁多。买卖金银、外汇、存贷款都有佣金。此外还有一些无形收入，称为"吃盘"，主要是买办暗中进行投机活动，如买卖金银时买进按高档，卖出按低档，在高低档差额中牟利。结算票据时由于银行收息比市场挂牌低，余额就归买办。洋行的买办除了能得到高额薪金和佣金外，同样能在推销商品和收购原料中获得相当大的额外收入。

洞庭商帮的商人在为外国银行和洋行当买办的过程中，不仅赚到了丰厚的收入，而且还打开了眼界，认识到世界经济形势与前景，同时也学到了现代企业管理经验，建立了商界与金融界广泛的人脉关系。这些为他们投资其他行业、进入现代实业和金融业提供了极为有利的条件。

洞庭商人首先进入金融业，包括钱庄与银行。钱庄是传统社会的金融业。早在清乾隆年间，上海的钱庄业已有相当规模，并在上海城隍庙内设有钱业总公所。清乾隆五十一年到嘉庆二年

（1786—1797年）已有钱庄124家，主要为宁波与绍兴人所办。上海开放后，从1870年左右起，钱庄可以从外国银行获得短期贷款（即拆票）后，钱庄业得到了更迅速的发展。开始时钱庄只从事银钱兑换，后来可以以庄票的形式与外商银行结算，从而业务范围扩大，发展到经营贷款业务。1910—1911年，上海钱庄业可用的拆票总额达一千几百万两。有些钱庄以这种方式一次可贷七八十万两，超过其资本十余倍。通过庄票和拆票，银行输入大量资金，钱庄发展迅速。洞庭商人在太平天国以后进入钱庄业。先是东山的严氏和万氏，继之而起的是东山席氏、王氏和叶氏。万氏主要依靠经营洋布和典当业的资本，严、席、王、叶诸氏主要靠当洋行和银行买办积累的资本。大凡买办都或多或少投资过钱庄。

严氏兄弟家族在明末即以白墙门和花墙门著称。花墙门八世严业卿在上海敦裕洋行任买办后，在上海、苏州、常熟、吴县木渎镇开了近十家钱庄。在上海的六家是镇昌、德昌、裕祥、久源、德庆和庆昌。

万家在上海开埠时，万梅峰在洋货号当伙计，1861年做白呢生意成巨富，后设立恒兴洋货号。以此为资本，开设钱庄多家。到其子万振声时，又在上海、苏州一带分设钱庄数家，信用卓著，洞庭人经营钱业出其门下者比比皆是。上海洞庭东山会馆创建时，一人捐资达5000两。在万建生时又改组了几家钱庄，面貌一新。万家在上海的钱庄有：宏兴、久源、森康、德庆、志庆、庆成、庆大、庆祥、敦人。

席家在当外国银行买办时亦利用资金优势与业务便利投资于钱庄业。席德耀办了惠丰钱庄，与人合资的有：协升、正大、慎益、久源与裕祥。

王氏王宪臣长期担任买办，与人合资创办过鼎元与荣康两家钱庄。

此外还有邱玉如办聚兴钱庄。晚清后洞庭人办的钱庄还有仁大、源吉、鼎康、怡大永记、森和、衡九、恒祥。民国时开办的钱庄还有致祥、益慎勤纪、益康、益昌、慎记、恒隆、鼎盛、瑞泰、志丰、大德益记、永原、志裕、裕成、福泰、慎益余记、泰昌、宝大裕、恒大、恒赉、同新、惠昌等21家。还有一些小钱庄,如信康、嘉昶、泰山、同昌、长盛、衡宝、吉昌、天成、众信、勤泰等。洞庭人在上海先后设立或投资的钱庄有65家。可见他们在钱业中实力雄厚、人数众多。

许多洞庭商人精通钱业业务,又在钱庄中任要职。他们经营得法,因此,上海钱业各帮中,只有他们是不断发展的。1933年共有钱庄72家,绍兴帮由38家减少为3家,宁波帮16家不变,上海帮由7家减少为3家,只有洞庭帮由5家增为8家,占比从7%上升为12%。

钱庄在近代金融业中是有一定地位的,特别是向棉纺业进行短期贷款,对这一行业的发展起了重要作用。但钱庄业毕竟是传统社会的金融形态,资本分散而且量少,无法进行长期投资,与现代银行业相比优势不足。因此,外国银行进入后,中国官方和民间也开设了银行,一战后上海由本国私人资本开办的银行如雨后春笋。到1932年,在70家私人银行中,洞庭人开办的有四家:严锡繁、王毅斋的中国银行,席季明、席少荪等办的纱业银行,由席季明等办的惠丰商业储蓄银行,由严敬舆在其父严孟繁支持下办的东南植业银行。

洞庭商人中从事金融业的人也相当多。不少在本国银行中任要职,从以钱庄为业转向以银行为业。席德辉曾任大清银行上海分行协理,席德懋曾任中央银行的局长和中国银行的总经理,其弟席德炳担任过中孚银行董事长兼总经理,并担任过上海银行业公会主席。刘鸿源当过通和银行、一大银公司经理,余培生当过典业银行经理,金采生担任过中国实业银行和四明银行的经理。

洞庭商人除了金融业还进入实业。经营丝和丝绸是洞庭商人的传统行业。鸦片战争后,由于出口丝绸的需要,这个古老的行业不仅没有衰落,还有所发展。洞庭商人在上海丝绸业有相当地位和影响。如席春元开设的席华丰丝栈、朱月树开设的信泰、恒盛丝栈,朱氏后人朱献淮经营的恒兴、公恒、顺公、信泰丝栈,都是上海经营出口外销丝绸业务的。他们对打开蚕丝销路,振兴我国蚕丝事业做出了贡献。民国初年,洞庭商人还开设了惠和山茧行、晋太茧行,专门收购干茧为缫丝厂提供原料。王宪臣的父亲王汉槎与沈吉成家合资在上海南、北市开设天成绸缎局。民国初年有天成、裕纶、允成、升纪、鼎昌等号铺。以后在北京有6家大绸缎店,其中大纶、大盛由东山人出资,员工亦多为东山人。老九和三家虽无东山人的资本,但员工多东山人。历任五家洋行买办的朱霭堂主要经营丝绸出口。专门从事批发生意的绸庄,如天生绸庄专门经销美亚绸厂的产品。这种绸缎经严巨卿推销,声誉极佳。特别是朱鉴塘集股成立久成府绸庄,专门经营用柞蚕丝织的鲁绸(即府绸)出口,以质量好为宗旨,"数年之间,蜚声海外,年销达六七百万金"。他因振兴民族丝绸业的贡献被推举为上海出口公会的会长,"执一时出口界之牛耳"。东山席守墨先后任大纶绸局总账房经理、总经理达40余年,成为上海绸缎业的领袖,当过上海绪纶公所的会长。其他如朱江、吴礼万等都经营绸缎,且早有成绩。

丝绸毕竟是传统行业,**洞庭商人还进入了一些新行业。首先是洋纱洋布业。**江南是"衣被天下"的地区,洞庭商人一直以江南产的布为业务重点。但鸦片战争后,机制棉纱棉布大量进入中国,中国的手工纺织业受到沉重打击,洋纱洋布逐渐在城市市场上取得了主导地位。适应于这一形势,洞庭商也从经营江南布转向经营洋纱洋布。最早经营洋纱洋布致富的是东山人万梅峰。曾任纱业会会长的金钖之在上海经营南公茂纱号发财,仅盖东山的雕花大楼就用黄金3741两,可见经营洋纱洋布有多赚钱。

传统的洞庭商人是经商的,**民国之后也逐渐进入现代工业**。东山叶明斋创办了龙华制革厂和振华纱厂;郑宝卿创办过扬花绸厂;邱玉如创办过中国第一染织厂,自织布匹,为上海钱业、布业界领袖;张紫缓创办过呢绒织布厂,多数都获得发展;沈莱舟创办裕民毛线厂,并创立恒源祥号,经营人造丝绒线,成为上海绒线业的领袖;席德灿总任阜丰面粉厂的经理;严敦俊与他人一起组建过谦和电灯公司、康年保险公司;叶振民创办过大同实业公司,创办大同橡胶厂,专门生产和销售三元牌自行车的轮胎;上海钢板厂是由西山商人办的;席氏的扫叶山房搬到上海后,规模有所扩大,印书量大幅度增加了。但总体上看洞庭商人办的企业规模不大,资本也不雄厚,对近代中国工业的发展影响不大。如席家是有资本的,但并没有找准真正的投资方向,错失不少良机。尽管他们也投资于近代工矿业,但人数不多,能坚持者也不多。远不如荣氏及其他江苏商人,更无法与宁波商帮相比。

洞庭商帮在其他行业也有发展。洞庭商人从事棉花、粮食等交易业。例如徐子显,在棉花业从业30余年,名重当世,徐氏族人徐六笙继续经营。在粮食业,东山严筱泉是上海有名的杂粮巨子,他们办的万兴豫、宏兴成两个粮号,分别设在南市的豆市街和北市的新桥,在粮食业中相当有影响。洞庭商人还从事糖业,东山郑品南、郑泽南兄弟开设的广源、大兴,席菊如的长表,吴兰荪的恒隆,都是近代上海有名的糖行和南北货行。郑泽南还开办了糖业学校,培养专门人才,为上海糖业界所敬重。东山叶氏经营的庄源大糟坊、吴礼门的敦余洋货号、严蕴和经营的万康酱园、杨氏经营的杨恒丰木行、吴兰山经营的恒隆海味行，都有一定影响。还有不少洞庭商人经营数业，如朱鉴塘除了府绸外，还有丝、茶、皮毛、药材、油类、杂货等出口业务。吴启周不仅是古玩业的领袖，还经营绸缎、地产、金融股票等。他们还在上海周边，如苏州、常熟和木渎、南浔等大小市镇活动，颇有影响。尽管我们以上讲的主要还是东山人，但西山人势力也不弱，他们在上海设金庭会馆，早在清咸丰二年（1852年）就在上海十六铺建有洞庭山码头，供同乡使用。

整体上看，洞庭商人在金融业中影响更大，在实业中略差一些。但洞庭之外的其他商人在近代得到迅速发展。由洞庭商人发展而来的苏商与宁波商人为中心的浙商共同组成的江浙财团，成为近代中国最重要的群体，左右了上海和全国的经济。

第八章　活跃于西部的陕商

中国十大商帮中，九个商帮形成并活动于东部。**在偏远的西北与西南经商，并对这一地区经济发展做出重要贡献的主要是陕商。**

山西和陕西一河之隔，历史上就有"秦晋之好"的传统。在明初，两省商人借助于"开中制"形成商帮。他们互相合作，所以被合称为"西商"。他们建在各地的会馆也多以"山陕会馆"为名。清乾隆初年建于山东聊城的山陕会馆气势宏伟，早已是全国重点保护文物。但山西商人的强势在相当程度上淹没了陕商的辉煌，至今对陕商的研究和宣传仍没有像晋商那么热。

在明初，晋商和陕商形成时都以盐业为主，且陕商的势力还大于晋商。日本学者藤井宏曾指出："在明一代，作为盐商的陕西商人，其势力曾凌驾于山西商人之上。其老家是三原县、泾阳县、绥德州等地。在明代商业界里，山西商人与陕西商人出于对抗新安及其他商人的必要，常用邻省之好，互相合作的场合不少。"还应该补充的是，晋商的主要活动范围是在东部，尽管也曾到西部活动，但活跃于西部，且对西部经济影响甚大的还是陕商。

陕商与盐业

陕西是中华文明的发祥地之一。早在六千多年前的半坡文化是新石器时代中国满天星斗文明中灿烂的一颗。

陕西的名称来源于周初，因在陕陌之西，故名。春秋战国时这里为秦国。宋初置陕西路，元代设陕西行省，明代在元行省的基础上设陕西布政使司。当时陕西的范围比今天的陕西大得多，包括今天的陕西全境、甘肃嘉峪关以东各地、宁夏和内蒙古伊克昭盟大部、青海湖以东地区。清康熙二年（1663年），移陕西右布政使驻巩昌。清康熙五年（1666年），改为甘肃布政使，移驻兰州，从此陕甘分省。清时管理这两个省的最高行政长官称为"陕甘总督"。

陕西位于西北部黄河中游，从北到南分为陕北高原、关中渭河平原和陕南秦巴山地三大区域，故称"三秦大地"。明清时，陕西关中渭河平原，渭河贯穿其中，形成多级台地和冲积平原，号称"八百里秦川"。这里自古自然条件优越，"膏壤沃野千里"，为全国物产最富饶的地区之一。《史记·货殖列传》中赞道："关中之地于天下三分之一，而人众不过什三，然量其富什居其六。"这就是说，关中土地为全国三分之一，人口仅十分之三，而物产达十分之六。

这里也是中国最早出现商业贸易的地区之一。据《史记》记载，公元前216年，一个叫乌氏倮的秦国商人就向秦王要了一批丝绸，与其他族的首领交换牛羊。该首领又用丝绸与河西走廊的塞人和月氏人交换金银。乌氏倮由于经商成功，由一个牧羊人到被秦始皇封为贵族。秦始皇一生封平民为贵族的仅两人，都是因其商业的成功。另一人是四川商人巴寡妇清。可见秦始皇对商业贸易的重视。西汉张骞通西域后，陕西长安成为丝绸之路的起点。

关中早就是西北地区与全国其他各地进行商业贸易的枢纽。西北地区的皮草、毛皮等畜产品，毛织品和药材、水烟等产品通过关中运往全国各地。各地的手工业制品、布匹、丝绸、茶叶、盐等也通过关中运往西部各地。这些历史悠久的商业活动中也出现过许多大商人。

关中地区咸宁、咸阳、富平、三原、泾阳、同州等县，商业发达而富裕。"陕地繁华，以三原、泾阳为第一"，三原、泾阳是陕商的中心。民国时陕西流传的民谣就是"宁要泾阳、三原，不要西安"。

泾阳为秦之古县，秦昭王弟芾封于此，称"泾阳君"，故称泾阳。这里农业发达，交通便捷。南有泾河，上溯可达长武直入甘肃平原；东南顺流而下，可直通潼关、蒲津；北有富平之路，可通耀县、同官，连接延绥；西有礼泉之路，直达凉甘。这些有利条件使泾阳和邻近的三原始终是西北"茶叶、水烟、布匹、皮货和药材五大加工运销总汇"，直至近代"每年布匹、茶叶、药材、粮食及银钱之买卖。其数多在二千万元以上"。贸易的发达也使这里成为西部金融中心，陕商中经营银钱的商人不少，山西的票号在这里也多有分号。清时每年经泾阳、三原汇划全国的款项达2000万至3000万两之巨。

陕商成为一个商帮与晋商一样，始于明初"开中制"的实施，陕商进入盐业贸易。

明初设立的"九边"中，邻近山西的是大同和太原（又称三关镇、太原镇或偏关镇）。晋商当时垄断了北方的粮食市场，以粮换盐引，具有优势。邻近陕西的是延绥（榆林）、宁夏、固原和甘肃，这四边地处边陲，路程遥远，交通甚为不便，且陕商在粮食贸易中优势并不明显，因此他们采取了与晋商不同的方法。

一是商屯。这是指商人并不是从内地运来粮草，而是在当地召民开荒，利用当地的土地种植粮食，然后用以换盐引。陕西的富商大贾在三边地区大量垦荒，收获颇丰，成为实力强大的"边商"。而且这些粮食除了用于换盐引，还大量进入市场。明天顺、成化年间，由于粮食丰裕，甘肃、宁夏一带的粮价极为便宜，一石小米仅值银二钱。

二是陕西商人就地买粮换盐引。明初实行军屯，但效率不高。在军屯制度松弛后，原用于军屯的田地被军官私人占有。他们广种庄田，多者有数千余顷，积粮"千仓万廪"，"粜与盐商则多沾重利"。有些商人还利用贫困经营者的困难发放高利贷。每遇青黄不接时，商人乘机"挟重货，遍散屯村"，收买青苗，收获后大获其利。或者给经营困难的屯军发放牛或种子，收获后"对半分粟"。

三是商人从内地输送军粮换盐引。如延绥镇（榆林）"镇城百里之内，一望沙漠，不生五谷……粟或草料等项，俱仰给腹里搬运"。富平商人李朝观在明嘉靖、隆庆年间，从关中运粮至延安柳树洞，"数千万石"，"供安边、定边、安塞军数万人"。还有泾阳商人刘文明，以"盐荚贾塞上广陵间"；张巍"代文为贾，用盐荚便输粟塞下"。地方志中此类之载有不少。

陕西商人根据各地的实际情况分别用商屯、买粮和内运的方法获得大量粮食，换取盐引，不少商人"赀数巨万"，成为实力雄厚的"边商"。而且在盐业贸易中有举足轻重的地位。明朝初期，包括晋商和陕商在内的"西商"在盐业中势力相当大。两淮、两浙的盐引大部分为西商控制。《明史·食货志》记载，明洪武时全国产盐最多的两淮、两浙两个都转运盐使司，当办大盐引（每引400斤，不同于一般盐引200斤）共计57.24万百余引，占全国盐引总量的二分之一。西商从甘肃、延绥、宁夏、固原、大同、山西神池用粮换到仓钞，然后到扬州的两淮转运盐使司和杭州的两浙都转运盐使司换成盐引，从事盐业贸易。这些盐引都为西商所得，他们对两淮、两浙地区的盐引生产和销售以及盐价都有不可低估的影响。

明朝中期,"九边"的粮草已基本解决,但朝廷财政困难,亟需银两。弘治五年(1492年),户部尚书叶琪改定盐法,改"开中制"为"折色制"。"折色制"就是内地商人直接到扬州、杭州,用银子向都转运盐使司换盐引,不需要把粮食运到边区换成仓钞再换盐引。以西商为代表的"边商"大量"积粟无用",无法换取盐引。这样,资金雄厚的徽商进入盐业,并垄断了两淮、两浙的盐业,他们成为盐业贸易中的"内商"。西商失去在两淮、两浙盐业中的地位。

"折色制"实施之后,西商也发生了重大变化。西商中仍然经营盐业的迁居到扬州,继续从事盐业贸易。不过在整个盐业中,西商的地位已被徽商取代。这种格局一直延续到清朝用"票盐制"取代"纲盐制"之后。

西商本身也发生分化。晋商的主体利用明中期以后的"隆庆开关",进入与各少数民族的多元化贸易。就盐业而言,没有迁居扬州的晋商在长芦和河东盐区取得了控制权。陕商则到四川地区取得了井盐的控制权,仍然在陕西的陕商则从事其他贸易。

先看看陕商在扬州的盐业贸易。 从历史上看两淮一直是全国产盐最多、占财政收入最大的产盐区。明中叶,全国盐引共计220万引,两淮占70.6万引,为全国三分之一。明嘉靖六年(1527年),两淮巡盐御史戴金上奏说:"今两淮运司额课,甲于天下,财富半于江南。"这些盐引许多分给了九边。陕西泾阳、三原商人多从事这一行业。"折色制"实施后,这些商由"边商"变为"内商",进入扬州。

明初就有少数陕西商人迁居扬州,但绝大多数是明弘治以后。当时来的主要是长安人和陕北的绥德、榆林人。他们专门从事盐引的转卖,即把盐引卖给中小盐商。明弘治后期,陕西迁居扬州的盐商有数百人。其中声望最高的是咸宁县的张臻。他不仅财力雄厚，而且为人慷慨。据记载，他"急人之难，义所宜施，挥金不吝"，曾"破数千金大作屋宇，日与朋旧置酒晏会"，所以"关中人贾扬者，皆推戴公"。陕西盐商财力雄厚还表现在对一些公共事业的慷慨捐助上。例如，扬州现存的法净寺，在明代称为大明寺，其中气势宏伟的大雄殿，就是明弘治六年（1492年）陕西盐商捐资建成的。还有许多陕西"赀累数万"的盐商，在扬州捐赠巨资，修建公园、桥梁，还为慈善、救荒事业捐助过不少资财。

明正德之后，在扬州的陕西盐商多为关中人。财力称雄孚众望者如三原县的梁家、泾阳县的张家与郭家，以及西安的申家和临潼县的张家。这几家是陕西盐商在扬州的主要势力。他们每家都有自己的商号，以此为据点，吸引了大量的亲属、族人来到扬州，从事盐业贸易。

两淮盐业利润巨大，由于"淮地据南京之间，行盐界域，皆人物蕃阜之处"，如盐运至汉口可获利四五倍。明人宋应星对扬州盐商的总利润进行过细致分析。他说，扬州的盐业资本，当不下3000万两，每年可得利润900万两，除去纳税的100万两，其他各种费用共计300万两，可得纯利润500万两。这些利润归"各商肥家润身，使之不尽，而用之不竭"。扬州盐商中势力最大的是徽商，其他是山陕商人和江右商人。自明嘉靖至清乾隆年间，在扬州著名的客籍商人共80名，其中徽商60名，山陕商人各10名。

明万历四十五年（1617年）开始实行"纲盐制"，即进入"纲本"的商人才能购买盐引，从事盐业贸易。这时从事盐业不仅要资本雄厚，还要能"援结豪贵，藉其荫庇"，即有官商勾结的背景。所以，明嘉靖之后，陕西盐商主要为泾阳人和三原人。他们许多人是从小本经营布业开始，积累资金，达到可以进入盐业的程度，才赴扬州投资盐业。比如三原县的师从政，开始以千余钱的资本经营布业,大获其利,又从事高利贷,其息亦倍。有了充分的资金后进入扬州,经营盐业,仅三年就盈利达数万金。三原县王一鹤原来家境贫寒,当学徒积累了一些钱后放高利贷,获利后到吴越贩布,然后转到扬州从事盐业,"赀益大起"。三原县的员伯子与王峨东都是先经营布,而后经营盐业。

清初经济受到战争摧毁,扬州大量反清人士被杀,是为悲惨的"扬州十日"。盐业私盐商也受到沉重打击,亡失甚多。经过清政府对盐政的整顿,仍采用"纲盐制",盐业有所恢复。当时全国盐区岁征税747万多两,两淮为335万多两,占一半左右。这时陕西三原、泾阳、临潼等地有实力的商人再次进入扬州经营盐业。但陕西商人的势力远不如徽商。从清政府对西藏、金川用兵中扬州商人的捐助的数目来看,陕西商人很少。

1851年爆发太平天国起义,扬州盐商受到沉重打击。在长江下游镇压太平天国的主要是湘军和淮军,他们更多地扶持自己家乡的商人,占取两淮盐利,陕西商人受到排挤,最后仅存的只有泾阳县安吴堡吴氏一家。

陕西的盐商在扬州致富之后与徽商相同,生活奢侈。他们摆脱不了故土难离的观念,在家乡和扬州都建立家庭,"田宅奴婢南北居半数,往来省视以为常"。泾阳、三原两县的盐商在扬州都置有家业,据有"美田与芦厂";娶扬州妇女为妻妾,"视广陵犹别业也"。许多盐商、官僚的后人,用祖辈留下来的产业,尽情纵乐,以终天年。此外陕商客居扬州,有商籍,可以参加当地的科举考试。所以,陕商聘请名师,成立私塾,培养子弟。据清嘉庆《两淮盐法志》中记载,明代两淮考生中,陕西中进士者30人,举人42人,贡生3人。低于徽州人而高于山西人。陕西中举者中三原人王恕、温纯,泾阳人李世达都官居尚书。

明中期实行折色制后,陕商被徽商排挤,于是他们转向四川。

四川地肥土沃，又与陕西相邻，早就成为陕商的经商之地。这时他们一些商人进入扬州，但更多的前往四川经营盐业。到明万历时，四川盐商多是陕西人，如三原县温朝凤在四川经商，"不数年就年息十倍"。到明末，去四川经商的陕西人更多，仅夔州一地，就有陕西商人数万人。这些商人资力雄厚者经营盐业，资本较少者从事其他行业。关中人把去四川经商的人称为"川客"。

清朝初期，随着西南地区四川、云南、贵州的社会经济恢复和人口增加，盐的需求大大增加，**陕西商人抓住这个商机，前往四川，投资盐业，控制了四川井盐**。如在彭水县，清乾隆年间"陕西商人支千裔来郁（彭水）凿新井，仿自贡盐场收卤方法"。在富荣东场，清乾隆时出现了八大陕西盐商在那里设号，被称为"八大号"。他们所在的街道被称为"八居街"。他们还在1736—1752年间集资兴建了富丽堂皇的西秦会馆，捐银字号达150余户，最高捐银者3000余两。1827—1829年又再次扩建。前后两次修建，占地3000平方米，耗银5万两，成为陕商活动的中心。与此同时，在犍为、乐山等地的陕商也建了陕西会馆。

陕商在井盐上的投资也相当大。清道光七八年间，陕商高某以3000两银与富荣场的李四友堂合办联珠井，对半分红，利润增加数倍。清道光十八年（1839年），一陕商与王朗云订约，每凿一井，陕商出钱400两，收益按30天计算，客得18天，主得12天。从清咸丰年间开始推行"川盐济楚"后，陕商的盐业投资进入了极盛时期。在为盐场专门生产济楚花盐的"十提"（大灶）中，陕商就控制了其中的六提。富荣等地逐渐形成的陕西帮，成为可以左右当地盐业的主力。清同治年间，当地官员刘蓉在给皇帝的奏文中说："查川省各厂灶，秦人十居七八，蜀人十居二三。"可见在19世纪，陕商已垄断了四川盐业。

还有一些陕商把高利贷资本投放于盐业的运销中。清康熙中叶以来，川盐的运销大部分由陕商包揽，主要运销于云南和贵州。最初由于交通不便，皆由富荣、犍为两场贩盐。运往云贵边境趸销于土著商贩，再由他们转运至云贵零售。清乾隆初年，清政府为开辟云贵两省铜铅直达长江水道，先后开通云南东川府沿金沙江至泸州和贵州毕节赤水河直达合江的水道，这两项工程的完成使"盐运实受其利"。从此，陕商利用水道把四川自贡的井盐大量运销云贵。陕商在自贡的商号达150余家，控制了该地的运销。"三秦客友，运销渎黔，连结万船"就是运盐的写照。

陕商在贵州的经商活动相当活跃。陕商田、刘两家与自贡大场商李四友堂在贵州仁怀设立"协兴隆"盐号，陆续开设分号70余家，垄断了仁怀至贵阳之间的广大销地。另一四川产盐地犍为县所产盐的运销，先后也为陕商恒丰、五福、乾元、同心、天德、长盛、德兴等商号垄断，成为犍为盐运销贵州的主要商家。到清咸丰年间，黔边"四岸"（永、仁、涪、綦）行商各十余家，都是陕商，资本甚巨，其中许多是盐业经营者。清时贵州江口一地"有泾阳商人四百名"，经营盐业者甚多。

传说茅台酒的起源与陕西盐商还有一定关系。四川井盐在贵州销售，路经泸州，用船上溯赤水河至茅台村，卸盐下船再用人背马驮，分运贵阳、安顺。于是茅台村便成为川盐销黔的转运站，吸引了许多盐商。其中一家酒店由山西盐商郭某引进山西杏花村汾酒的制作工艺，而后由陕西盐商宋某、毛某先后雇工改良成功，这就有了中外驰名的茅台酒。清代诗人郑珍的诗"蜀盐走贵州，秦商聚茅台"，正是当年情景的写照。

清咸丰三年（1853年），太平军占领南京，淮盐不能运销楚地，清政府只好采取"川盐济楚"的政策。这给四川盐业创造了大发展的机会。四川全省产销达8亿斤，销售地区扩大到本省146县，湖北40县，湖南6县，云南10县，贵州76县，陕西30

县。这是川盐最盛的时期，也是在川盐中有主导地位的陕商大发展的时期。陕商在川盐中的地位一直保持到清末。

陕商与其他行业

陕商和晋商一样，作为一个商帮从盐业起步。但在明中期"折色制"之后，他们虽然仍经营盐业，但因盐业的相对地位下降，还分别经营不同行业。晋商先与少数民族进行多元化贸易，入清后先后经营对日贸易、对蒙俄茶叶贸易和票号，兼及各个行业，以票业最辉煌。**陕商作为西部与其他地方的贸易枢纽而经营西部地区特有的产品，形成自己的经营特色。**

棉布业。陕西是全国种植棉花最早的地区。棉花经丝绸之路进入陕西，宋元时代已开始种植，大发展是在明清两代。明万历六年（1578年）陕西作为赋税上缴的棉花已达17208斤。产棉最多的是泾阳和三原，清末仅泾阳"每岁约产一百数十万斤"。但陕西地处北方，气候干燥，纺纱织布断头多，限制了纺织业的发展，陕商只好把棉花贩运到纺织业发达的江南苏州、松江、嘉兴、杭州四府，换回江南生产的棉布，形成"北棉南去，南布北来"的大流通。棉花运至江南，而陕西由于边防驻军、纳税所需和少数民族及本地居民所需，对棉布需求极大，明代每年仅官布的缺口就达227990匹。这样，陕商就走上把棉花卖到江南，又从江南购布的道路。《松江府志》中记载，陕西商人"挟资千亿，岱陇东西，海内海外，券驴市马，日夜奔驰，驱车赴河，泛舸长江，风餐水宿，达于苏常，标号监庄，非松不办，垄断坦途，旁都相向"。叶梦珠《阅世编》中记载，陕西布商财丰势宏，一个布商"白银动以数万计，多或数十万两，少亦万计"。一岁交易，不下数十百万。为了保证贸易顺畅，陕商还聘请了作为保镖的"标客"。以后这些人成为"刀客",甚至也加入了经商队伍。

明代以来,泾阳、三原就成为陕西布业中心,许多布商总号都设在这里。江南来的棉布要在泾阳、三原进行三项业务。一是"交割核算",即结账;二是"整染",即把棉布放在煮滚的硫磺桶上熏染;三是"改卷",即卷成适合西北地区运输和交易条件的形状。所以这里布店、染坊林立,出现了许多以经营布业发家的大商人。最著名的是师从政、柏筱陂和李鹏。他们成为经营布业的"通行领袖"。师从政的父亲师庄南在"开中制"实施后的盐业贸易中起家,他15岁就随父到苏州贩布,成为著名布商。他被在苏州的陕商推举为"伙头"。柏筱陂家族在明代已为富商。他们先从做簸箕起家,以后贩布,也兼营茯茶和皮货,在苏州、武汉、上海、北京都有店铺,甚至在日本还有分号。他也是陕西布商行业的领袖。李家原为山西洪洞人,明初迁陕西,不久成富户。李鹏在清乾隆年间于广东一带经商,其后人经营布、盐与粮,在全国的字号都以"万"字为头,尤以布匹著称。

江南来的棉布在泾阳、三原整染和改卷后运往西北各地。这主要有两条路线。一是由三原经西北官道出长武,将布运到泾州平凉,然后分销西北各地;二是由三原北上运布至延绥与俺答汗各蒙古人交易,以布易马,称为"互市"。

皮革业。西北地区自古就是我国主要的畜牧经济区和皮毛产地。明代官府手工业的皮作行主要原料由陕商供货。清代后西北皮货大规模发展。其原因是清代陕西和西北地区畜牧业恢复与发展迅速,尤其是清政府统一西域,收复新疆,西北地区皮货贸易实力大大增强。加之满族贵族喜穿裘皮,其他达官贵人亦仿效,有旺盛的需求。同时,陕西硝制皮货的资源、技术也促进了皮革交易的发达。泾河水含有大量盐、碱,是浸泡、熟制皮草极为难得的水源。这使泾阳、大荔等县有雄厚的熟硝皮毛的技术力量。

泾阳皮毛匠甚多，"每于二三月起至八九月止，皮工齐聚其间不下万人"。西安、渭北各县各氏尤精于硝制皮货，成为西部皮货加工中心。从明代起朝廷就有令："将一切生皮自隶运送西安泾阳县地方硝制。"

明清时泾阳县成为皮货加工中心。早在清乾隆之前，泾阳皮货业已相当兴盛。有李松林、魏德润、刘锡寿、白启泰、李东耕等建起皮行数十家。后东北封家村、县南西北南强村有义信正、封家的公兴和及骆驼湾郭尔勤等作坊三四十家。皮革运到后，由本庄招募皮匠硝熟缝制，这些皮货行工人多少不一，从数十至数百不等。每年夏初后皮货作坊有数百家，招工数万人，泾阳满街都是被称为"毛毛匠"的皮匠，规模相当大。在泾阳加工的皮货闻名全国，或由从津、京、汉、沪、河南来的皮商买走，或由皮货庄在各地的分庄销售。著名的皮货商伍少西于南京开店，所卖毛绒货品质甚佳，甚至承办大内铺陈，明永乐皇帝曾赐匾伍少西"永为世业"。他还在扬州设店，以后又在北京办店。戴春林在扬州、南京、上海设店，其店名由明代书法家董其昌书写"戴春林家"。伍少西在扬州的店名亦由扬州八怪之一杨法所题。

水烟业。烟草产于南美，明万历年间传入中国。最早种植与吸食烟草的中国北方人是山西曲沃的商人。曲沃商人张士英将烟草从福建引入山西。清初陕西商人在与山西商人合作中学会烟草的种植和炮制技术，传入陕西，种于富平等渭北各县。以后渭南、汉中成为清代烟叶重要产地。清康雍年间陕西商人又将烟草传入陇甘，他们成为西北烟业的生产、加工、销售垄断者。烟草种植于兰州及永登、榆中、靖边、临洮、永靖一带，面积达千万亩，每年产量在700万斤以上。这些烟由陕商运回泾阳加工成烟丝，称为"青烟"，这些商人被称为"丝子客"。这些烟草大多贩卖到长江中下游一带。

清代时泾阳是水烟加工运销中心,清嘉道后有"数十家厂商,雇工人数就有数千人之多"。加工烟草的技术被富平人垄断。在泾阳的烟业者有15家之多,以祥盛永、丰盛源、丰盛兴为龙头,每年过境加工的烟草达250万公斤。泾阳加工的水烟丝,丝、色、味三绝,称为"泾阳青丝",行销全国。渭南孝义镇赵家、朝邑的朱家、凤翔的冯家,以及泾阳的刘、孟、姚、于四大家族都由经营烟草而致富。清末民初,陕西烟商在上海、南通、苏州设分庄18家。渭南孝义镇赵家在上海的分庄"一林丰",每年销售达5000担,资本由30万两增至100万两。

茶业。陕西也是全国种茶较早的地区,但明清两代闻名全国的陕西茶叶是泾阳用湖南安化粗枝压制成的青砖茶,称为"泾阳青砖"或"茯苓茶"。

陕商经营茶叶与西部蒙古族、藏族等少数民族的需求相关。茶是这些少数民族生活的必需品,牧区有"宁可三日无油盐,不可一日不喝茶"的谚语。他们的茶叶需求极大。这就为陕商提供了广阔的市场。明中期隆庆开关后,开放汉人地区与少数民族的贸易。这又成为陕商一个历史机遇,形成了发达的"茶马交易"。自唐宋以来的"行以茶易马法"这时得到迅速发展。明初到明中叶,陕商主要用紫阳茶区(陕西安康、汉中和四川万源)所产之绿茶,经汉中运到洮州,或经秦州到河州这第一条陕甘茶马古道运至西北,每年约为115万斤茶。明中期后,陕西商人将湖南安化所产之红茶粗枝叶运回陕西,在泾阳压制成茶砖行销西北与全国。这时泾阳成为中国西部的茶叶加工贸易中心,紫阳茶衰落,泾阳压制成的"泾阳青砖"占主导地位。陕西茶商采取了购、运、焙、销一体化的柜商制度。

柜商制度下,管理组织者是总商。总商由众商推举、官府加委,有半官半商的双重身份,既要商号殷实,又要有人望,人称

"总商老爷"。当时经营茶叶的东柜、西柜均为陕西商人，总商也由陕西商人担任。如清初咸宁的穆士元，清中期泾阳的胡服九，都是著名的"通行领袖"。各柜茶商在兰州须经总商的审核、保结、造册、领票、定厘，方可上市。在总商制度下，陕西茶商一般设总号于兰州，如马合盛、天奉运等。或总号设立于泾阳，在兰州开分号，如裕兴重、裕生昌等。这些茶号要三家连环保结，向总督衙门申领茶引或茶票，仅清光绪三十二年（1906年），新泰和等八家茶号所领商引320票，计128万斤。著名的茶商咸阳穆士元为清前期茶商代表。泾阳吴家的裕兴重，在慈禧西逃时捐钱50万两，吴家一寡妇被封为一品夫人，人称"安吴寡妇"。此外还有毕家的魁泰通、渭南孝义镇赵家的恒春益等。大茶商马合盛实力强大，仅运茶的白骆驼就有300多峰。在慈禧西逃时由于他的驼队参加了从龙驹寨到西安的官粮运送，帮了大忙，被慈禧封为"大茶商马合盛"。

陕商在四川也参加了向藏区运茶的贸易。清代川西打箭炉（康定）为康藏边茶的集散地。清乾隆年间每年销往康藏地区的茶达1230万斤，清嘉庆年间达1400多万斤。这些茶主要由在四川的陕商经营。他们用茶换藏民的金、银、羊毛、皮张、药材等，运回内地，获利数倍。

药材加工业。秦岭地区是中药材的主要产地，有丰富的中草药资源。西秦岭西宁的冬虫夏草，甘肃岷州的枸杞、大黄、甘草、当归，东秦岭秦巴山的党参、柴胡、秦艽，兴平的红花等，都是名贵中药材。陕西也是中国医药的发祥地，传说中尝百草的神农，真实的药王孙思邈都是陕西人。所以，陕西人早就有经营中草药的传统和经验。明清时期陕西药商是中国传统药业的一支生力军。他们把秦巴山的药材运到泾阳、三原，经过切割、加工，整理成"西口药材"，在全国销售。

明清时，泾阳、三原是西部药材的加工集散中心。这两个县商业发达，交通方便，人才集中。由甘肃来的药材或经旬邑、淳化，或由长武、永寿运向泾阳、三原，由陕南来的秦地药材经勉县、凤翔到三原、泾阳，使两地成为西部药材总汇之地。这里药店众多，有九大药店、三大药栈和四十二家药铺之说。天庆店、恒泰店、德泰店、德泉店、恒盛店、春发店、义丰店、秦丰店、金泰店这九大药店中就业人员少则30余人、多则60余人，主要从事药材的采购、加工和销售一体化经营。有的西部药客自行运药材到泾阳、三原贩卖，这就必经药栈转手销售，也即代客买卖药材的药栈。清末三原的三大药栈是万秦栈、积顺栈和粤庆西栈。这里构成了以药店和药栈为中心的药材加工批发零售网络，主要从事大宗药材的加工、转运和销售。每年由泾阳和三原加工发运各地的西口药材达600万斤，总交易额有20万两。

金融业。泾阳、三原每年交易的布匹、茶叶、水烟、皮货、药材等总计在2000万元以上。如此发达的商业不可能没有金融业。而且西部边防重镇也在陕西，每年仅江南各省输向陕西的饷银就不下十余万两，在西域屡次用兵的财饷也由陕西输转。清乾隆以来数次征剿西域，每年经陕西的财饷输银不下60万余银。新疆收归建省之后，全国经陕西输新疆的饷银就有291万两。

泾阳、三原是西部经济与商业的中心。每年从各地流回这里的银两有两三千万两。而且，政府的饷银也在这里划拨，因此也成为西部的金融中心，长期保持"刻有现款百万，便可立致裕如"的状况。

金融业首先是典当业。典当业起源于南北朝时的寺庙中。陕西终南山是佛教圣地，不少寺院开设"长生铺"放贷生息。到唐代连官府也开设"官当"，不少衙门以"公廨钱"为本生息。在明代，各省的银钱送回泾阳、三原汇总后分解各地分号。经营异地汇兑的钱庄和高利贷的典当相当发达。政府亦把饷钱和税收作为典当资本。到清嘉庆年间，陕西仅当铺就有1293家，政府收当税6456两。

到清初，陕西典当商已向四川扩展。有记载说"四川省之典当业，在前清时，颇为发达，当时懂斯业者，大都系陕西帮"。陕西商人经营的典当、钱庄成为"四川握社会金融之特权及放高利贷唯一系统"。陕商的典当"组织严密，办事认真"，又实行低息策略，业务兴隆，"昼夜拥挤，至地方公私款项亦多交当生息"。自贡八店街的八家陕西钱庄字号在清雍正乾隆年间已掌握了自流井的金融调剂权，"流通现金亦可集十万钱。陕西钱商在四川办的典当，利润丰厚，"每年运回陕西之数莫可限量"。

当年办典当的都是富商大户。渭南孝义镇赵、严、柳、詹四大家族都在四川办典当发财。赵家在成都有钱铺10余处，柳家仅在成都的就有48家。赵家一次从四川运回银子，挑银的担子就排了八里长。由于孝义镇钱多，当时流传的话就是"孝义的钱子，赤水的蚊子"。渭北的三大富户焦、常、曹家也是在四川办典当发财。此外还有韩城县的吴大鹏，在兰州开"天福公"钱庄，一次分红就达5000两银子。渭南西塬上贺家洼的贺家在西北各州府县的典当300余家，还有两家钱庄，贺家应政府要求把当息由三分减为二分，其他当铺都跟随。可见贺家在典当业实力之大。

除典当业外，陕商还经营钱庄、钱铺、票号等金融业。票号主要是放款给大钱商（或钱庄），钱庄划汇给各大商行的贷款往来，并向典当业提供资金支持。典当是向农民和小商贩发放贷款。清代币制混乱，常有典当设钱桌、钱铺从事银钱兑换。由于商业发达，对资金的需求日益增加，社会上的闲置资金也在寻求出路。各类钱业出现了业务交叉。票号从单纯汇兑扩大为吸收存款、发放贷款，钱庄、银号等除了通过异地同业和本号驻外庄客承办汇兑外，也贷款给工商业户。

钱庄是由银钱兑换发展而来的、经营汇兑和存贷款业务的金融组织。陕商的钱庄出现在清同光年间，兴盛于清末民初。在泾阳、三原、兰州、重庆、汉口都有相当的实力。有名的天福公钱庄，由陕商史靖庵出资3000两，王庆华出资2000两合办，其掌柜和学徒等经营者均为韩城人。主要从事银钱兑换、熔销改铸银锭、汇兑、买卖硬洋、存放款等多种业务。由于经营得法，规模很快由5000两银子扩大到2万两银子。

陕商中的钱商赚了大量银子，但并没有用于扩大再投资，或投资于其他行业，相当一部分还被窖藏。1867年陕甘回民起义时，清军多隆多部一次就从大荔八女井李家挖走银子几十万两。陕甘回民起义时，赵义军包围了孝义镇，城中木石都被砸尽，赵家当家人赵渭南命砸50两的银锭，阻止了赵义军。后来义军又包围了西安六村堡，乡人也是通过砸银锭守住了堡。通过这些传说、事例，可见陕商窖藏银子之多。

从事金融业总要与政府打交道。陕商中的钱商也有种种官场人脉。如渭南西塬阳郭镇的钱商姜家发家就与陕西藩台谭钟麟相关。姜家的姜恒泰在谭钟麟被参时帮过谭，以后谭又出山，委任姜为黄河水利道台。姜家在商业上得其帮助，成为巨商。

尽管陕商的金融业没有晋商那么辉煌，也没有做到全国，没有转化为现代银行业。但在传统社会中，陕商金融业为本地商业活动融资，对陕商的发展壮大起到了不可小觑的作用，对陕西和西北的经济发展也十分重要。

陕商的特色

在许多人的印象中，陕商是一个小商帮。在中国传统社会的商业史中，他们的势力与影响不如晋商、徽商、粤商，甚至不如地域仅178平方公里的洞庭商。但他们经营范围广、行业多，尤其对西部地区的影响不容忽视。

西部是陕商的发祥地，也是他们活动的主要地区。 在西北他们不仅来到甘肃、宁夏、青海、内蒙古的一些主要都市，甚至来到秦安、狄道、靖远、西和、兮远、经宁、秦州等偏远的小城镇，以及北疆的阿克苏和南疆的叶尔羌。在西南，他们来到四川、云南、贵州，在康藏一带也相当活跃。在东部他们往来于江淮、吴越之间。不少陕商在扬州、松江建有园宅，在南京、苏州建了陕西会馆，即使宝川县月浦镇上也有"陕西巨商来镇设庄，收买布匹"。早在明末陕商就到江西临江县贩运锦，或到南城县贩卖蓝靛，到景德镇贩瓷器。在中原地区，明末陕西商人"不啻数千百"，光绪年间还有山西、陕西、甘肃商人合建的会馆。山东临清是运河上的商业城市，早在明成化年间就有大荔商人活跃于此。明嘉靖时陕西商人甄士义"商于临清，日竺万市"。许多陕商在临贩运直隶、山东、河南的棉布，早在清乾隆年间就有山陕会馆。北京、河北也不乏陕商的身影。清末陕商已来天津购买西洋货，并在安国经营药材。清代汉口、朱化、景德、佛山称为四大镇。这里商人云集，也有不少陕商。总之，全国的任何一个地方都有陕商的身影，也有他们留下的会馆。他们的活动范围之广不亚于其他任何一个商帮。在这么大的范围内，陕商经营的行业也十分广泛，几乎包括了各种商品。

这样广泛的经商地区与行业首先突显出陕商敢于冒险、不畏艰难的精神。在经商中他们经常深入甘肃、青海、宁夏、新疆以及四川西部少数民族居住的地区。这些地区往往人烟稀少、交通不便，且"切近房宛"，"北房西番，环伺衅隙"。可以想象，到这些地方经商需要多大的勇气，承担多大的风险。也正因为如此，陕商中不少人精通拳术，武功出众。据记载，陕商中李邦宗、李月峰，都是胆大技高之商人。正是靠这种勇气和能力，陕商的商业才遍及全国。

其次在他们经商地区与行业的选择上突出了西部的特点，称他们为"活跃于西部"正说明这一点。他们经商的地区还是以广阔的西部为主。他们熟悉这一地区的风土人情，比其他商帮的人进入这一地区更有优势。晋商来西部经商的也不少，但基本在西北，没有进入西南。总体上看，在西部，除了少数行业，晋商不如陕商。

陕商抓住区位优势的另一点在于经营的行业。陕商经营的主要行业还是西部的特产，如水烟、皮革、药材，或者是西部人所需要的，如棉布、茶及其他西部不出产的物品。尤其在盐业中失去优势后，这种抓住区位优势的方针使他们仍有相当大的发展。在经营方式上，陕商也有自己的特点。他们以长途贩运为主。在收购地，他们往往采取设庄收购和委托当地商店代收。在销售上适应客户的特点采用赊购方式。例如，陕商在苏州经营皮货，是秋天运来皮货赊卖给商行，次年春天运来草帽，只收皮货款，草帽款在来年运皮货时再收。这种方式被称为"连环方式"，保证了客户的稳定。

这些特色是陕商成功的因素，**但比这些更重要的还是陕商在企业制度上的创新。**

任何时代和任何国家经商或办企业都要有一套筹资、吸引和激励人才、获得信息和经营管理的制度与规章。在近代，西方国家企业已相当发达，总结出了一套相关的理论，也有了成熟的经验。但中国传统社会中经商的人对西方的这些理论与经验毫不了解，仅靠着在实践中摸索，也在不断进行制度创新。各个商帮都在这样做，陕商也不例外。

陕商经营范围广，在各地多设分庄，又以大宗商品为主。这不仅需要巨量资本，许多有专业又可信之人，还需要充分及时的信息交流，解决这些问题，就要创造出一套行之有效的制度。

陕商开始时也用自有资本、亲朋凑资、借贷等方式获得资本，**但以后创造了以"万金账"为主要标志的合伙股份制的筹资方式。**其基本内容是，投资人按入股股份的大小投资入股，并将应享有的各种权利以合同形式予以确认。"万金账"就是企业产权的契约形式和合伙股份制的制度，它是一本以账簿表示的产权证书，记载每个入股者的股份。它一般为纸心布皮，装潢精美，长期放在柜中，不用不出，"万金"之名取自商祖范氏"富至巨万"之意。万金账中记明各投资人的股份及其分红与认债的权利和义务。分红是按商定好的比例分割盈利，也称为"破账"，一般两年或三年一次。其算法是把应分之红利总数作为被除数，用股东的成数之和（即总股份）除之。得出每股应分之红利后，再乘以各股东之股份数。如果赔了，所有股东也要按股份的多少承担责任。认债是投资人的风险，投资人以自己的资本与财产为这种债务的担保。这相当于一种有限责任公司的雏形。

陕商的许多企业都采用了这种形式。如清乾隆年间户县人在康定经营的德泰合茶庄，就是由户县稻务庄一个姓南的和宋村一个姓宋的，每人出资500两合资经营。这家茶庄相当成功，南、宋二人告老还乡时已有资本25000多两，交给贺氏经理经营，订立号规，宋、南各占十分。再如清代专做棉布生意的德盛新布行，在清同治十一年（1872年）由李瑞林、张凌霄、李克昌三人各出资本400两，有万金账。又如清光绪年间，陕西商人刘纪棠、田荆荣和李四友堂总办李德山各出资200两联办协兴隆盐号，是仁怀边岸最大的盐号之一。分号有70多家，沿仁怀到贵阳一线。三年分一次红，盈利颇丰。平时股东不得在总号或任何分号支配分文,也不能查账,甚至不能在号内住宿、吃饭。

在经营上,陕商又创造了"东西制"的委托经营模式。陕商经营范围广,行业多,很难由东家完全控制,这就有了"东西制"。"东"指出资者财东,"西"指经营者掌柜。在这计划底下,"东"只根据资本后享利润,并不参与经营,"西"则根据市场行情变化独立组织经营,这就是实现了所有权与经营权的分离。

"东西制"又有两种不同的形式。**一种是"领东掌柜制"。**在"领东掌柜制"下,股东仅投资而不参与经营,掌柜经营而不负盈亏。这就形成权责利的不对称。股东不参与经营而承担无限责任,掌柜进行经营,但并不享受盈利的好处,又不承担责任。尤其在股东与各地经营者距离遥远的情况下,股东无法控制掌柜、及时了解经营状况。因此就创造了"记名开股"的办法,掌柜不出资但可以凭自己的能力有人力股。这种"记名开股"与晋商的人力股有相同之处,就是掌柜可以参与分红,享受到经营业绩的利益。但又有不同之处,这就是晋商的人力股并不承担风险,而陕商的"记名开股",对企业的风险与损失要承担相应的责任,这种掌柜被称为"领东掌柜"。"东与西"的分红按协定一般是"银六人四"。领东掌柜的比例再按各个记名掌柜的责任大小与在企业中的地位划分。如南焦焦家办的和顺记商号是银人各半。人的一半中,大掌柜占28%,二掌柜占22%,三掌柜占14%,四掌柜占10%,五掌柜占8%,其余由员工分。当然,这种制度下也出现过掌柜为多分利润而夸大利润的情况。这种制度的典型是开在康定的德泰合茶庄。该号经营百余年后,东家已无,由各掌柜共同经营,他们均为户县人,开六家分号。各分号由总号指挥,分号的大掌柜由总号指派。每年分红,有盈有亏,但盈利者多,故能顺利经营下去。

"东西制"的另一种形式是"**水牌掌柜制"。**在领东掌柜制时,职业经理人实际上依附于东家，失去了流动的自由。"水牌掌柜制"下，掌柜与东家仅仅是雇佣关系，他们的人身是自由的。水牌掌柜可以自由选择商号，东家也可以自由选择掌柜。东家与掌柜之间是一种雇佣合同关系，合同期到了，双方都可以自由选择。清代陕商在兰州经营的水烟业大多数选择了这种制度。在这种制度下，掌柜也不能向商号投资占股，这就是"人不占银，银不占人"。当然这两种制度在一个商号内也会因时而异。水牌掌柜业绩突出，东家想留用时也会给他"记名开股"，成为"领东掌柜"。

陕商还会根据不同地区和行业的特色创造出适用的制度。最有代表性的是在四川自贡井盐业中的**契约股份制**。井盐的开发所需资本巨大。凿一口浅口井需2万两银子，深口井需七八万两，设灶一座需银1200两。加上常年维护等支出，每井需银14万两左右，这就非一人可为，需要集若干人之资。而且由于井盐的不确定性和风险，需要更多人承担风险，并保证不断投资。此外，自流井的资源由本地人拥有，但他们没有实力投资开发，外来的陕商没有产权却有资本，这就需要双方互作。这样就由当地人作为主方出井地，房、厂、灶基，称为"一井三基"。陕商作为客方出资金、技术作为股份投入。其入股双方的权利、利益、义务用契约形式（称为"出山约"）确定下来，契约分承、出二式，分别由主客双方写就，然后换约收执。这就形成以"年限井"为主要形式的契约股份制。从清乾嘉以来，陕商在自贡开办100多口盐井，大多是用这种形式成功的。

这种契约股份制成功的典型是高姓陕商与当地富户王朗云合办的联珠井。联珠井是清道光十八年（1838年）王朗云以自己在自贡扇子坝的地权吸引高氏陕商以契约股份的形式兴办的高产盐井。契约名为"出山约"，是土地出让的性质。契约规定，出佃一方为主人，承佃一方为客人。每井主方收取客方押山放银400两，主出一井三基。客方出资凿办，井见卤水昼夜能推60担，或见火能煎40口时，主方即"进班"，将全井分为30班，也就是30股，主占12天，客占18天。主客可以合作推煎，也可以按日份单独推煎。双方推煎18年后，客方把所建厂房设备，除盐锅牛只外，按照日份分红。进班分红后，如井老水枯火微，主客相商，复行下锉，锉费按照日份派逗。如卤水不足60担，或火不足40口，就称为微水微火，即由客方推煎，以补偿钻井费用，但不得停锉。如客方中途停锉，主方可无条件收回井眼及其厂房设备。

由于凿井耗资费时，有人凿办多年，资金告尽，就另招股接办，称为"出顶"，接办人称为"接顶"。原来凿井人称为"上节"，承顶人称为"下节"，成功之后"上节"与"下节"分红，或各分一半红利，或上节仅二三成，由双方根据各自投资情况协商而定。陕商在自贡办的"磨子井"就是这种做法而成的。有的接顶后仍不成功，可以让出自己所占日份中的一部分，再招新投资，称为"转顶"。这样一口井的投资股份情况就相当复杂，需要由召集人"大关"来主持协商。

这种股份制中，股权的基本单位是"日份"。"日份"就是每天推煎盐卤的产量。在自贡每日份推卤80担。占有一天的日份，即占1/30的产权，所以"日份"可以析分。若半天计，每日份可分为2股，若以小时计，每日份可分为24股，每月可分720股。占有一天的"日份"，即拥有一天的推盐产量。日份类似有价证券，可以转让、买卖和馈赠。股份的买卖通过契约交割形式进行。在自贡盐井买卖股份的主要是两类股东，即地脉日份持有人（如联珠井的王朗云）和工本日份指存人（如陕商高某）。地脉日份和工本日份均可卖让，买卖的中介称为"经手"，用订立、交割契约的形式进行，契约写明执行人姓名、股份额和相关的权利与义务，并由立约人签字画押，具有法律效力。这是一种有效的投资机制。

自贡盐井实行"东西制",即所有权与经营权分离。投资人东家并不干预凿井业务。日常经营事务由称为"大关"的掌柜执行。井监生产风险大、事故多,经常出现债务问题。为了使债务不影响股东个人财产,盐场实行"井债井还",债务由井上偿还,与股东个人无关。这种债务有限责任制保护了投资者的利益,有利于鼓励对井盐的风险投资。

在契约股份制下,井盐盐场有一套成功的管理制度。以陕商共同投资的李友四堂盐场为例,最高层为总办,其下分为大柜房、井房、大生笕、灶房、字号等下属机构。大柜房管田产,井房负责开凿井与经营,灶房负责井盐的生产管理,字号负责销售管理,由此形成井、笕、灶、号一条龙管理体制。四大房代表于正月研究经营管理状况。会前,总办分别与井、灶、笕、号掌柜交换意见,提出经营方案并做出决策,向各大号掌柜布置工作。以后各掌柜向总办汇报行情情况,并听取指示。各房又有自己的管理机构与人员,如灶房有掌柜、管账、帮账、总灶、坐灶、总签、散签、师爷、学徒、跑街、水外场等,各专其事。这种管理体制分工明确,各有专责。同时,各房独立核算,自主经营,总办实行分权原则,不加干预。

在长途贩运中陕商采取了"驻中间,拴两头"的子联号营销机制,保证了产供销各个环节的正常有序运转。"驻中间"指总店设于贩运的中间城市。如茶叶贩运总店设于雅安或康定,协调边茶运销,也称"本庄"。"拴两头",一头是在茶区设坐庄分店收购、焙制茶叶,另一头设在藏区的分店销售茶叶。其他行业,如布业等,也采用了这种方式。

作为一个商帮,陕商也在各地建立会馆,以保护同乡商人的利益,并作为同乡商人的精神家园。这就发挥了一个商帮的集体互助精神,实现了陕商总体的成功。

陕西是中华文明的发祥地之一，陕商的核心价值观是忠，经营理念是道，行为特点是勇。他们抓住机遇，不畏艰难、敢于创新，成就了商业的辉煌，但1867年的陕甘回民起义和中华文化中的保守与封闭，使他们没有完成现代转型，在清末民初之际衰亡了。这也许是许多深受中国传统文化熏陶的商帮的归宿。

第九章　人口流动与江右商帮

江右就是江西。明末清初文人魏禧在他的《日录杂说》中记载:"江东称江左,江西称江右,盖自江北视之,江东在左,江西在右。"以后人们就习惯称江西为江右。**江右商帮就是江西的商帮。**

江西是个富裕的地方。唐初诗人王勃在《滕王阁序》中说江西"物华天宝,龙光射牛斗之墟;人杰地灵,徐孺下陈蕃之榻"。江西也是一个有经商传统的地方。唐诗人白居易在《琵琶行》中说"商人重利轻别离,前月浮梁买茶去"。白居易当时任江州司马,他说的商人应该是江州商人。江州是九江,商人去的浮梁是茶产地浮梁县。买茶自然是经营茶叶生意去了。

讲到中国的移民时,大多会提到"湖广填四川"和"江西填湖广"。在元代之前,"湖广"包括今天的湖南、广西、海南全省以及广东、湖北、贵州的一部分,明以后包括今天的湖南和湖北。这些地方的人移民去四川大多要经过江西,江西人也向这些地方流动。所以,江西是历史上一个重要的移民的地方。**江右商帮的形成和发展都与这种移民密切相关。**正如江右商帮研究专家方志远先生在《江右商帮》一书中指出的,明代江右商帮的兴起正是江西流民运动的产物。这也是江右商帮有别于其他商帮的重要特点。

江右商帮的形成

江西开发的历史可以上溯到一万年以前，作为明确的行政区域建制始于汉初设置豫章郡。汉武帝时全国划为 13 个部州，江西属扬州部。西晋时改设江州。隋代江西地区有 7 郡 24 县，唐时增加到 8 州 37 县。唐太宗时全国划为 10 道监察区，唐玄宗时增至 15 道，江西隶居于江南西道，故称江西。五代时江西地区先属吴、后属南唐。宋代改道为路，江西大部属于江南西路，小部分属于江南东路。元时的江西包括了广东的大部分。明时改中书省为布政使司，基本相当于今天江西省。清改江西布政使司为江西省。民国时江西有 81 县。

从东汉末年以来北方战乱，有大量移民进入江南和江西，东晋以后移民更多。加之地理、气候条件优越，江西自古以来就是中国最重要的粮食产区。江西手工业也相当发达：瓷器以"白如玉、明如镜、薄如纸、声如磬"而蜚声中外；茶叶种植与加工发达；江西产的夏布与四川荣昌的蜀布、湖南浏阳的皱布、广西桂林的练布并称四大名布；乌鸡等土特产品也相当有名。江西交通发达，赣江贯穿全境，注入鄱阳湖，由此可以通往全国各地。隋炀帝开通大运河，唐时张九龄凿梅岭通道，使交通更为畅通。

唐时江西商业已相当发达。《全唐文》中张保和的《唐抚州罗城纪》中说江西抚州："临川（即抚州）古为奥壤，号曰名区，翳野农桑，俯津阓阓，北接江湖之脉，贾货骈肩；南冲岭峤之支，豪华接袂。"说明唐代抚州地区的富庶和商业的发达。盛唐时江西九江、南昌已有外来商人，还有阿拉伯商人滞留。晚唐安史之乱，北方经济遭严重破坏，依赖东南漕粮接济，江西漕运商帮已经出现。五代十国时危全讽入主抚州数十年，采取了保境安民、劝课农桑、招徕商族的政策。在动乱的中国呈现出"既定且富"的局部繁荣景象。

宋代大量北方人南迁使江西经济更繁荣，商业更发达，宋时江西人口约占全国十分之一，居各省之首。元时江西在册户和人口数分别占全国20.2%和23.2%，仍居全国首位，经济进一步发展。而且，由于大量人口进入，宋神宗元丰十三年（1080年）客户、客口分别占36.2%和34.6%，高于经济水平相近的两浙的21%和19.2%。这时均田制被破坏，出现了土地的高度集中和兼并，迫使许多失地农民从商。这时，景德镇烧制出青花瓷畅销全国，又有茶叶、药材、纸张、木材等销售到全国，甚至销往西南和东南沿海。江西商税在元中期有6.2万余锭，仅次于两浙和湖广，居全国第三。江右商研究专家王东林先生指出："在唐代，尤其是宋明时期，由于经济政治中心的转移，再加上南方安定的环境促成了'江右商'这一群体的形成和发展。"尤其值得注意的是，万寿宫是江西人祭祀道家许真君的，最早的万寿宫建于东晋。万寿宫有1450多处，江西本省600多处，其余在外地。在明以前已成为商人活动、交流和议事的场所。

明朝第一个设行省的地区就是江西。明代江西商品经济发达，景德镇的陶瓷、樟树的药材、进贤的制笔、铅山的造纸、宜黄的夏布织造等在全国享有盛誉。在富饶的江苏都有"三日不见赣船，市上就要闹粮荒"之说。清初期江西还形成樟树、景德镇、吴城、河口四大著名商业城镇。江西历史上文化发达，唐宋八大家中，王安石、曾巩、欧阳修都是江西人。宋代以后还有黄庭坚、杨万里、晏殊、文天祥、晏几道、朱熹、陆九渊、解缙、汤显祖、宋应星等文化名人。在明代江西仅吉安府进士就超过1000人，所以有"翰林多吉水，朝士半江西"之说。新修的滕王阁内展出了历史上的江西名人，真是群星灿烂。

发达的经济和文化是江右商人形成的基础。**但促使江右商帮形成与发展更主要的因素还是人口流动。**

在明之前，江西人口流动已相当广泛。但更主要的人口流动是在明初。由于战乱，元末明初许多地方人口稀缺，政府组织了大规模人口迁移。在四川，张献忠屠杀了大量人口，到明初，四川人口只有60万左右。政府组织湖广地区的人向四川移民，这就是著名的"湖广填四川"。江西当时人多地少，加之土地集中，于是大量江西人民向湖广移民。这就是"江西填湖广"。据《明实录》记载，明洪武二十四年（1391年）江西在籍户口为156万，810万人。在一百年里，户、口数分别减少了41.4%和40.3%。这些减少有部分原因是元末明初战乱和豪门大户为逃税而隐瞒人口数，但主要原因还是人口外流。明万历六年（1578年），全国人口统计与明洪武二十四年持平，但江西又减少了22万户，224万人。户均人口由5.17人减为4.36人。与湖北人有一个称号"九头鸟"一样，江西人也有一个称号叫"腊鸡"。这与江西是一个移民社会相关。因为在长途移徙的过程中，风干的鸡更容易保存，他们制作腊鸡的技艺水平高，又喜欢吃"腊鸡"，或把它作为礼物，故有此称。

但江西的移民并不是去田多人少的赣南，而是流往他省。明嘉靖时曾在江西任职的海瑞注意到这一点。他指出，江西的流民以吉安、抚州、南昌、广信（上饶）为多，其中到赣南的仅十分之一，十分之九的流民到了外省。其原因是，如果他们到赣南，当地里甲就强迫他们入籍，分担赋税和徭役，原籍官府也会来追捕。逃往他省，这一切都没有了。

这百万以上的江西人流向湖广、河南、四川、贵州、云南以及其他地区。湖广"地多异省之民，而江右为最"；河南"四方之贾人归焉，西江来者尤众"；云南"全省抚人居什五六"；甚至北京"百工技艺之人亦多出于东南，江右为伙"。这些流向外省的江西人固然有许多仍然垦殖务农，但并不是每个人在移居的地方都可以得到土地耕种，许多无地农民，只好以商为业。明成化年间丘濬在《江右民迁荆湖议》中把移民湖广的江西人分为三类：置成产业者，名为"税户"；为人耕佃者，名为"承佃户"；贩卖贸易者，名为"营生户"。"营生户"就是在当地从商的江西人。置成产业的"税户"有不少是兼营土地与工商的。可见江西移居各地人中商人之多。明崇祯年间的《清江县志》说："俗多商贾，或弃妻子徒步数千里，甚有家于外者，粤、吴、滇、黔，无不至焉，其客楚尤多，穷家子十岁以上即驱之出，虽老不休。"这样才有了"无江（西）不成市"，江西人"一个包袱一把伞，跑到湖南当老板"等谚语。明人王士性也指出："作客莫如江右，江右莫如抚州。"江右商帮正是在这种人口流动中形成的，这也决定了江右商帮的诸多特点。

江右商帮的经营

江右商帮与人口流动的关系决定了它们的经营地区与经营行业相当广泛。"无江（西）不成市"就说明他们经营地区的广泛。

在江西省内，江右商帮因活跃的地区不同而形成不同的小商帮。如奉靖（奉新、靖安）帮、抚建（抚州、建昌）帮、吉安帮、清江帮、丰城帮、樟树帮、南昌帮等本地商帮。清代景德镇有"十八省码头"之称，商帮云集。其中较有势力的江西商人有瑞州商人、奉新商人、南昌商人、建昌商人、临江商人、吉安商人、饶州商人、抚州商人、丰城商人、湖口商人和都昌商人。清代河口镇"富商巨贾，共仰八帮"，其中江西占了三帮，即抚州商帮、南昌商帮和建昌商帮。江西不同地方的商人也由于经商领域不一样而分为不同商帮，如临清药帮、河口纸帮、吉安布帮和景德镇瓷帮。

南昌由于地窄人稠，人民多以手艺教书为生，或经商。抚州早已有经商传统，北宋唐宋八大家之一曾巩的族兄曾叔卿就是把瓷器卖到北方的商人。南宋理学家陆九渊的哥哥陆九叙是药铺老板。明代以后经商者更多，成为江右商人的主体。吉安手工业发达，造纸、陶瓷、造船、纺织印染尤为有名，他们经商以绸缎布匹、南北杂货、典当钱庄为主。饶州的商贾在唐代已闻名，以后经商传统一直未断。这些江右商中的小商帮都活跃于省内和全国各地。

江右商帮以江西为中心，向全国辐射，形成了向西南、向东南、向东、向西四条重要商路，走向全国。

西南商路是从临近江西的湖广开始，扩展到西南的云贵川，再远至西藏和东南亚各国。这条商路是沿着人口西迁的路线形成的。历史上江西填湖广和湖广填四川的人口大迁移正是沿着这条路线。江西流出的人口最多，出现的商人也非常多。湖广（湖南、湖北）是江右商人活跃的主要地区。汉口盐、当、米、木材、药材、花布六大行业都有江右商人经营，尤其是药材业几乎全由江西临清商人垄断。明末时武汉的江右商人已占从商人数的56%。湖南岳州多以渔业为生，而渔业贸易由江右人控制。长沙、衡阳商贾云集，江西人尤多。明代兴起的竟陵（湖北天门），三千人中本地人仅十分之一，多从事农业，十分之七来自江西，绝大多数为商人。湘黔边境的洪口，鄂西的邵阳、钟祥也有大量江西商人。湘潭活跃的是吉安、临江、抚州三大江西商帮。

云贵川是江右商人活动的另一重要地区。云南抚人占十之五六，"富商大贾皆在滇云"。云南姚安军民府（云南楚雄西部）和临安府（云南红河州）有许多江西商人。贵州、重庆等地江西商人也很多。他们甚至远赴西藏。南丰商人夏某多次出入西藏，最后死于西藏。

东南商路是两广、福建地区。唐代开凿梅岭商道以来，江右商人就通过赣江和这条商道向东南发展。又从这里通过珠江、闽江水系行商，甚至出海。他们把广东、福建的海盐运往各地。广州、佛山江右商人甚多。他们还从饶州、南昌等地运棉花到潮州、惠州。吉安布商在广州、佛山设放高利贷的"粤庄"。连州、商州等地都有江西商人放子母钱的记载。江西在广东的典当商也相当活跃，他们"坐钱放债，利上坐利，收债米谷，贱买贵卖"。在桂林、柳州、深圳、太平、镇安等地，江右商人主要经营盐业、茶叶、木材、药材。在梧州江右商人开设的商号有百十家。福建武夷山的茶商几乎都是江西人。

东部商路是江苏、安徽、浙江。这里是明清最发达的地区。江右商人从水路进入这一地区，把江西的稻米、大豆、瓷器、夏布、纸张、木材、烟叶、桐油、茶油、靛青等运往江浙皖，而将这里的盐、丝和棉纺品销往江西和全国各地。江右商人把江西的木材运至扬州，获利数倍。在江苏的盱眙、南京、苏州、松江及浙江的杭州、衢州、金华各地都有江右商人的店铺。南京主要靠江西、湖广的粮食，江右商人"岁岁载米依期而至"。

北部商路是经中原前往京师、山陕、甘肃和新疆。这自古就是一条重要的商路。这条商路上各地商人都有，江右商人亦在其中。地处中原的河南早有江右商人活动。明宣德十年（1435年），河南南阳知县李桓上书朝廷，该地许多江西商人放贷生息，累起讼论，要求申明禁约。明天顺年间大学士李贤说，他家乡邓州商人云集，西江（即江西）来者尤众。河南布政使年富甚至要求尽驱江西移民，尤其是江西商人。河间府的瓷商、漆商，宣化、登州的书商、巾帽商等皆由江西而来。明清时北京是全国政治经济中心，在此建会馆者甚多。明代北京的会馆见于文献者416所，其中江西有8所。清光绪时北京有会馆387所，其中江西为51所，列各省之首，甚至超过晋商的45所。会馆之多可见商人之众、商业之兴旺。京师山陕地区，江西商多是小商小贩，但也有瓷器商、茶商、纸商和书商。陕南山区历来为流民汇集之处，本地人不过十之一二，其余来自湖广、广东、安徽、江西，而江西人多从商。甘肃、内蒙古、东北都有江右商人。浙江诸暨人王冕《船上歌》云："君不见江西年少习商贾，能道国朝蒙古语。黄金散尽博大官，骑马归来傲乡故。"江西玉山人张良好长年在辽阳经商，甚富。甘肃一带也有江西商人的会馆。

江右商人不仅活跃在国内，而且也来到海外。至迟在宋代，江西商人就出海销售瓷器。元代江西商人汪大渊随商船八年两次出海，并写下《岛夷志略》一书。江西人还有出海经商而定居的。饶州人程复是瓷器商，后在琉球国以中山王长史的身份与明使者接触。江西庐陵欧阳修后人欧阳云台在日本经商成为豪富。明成化十四年（1478年），广东安千户抓到几个走私商人，为首者方敏为江西浮梁县人。明万历时朝廷曾派人巡视缅甸，只要有居民点，头目就是江西抚州人。他们多为来此经商而定居的。印尼早已有江西人建的许真君庙。这些庙多为江右商人聚会之所。

据不完全统计，明清时有固定经商地点且又有姓名可查的江西在外商人共374人。其中，在西南云、贵、川三省有102人，占27%；在湖南、湖北有86人，占22%；在闽粤的有70人，占19%；浙省的有72人，占19%；在北京及北方各省的有32人，占8.6%；辽东等边境地区的7人，占1.9%；海外6人，占1.6%。尽管这个数字不太精准，但也可以看出，江右商人经商地区之广。且有许多商人并未定居一地，而是往来于多地。如临川商人李拱板，弃儒经商，来往于滇、蜀、黔、楚、两广地区，成巨富。金溪商人李懋英在外经商数年未归，其子循着他的路线走湖广、西安，最后父子在四川双流相遇。还有更多没有留下名字的小商小贩来往于邻县、邻府之间经商。他们多是亦农亦商，在江右商帮中人数多而实力小。

江西物产丰富，如大米、茶叶、瓷器、纸张、药材、苎麻、烟草、大豆等。商人以这些产品为依托，在本省或外出经商，形成了江右商帮。他们的经营大体上分为米粮业、茶业、制瓷业、绸布业、药材业、钱盐业、南货业、建筑业、船运业等行业。

米粮业。两宋以来，江西一直是全国稻米的主要产地，也是重要的稻米输出省份。北宋时，江西的漕运粮总数已居首位，南宋时占漕运粮的三分之一。明代有三次完整的税粮记载，第一次明洪武二十六年（1393年），江西略低于浙江，另外两次是明弘治十年（1502年）和万历六年（1578年）都位居首位。江西在粮食供给中的重要地位一直保持到清末。

明清时期，稻米是大宗商品。据吴承明先生在《中国资本主义与国内市场》中的考证，明代稻米的输出地区主要是江西南部和安徽的江北地区。每年输出的稻米在1000万石左右，由江西输出的为300多万石。清前期情况基本如此。清后期，江西每年输出的稻米在500万石左右。

江右商人运粮靠水运，顺赣江而下进入长江，运往安徽、江苏、浙江、湖南与湖北。另一路是翻过梅岭进入广东。明天启年间《赣州府志》记载了江西向外运粮的盛况："赣亡他产，颇饶稻谷，自豫章、会关咸取给焉，两关转输之舟，日络绎不绝，即歉岁亦橹声相闻。"到清代，有关江西商人转输稻米的记载就更多了。如清雍正四年（1726年）7月18日的一道谕旨："差将江西谷石，用大船由长江载至镇江，再到苏州一带，用海船载至福建之福（州）、兴（化）、泉（州）、漳（州）四府，秋间西北风起，半月可到。"又如清乾隆五十年（1785年）9月的上谕中说："江西省商贩赴楚，已有（粮船）一千三百余只，米谷约有数十万石。"可见江右商人把江西粮食大量运出省外。

茶业。江西地处长江中下游南岸，丘陵广布，气候温暖，茶叶生产有着得天独厚的条件。早在唐大和年间（827—835年），江西浮梁每年产茶700万驮，税15万贯，已成为全国七大产茶区之一，当时浮梁商人经营茗、纸、瓷，以茗为主。茶税已占全国的83%。宋代江南15个种茶区中，江西占了10个，产量达4263255斤，占全国三分之一。全国产茶百万斤以上的地区共七处，江西占二处。元代江西仍然是全国茶叶主要产地和转运地。元至顺二年（1333年），江西茶运司每年有茶引100万张。明清茶叶有更大发展，研制红茶成功。清末民初江西茶叶进入黄金期，种茶面积达126万多亩，产茶20余万担，居全国之首。江西还有许多名茶，如遂川的狗牯脑茶、婺绿茶、浮红、珠兰花茶，都曾在国际上获奖。

唐宋时江右茶商得到迅速发展，已形成茶叶的市场体系。唐大和年间，婺源、浮梁、祁万、德兴四县，茶货实多。江口（九江）、浮梁是茶商会聚之地。宋代亦如此。"茶叶之路"就是由江西河口镇等地经信江水运进入鄱阳湖，转长江至汉口，溯汉水北上襄阳，转泗水北上赊店，由陆路经太原、大同到张家口，运至蒙古和俄罗斯。这条茶叶之路上从事贸易的主要是晋商，但与之交易茶叶的则为江右商。梅岭商道开通之后，茶叶也经广州通过海上丝绸之路运往东亚、中东、欧洲。从江西到广东茶叶主要由江右商经营。

江右茶商经历了从个体到商帮的过程。个体茶商的形式有"茶号""茶行""茶庄"和"茶栈"。"茶号"从茶农手中收购毛茶进行精加工；"茶行"代茶号买卖，收取佣金；"茶庄"主要经营内销茶;"茶栈"设在外销口岸,主要向茶叶商贷放茶银,介绍茶叶买卖,收取手续费。《九江县志》记载,清光绪七年(1881年),九江有茶行252家,次年增至344家。其中最有名的是德化茶商张正荣的裕泰恒茶庄。清宣统三年(1911年),境内有茶叶商号约200户,最有名的是江资甫的天祥茶号。明中期以后由于茶商增加,竞争激烈,已出现了茶帮。茶商由最初的茶庄坐商发展为既有坐商,又有长途贩运行商。鸦片战争后还出现了经纪、买办。

瓷业。早在唐代浮梁的瓷器已有"假玉器"之称。但瓷业大规模发展还是从两宋开始的。宋景德年间(1001—1007年)浮梁设景德镇,庐陵设永和镇。由于政府扶植,这两镇集中了全国各大名窑的先进技术和经验,瓷器质量迅速提升。到南宋,景德镇瓷器以"洁白不疵"而获"饶玉"之称,永和镇的瓷器也"几与哥窑等价"。宋末元初又烧制成青花瓷,使景德镇瓷器闻名天下。明代,景德镇瓷业得到进一步发展,成为我国制瓷业中心,产量、质量超过其他产瓷地区。明嘉靖《江西省大志》中记载:"其所被自燕云而北,南交趾,东际海,西被蜀,无所不至,皆取于景德镇,而商贾往往以是牟大利。"即使在明初海禁时代,江右商人仍然走私瓷器出海,如程复、汪宏等人。在景德镇贩运瓷器的商人以饶州、南康、抚州、南昌、吉安为多。

当时景德镇有各地商人来经营瓷器,号称"十八省码头"。全国曾有18省、34个州府、68个县在此建会馆30个、公所100多处。其中最大的为始建于明,清乾隆时扩建的都昌会馆。那时在景德镇的都昌人超过当地人口半数以上。都昌人把持了全镇陶瓷业务,号称"都帮"。都帮以冯、余、江、曹四大姓为首,联合张、王、刘、李各姓推选帮首,总揽一切。都帮主要经营陶瓷园器窑厂,生产人们常用的日用瓷,因销量大成为景德镇各帮中最大的一帮。此外还有经营壶、缸、雕塑等瓷器的杂帮,包括抚州帮、吉安帮、南昌帮、奉新帮、丰城帮、饶州帮等行帮。

药材业。中医药界有"药不过樟树不灵,药不到樟树不齐"的说法。樟树"四会要冲,八省通衢",药商汇集,是南北药材集散地和加工炮制作中心,成为著名的"中国药都"。樟树药业源远流长。早在东汉时,道教始祖葛玄在市东南山的阁皂山采药行医,筑灶炼丹,前后40余年。从此樟树药业历1800年而不衰,吴时称"药摊",唐时称"药墟",宋时称"药市",明时称"药码头",清时称"南北川广药材总汇"。明宣德四年(1429年)樟树镇由于药业发达,已被列入全国33个重要税保城镇之一。明隆庆、万历年间的文人王士性在《广志绎》中说:"樟树镇在丰城、清江之间,烟火数万家,江广百货往来,与南北药材所聚,足称雄镇。"其药材交易量难以确切计算,但从万历年间镇税二千余两来看,交易额应在六万两左右。明末清初是樟树药邦的全盛时期。清乾隆皇帝开放广州一口通商,赣江成为联系南方各省与海外的通道,樟树镇获得大发展,其南国药材加工集散中心的地位形成。清乾隆年间,有80%的樟树人以药材为业。樟树人开的药店遍布全国各地,与京帮、川帮并称三大药帮。樟树的药材号铺有200多家,其中著名的有建于清康熙年间的大源行,清乾隆年间的福太行、鄢仁德草药行、正兴茯苓行、庆隆行、德春行、金义生行等。许多药行世代相传达几百年之久。

药材行业中另一个是建昌药帮,以中药饮片炮制和集散经营著称。它兴于宋元,发达于清中叶,得益于东晋的医药学家葛洪和唐代一些道教人士的炼丹、制药活动。元代时建昌人对药物的临床应用已有深刻的认识,药物制备上已有优势。建昌人奉诏建了三皇宫,清咸丰十年(1860年)改称"药王庙",供奉孙思邈等十大药王。每年的庙会药王庙也是药商交易的场所。建昌药帮和樟树药帮合称"江西帮",为全国十三大药帮之一。

木材业。江西地处东南丘陵，雨量充足，是林木产地，尤以南安、赣州为最。清乾隆《赣州府志》说，赣州商人主要靠杉木运销外省致富。吉安、南昌、抚州等地也有大量木材外销。江右商一般以吴城为木材集散地。从赣江、修水、抚河顺流而下的木材，在此重扎木筏，然后出湖口，入长江，远销苏、松、南京及武汉等地。据清末《实业部月刊》上的文章估计，仅九江姑塘关统计，江西每年外销的木材为1600万立方米。

讲到木材交易，必须提到专门经营竹木交易的行会组织"木纲会"。这个行会由江西抚州乐安县流坑村木材商在清代所建。流坑村的村民以董姓为主，远祖为董仲舒，唐末曾任宰相的董晋后人从安徽进入江西。董氏是一个名门望族，历史上出过进士32人，文武状元各1人，举人100多名。明代后期逐渐兴起的竹木贸易使家族由学而优则仕转向学而优则商。流坑本地盛产竹木，其乌江上游的招携、金竹一带更是竹木资源丰富。到清前期，这里的竹木贸易被董氏所垄断，出现了行会组织"木纲会"。凡董姓竹木贸易从业者均需入会，交纳会费，遵守会规，会员的经营活动及正当权益受木纲会保障。个人不得带外地客商进山，不得互相争夺各自的客户及定购的竹木，遵守排工工价。严重违反者送董氏大宗祠处置。外地客商不能进山，要与董姓木商洽谈认购，由木纲会组织人进山买木采伐。木纲会以董氏宗族势力为后盾，垄断了竹木贸易，致富者数十人，资本达数千两。这种行会在全国也是独特的。

布业。早在春秋时，江西已种植苎麻，到唐代万载的夏布被列为贡品，北宋时南安等州均有夏布上贡定额。明清是江西夏布的鼎盛时期。清代赣州石城等县每年生产夏布几十万匹，宁都州夏布也达数十万匹，多销往省外。到1933年，江西仍产夏布90万匹，占全国夏布的40%。由于质量好，其产值450万元，占全国的56%。1912—1930年仅从九江关轸出的夏布就达35万匹，半数销往国外。

明中叶后，九江的德化、湖口，南康的都昌，饶州的鄱阳均为著名产棉区，其他地方也有棉花种植，由此棉纺织业出现。清宣统《南昌县志》说，南昌乡村百里，"无不纺纱织布之家，勤者男女更代而织，鸡鸣始止。每日可得布十匹，赢利足两贯余。耕之所获，不逮于织，耕以足食，织以致余，农家未有不勤织而富者。"吉安、抚州也如此。抚州因棉花不足，每年从安徽、湖北运进两万多担棉花。以每包100斤计，每两斤半织布一匹，仅这些外来的棉花就可以织布80万匹。

有棉布必有布商。明前期布商以经营夏布为主，明中叶后夏布、棉布兼营。万载、乐安、宁都、石城的夏布，清江、南昌的棉布是布商主要经营的。江右布商多走广东、四川，设有粤庄、蜀庄，号称"衣被楚、黔、闽、粤"。贵州有水银产地回龙场和双流泉，经营汞银的多是江西人，他们实际上也是布商。他们把夏布、棉布运至贵州、四川销售，然后收购汞银，转售湖广、广东、浙省，再回本省收购布匹外销。

纸业。江西在唐中叶已有江州、信州为贡纸产地。入宋后，吉州、抚州及南康的造纸业大有发展。在明代，铅山的造纸业与苏杭纺织业、松江棉织业、芜湖浆染业、景德镇制瓷业并列为全国五大手工业中心。这个地位一直保持到清代。明永乐时在江西西山置官局造纸，最佳的称为"连七""观音纸"。奏本纸出于铅山。清中期仅铅山县河口一镇，纸张贸易就达四五十万两白银，此外广丰、弋阳、贵溪、玉山、奉新、宁州也有不同规模的造纸业。

明代及清前朝，江右商人中因纸张贸易致富者甚多。他们到外地买原料，运回江西造好纸后再卖出。据《西江志》记载，铅山、玉山的造纸原料都来自外地。树皮出于湖广，竹丝产于福建，帘则来自徽州、浙江，皆属吉安、徽州二府商贩装运本府地方货卖。这些吉安、徽州商人就是纸商，各地造纸的小本商人不计其数。

书业。 与造纸相关的是书业。从两宋到明清，江西文化发达，科甲鼎盛，又有造纸与印刷业的发达，所以出现了一批专门从事书肆经营的商人。这对许多弃儒从商的经营者更有吸引力，兼具获利与文化的特点。江西书商中以最有文化的抚州人为多。《东乡风土记》中说，东乡之民"谋生之方不一，书肆遍天下"。金溪人杨随在四川泸州开药铺，其从兄在泸开书肆，常年亏损，杨随把药铺让给从兄，自己经营书店，结果盈利比药铺还多。临川戴珩，有亲戚借6000两银子去广州经商，数年不归，戴珩去讨债，把钱全买了书，经营书业而有成。

典当质押业。 明清时期典当业相当发达，各个商帮出于经商融资的需要，经营典当业者不少。典当为暴利行业，许多经营其他行业的也兼营典当。江右商人亦不例外。江西的典当业有两种情况。一种是专门的典当铺，其经营范围较广，各种物品都可质押借钱，另一种是兼营典当的富户，一般以物抵谷米。江右商的典当业对客户的盘剥也相当严重。典当时值一金的物品，只能当五钱，十个期满后不赎回，典当物则被拍卖，十个月的利息相当于100%，赎当则每月三分利。但典当也解决了穷人之困。当青黄不接时，富户把谷米典给穷人，以衣物为质押，一般押谷一石，年加利三斗，秋收后就可取回，年利为30%，在典当业中并不算高，但解决了穷人的燃眉之急。清道光二年（1822年）11月一份谕旨中就说："民间典质称贷，有无相通，事所常有。江西省所属，向有殷实之家，于青黄不接之时，将余谷叫农民质押，以有余补不足，沿行已久，贫富相安。"在湖广、云南、广东、广西、贵州、四川、福建等地都有江西商人从事典当业的记载。

建筑业。南昌一带许多人外出从事建筑业,这一行业的泥木工匠在清代建有"鲁班会",并在南昌干家前巷内建有鲁班庙,作为议事之所。凡在城内做工的泥木匠均要参加鲁班会。谓之"上会",并缴纳一定的会费,称为"纳香钱"。学徒交一半,称为"半会"。未入会者不得从事这个行业。鲁班会推举一名在同行中有名望的人为首,称为"总管";另推若干具体办事者,为"值年","值年"一年一换。该会有自己的行规和入约。省内各府各县都有自己的鲁班会,但均是独立的,并设有一个统一的组织。

杂货业。江西商人在外地有不少是经营日用杂货的。这个行业的店铺可大可小,小的投资不多,资金流动快,适于流动人口小本经营。江西杂货商以南城最有名。《建昌府志》就说到,南城很少有资本雄厚、经营大宗商品的商人,大多是经营各种杂货的小商人。在明清时,大多江右商人都是这些杂货商。如广信府玉山等县的小贩把当地特产莲子贩到苏、松、杭、湖等地,抚州、建昌、广信等府小贩卖炭,九江人贩鱼苗,等等。这些经营都没有形成规模,也没出什么大商人。

盐业。江西的食用盐全来自外省,在盐铁专卖下,食盐的价格奇高,因此早有商人从事盐业走私贸易。《明史·食货志》中提到:"江西故行淮盐三十九万引。后南安、赣州、吉安改行广盐,惟南昌诸府行淮盐二十七万引。既而私盐盛行,袁州、临江、瑞州则私食广盐,抚州、建昌私食福盐,于是淮盐仅行十六万引,数年之间,国计大绌。"江西人口变动并不大,但官份的淮盐引从三十九万引降至十六万引,可见私盐贩运之猖獗。江西的盐商既卖引盐,又卖私盐。如南昌人谢启两代盐商,往返于扬州与南昌之间有船多条,资本颇为雄厚。在江右商人中南平人仓竺峰、吉安人刘居吾、临川人华联辉和华之鸿均经营盐业，资产在百万以上。私盐有专门的走私路线。广东私盐有两条路：陆路由兴国入吉安的万安，水路由赣县顺赣江到吉安、临江等府。福建私盐也有两条路线：一路由崇安经铅山、弋阳入饶州府各县；一条由光泽县入新城，到建昌、抚州等府。浙江的私盐一路由贵溪运往饶州府的安仁等县，另一路由徽州的祁门、建德入江西饶州的德光等处。这些路上江西的私盐贩子颇多。清道光二年（1822年）两江总督孙玉庭奏称，江苏、安徽等地所缉获的沿江贩卖私盐者多为江西商人。

由上可知，**江右商经营地域广、行业多。但主要还是在南方，业务以江西特有的粮、茶、药、瓷业为主。**

江右商帮的特色

江右商人的主要来源是弃农经商者和弃儒经商者。弃农经商主要是无地农民，他们或因各种原因失去土地，或因迁徙到某地，都是为脱贫而经商的；弃儒经商者大多原为小康状态的书香门第，或因为家贫无力上学，或因为科场不顺，屡次不中而经商。前一类经商者都是白手起家，且基本没什么文化，所谓从商，无非是小商小贩，数量多，而成富商者少；后一类或多或少都从祖辈继承了一些财产，可以作为经商的原始资本，且又有文化以及较广的人脉关系，更善于抓住时机，运用多种经营方式，成功者比前一类多得多。各种地方志、文人随笔等史料中记载的也多为这一类人。

江右商经商资本的主要来源首先是个人白手起家积累的资本。这种资本主要又是受雇于富户赚到的工钱，省吃俭用，略有节余则去经商。其次是家庭内积累的一些财产，尤其弃儒经商者中的科举考试失意者。他们的家庭一般在小康以上，财富可用于经商。

最后是借贷经商，这是一种主要的集资方式。这种借贷并不来自票号钱庄这类金融机构，而是来自同乡、同族、亲友和邻里。这种借贷通常有双方订立的契约，是一种民间借贷。**这三种来源的资本并不多，这也形成江右商以中小商人为主体的特点。**

这种集资方式也决定了江右商人中许多人都是个体经营，甚至整个家庭仍以农业为本，商业利润作为补充。江右商合伙经营的方式也较为普遍。这种合伙经营有三种形式。一是家庭或家族内的合伙，家内有分工，经营以整个家庭为单位，经营者分工从事供销的不同环节；二是合资式合伙经营，即每个合伙的人都出一定资本，共享利益、共担责任；三是主伙或共同经营，主伙是东家出资金，伙计进行经营。因为在前两种情况下一般不雇伙计，所以雇伙计就是主伙制。这时的伙计不仅是做一些辅助性服务，而且相当于代理人，代表东家进行经营。在江右商中结帮经营也很重要。每个人都是一个独立的商人，但互相结为一个团体，共同从事某项业务，有的帮包括的人还相当多，如我们以前说的樟树药帮、建昌药帮等。在盐业中出现了官商合营，或官招商代为经营。在清末民初江右商人中也出现了买办商人。如婺源人吴懋鼎自学了英语，在天津汇丰银行任买办，后来自己办了许多企业。南昌人赵千卿担任过美孚公司南昌经理处经理。不过这在江右商人中是极少的。

江右商帮也有自己的会馆，一般称为"万寿宫"。其作用一是作为庙会交易场所，把对许真君的朝拜和经商结合在一起；二是作为调解、裁决商业纠纷的场所；三是举办公益慈善事业的场所，帮助有困难的同乡商人，也集资从事各种公益活动；四是作为交流信息的场所，从事商业中介的工作；五是作为集资的场所，发起"摇会"或"抬会"集资。这样通过万寿宫可以发挥整个江右商的集体主义精神。江右商帮的会馆作用比其他商帮的还要广一些，如集资就是其他商帮的会馆所没有的，其他商帮的会馆也很少作为交易场所。

江右商帮也深受中国文化的熏陶，因此有与其他商帮共同的特点，如注重个人道德修养，在经商中以诚信为本，经商成功者关注社会公益事业等。但江右商帮亦有自己的特点，**这首先是江右商帮在人口流动中形成，以中小商人为主体**，没有出现晋商、徽商、宁波商、洞庭商中那样的大商人，因此在全国和经济史中影响有限。这有两点可以说明。

一是贺三宝先生在《江右商帮兴衰：对区域经济社会影响研究》中曾列出了江右商帮的代表人物24人，其中家产达300万两银子以上者仅吉安周扶九1人，200万以上者仅临川汤子敬1人，其他都在100万以上。这与晋商等商帮中家产上千万者的数量不可同日而语。而且成千上万的江右商人中能上百万两榜的仅区区24人，作为一个商帮，无论从巨富人数，还是从整体实力上看，江右商帮都不强。明人谢肇淛在《五杂俎》中说："新安多富商，而江右多贫者。"这里的"贫"并不是指一般意义上的"穷"，而是作为商人资本小而实力弱。这种情况江右商一直未能改变。

二是江右商帮中官商结合相当少。除了盐业中有个别的例子，其他行业中基本没有。而且盐业并不是江右商的主业。应该说，明清时江西人在朝中和各地当官的相当多。他们没能利用上本乡的政府背景，正在于这些商人实力太小，既没有必要去结交官员行贿，也不可能与这些官员有什么联系，甚至连见一面也不可能。而且他们从事的这些行业也不需官商结合。江右商人资本小，多是小商小贩，可以说是地道的"草根商人"。

与小商小贩相关的一个特点就是江右商帮并不是一个统一的大商帮，而是帮中有帮，由许多互不关联的小商帮组成。江右商人游走四方，就因地域和行业形成不同的小商帮。张芳霖教授在

《江西民俗》中概括了这一特征。他说:"商帮有一业一帮、一业多帮、先合后分、按区域设帮、大帮套小帮,帮中有帮五种类型。各个小帮都有自己的业务范围和活动区间,却是自立门户,各自为政,自选帮首、自定行规、自议帮务,相互之间没有什么联系,更没有一个一统整个江右商的组织。"这种情况被称为"九佬十八帮"。甚至在药业、瓷器业这些主要行业中也没有形成统一的"药帮""瓷帮",也没有统一的组织。这种现象仍是由于江右商帮都是一些小商小贩,只要有同乡同业的人帮助就可以,无须更大的组织。同时这些小商贩中也没出现什么资本雄厚又有权威的商人去推动这种统一组织的形成。

尽管江右商帮整体的实力并不强,但值得注意的是**他们的经营以自己本地的特色产品为**主。景德镇的瓷业和樟树与建昌的药业是江西的两大产业,江右商人在这两个行业的经营实力强大,在全国不能说形成一家独断,但是有绝对控制力的。抓住这两个核心产业,再广泛地经营其他行业,就可以支撑起一个商帮。以这两个产业为主,正体现出江右商帮的地方特色。

江右商帮的贸易活动促进了江西经济发展、手工业技术水平的提高和城镇化,但更重要的一点是缓解了江西人口和土地的矛盾。通过经商活动,大量人口流向外省,用移民解决了人口问题。这大大有利于江西各种社会矛盾的缓解,为江西的发展创造了一个有利的环境。同时经商习惯的形成也为贫穷的过剩人口找到一条生路。这是江右商帮特有的作用。

清末民初中国处于社会大变革时期,江右商帮没有整体上实现转型。加之这种社会转型带来的经济衰退,江右商帮不可避免地衰亡了。没有大商人带动转型,众多小商小贩也就自生自灭了。

第十章　儒家文化与鲁商

山东是儒家文化的发祥地。每一个山东人，无论是读过书的，还是目不识丁的，耳濡目染都深受儒家文化的熏陶。儒家文化影响着山东的地域文化和民风。**讲山东的鲁商就离不开儒家文化。我们必须从儒家文化的角度来了解鲁商的产生、发展与特色。**

鲁商的形成

山东地处中国东部、黄河下游，东临渤海、黄海，与朝鲜、日本隔海相望。因在太行山之东而称山东，又因在春秋战国时代为鲁国、齐国故地，又称齐鲁大地，简称鲁。鲁商就是山东商人。

山东是中华文明古老的发祥地之一，新石器时代的大汶口文化和龙山文化都在山东。在商朝建立之前，山东是商族活动中心。一个种族以"商"为名，可见重商之风。商朝前期曾有五次迁都，有三次在山东境内。在整个商朝，山东都是其统治的中心地区。西周时封周公于鲁，姜尚于齐，有了齐鲁两国。

齐鲁大地膏壤千里，农业与手工业都相当发达，又有盐、鱼、漆、麻、帛等物产，商业十分发达。春秋时被称为中国商业之祖的著名大商人陶朱公范蠡就是在山东经商成功的。孔子的子弟中子贡（端木赐）也是成功的商人。齐国的第一代国君姜尚在助周灭商前曾做过商人，他封于齐后"劝女工之业，通鱼盐之利"。以后齐国的宰相管仲采取"通山海,管渔盐"的重商政策,结果"通商工之业,便鱼盐之利,而人民多归"。《史记》中记载,当时齐国都城临淄"车毂击,人肩摩,连衽成帷,举袂成幕,挥汗如雨",可见繁荣之景象。鼓励商业之举使齐国强大,成为春秋五霸中无可争议的第一个霸主。

秦统一中国后,山东仍然是经济发达的地区。西汉时,人口1700余万,390万户,占全国人口的30%。后来山东经历战乱,不少人死亡或迁出,但到隋初山东人口仍占全国人口的21%。作为一个粮食大省,山东每年有大量粮食外运。但翻阅史书可以看出,山东出了一批杰出的思想家、文学家、艺术家、政治家、军事家,但没有什么大商人。在山东历代地方志中,贯穿了学而优则仕的思想,对成为大官者不惜赞美之辞,而对商人和商业都做低调处理,或隐而不写,更少有山东人外出经商的记录。这与其他各省,尤其南方各省的地方志截然不同,说明山东人轻商的倾向。**明中期以前,山东商业并不发达,更别说形成商帮了,究其原因还在于儒家文化的影响。**

儒家思想的观念是重农抑商和重仕轻商,他们的理想模式是"耕读传家""诗书传家"。当年孔子在鲁国抨击扶植工商业的政策。他认为,让家人织蒲席出卖是不仁不义的行为。他的弟子子贡经商也遭他指责。他的信条是"君子喻于义,小人喻于利"。商业以盈利为目的,商人必为小人。儒家文化对商人的评价是"无商不奸,无商不诈"。这种对商人的评价深深影响了山东人的价值观,鄙视商业和商人成为儒家塑造的山东传统。他们追求的是以农为主,即使本地无地可种了,也要"闯关东",寻找新的土地。山东人极为重视对子女的教育,但教育的目的是"学而优则仕",绝不是"学而优则商"。

使山东人在明中期以后走上经商之路的,不是内心经商致富

的冲动，而是残酷的现实。**鲁商是被逼出来的**。

这种压力首先是人口与土地的矛盾。不过这种矛盾的表现方式与其他地方略有不同，不是简单的总体上的人稠地稀。

就山东省整体而言，在明代人稠地稀的矛盾并不突出。在明嘉靖二年（1542年），山东耕地为55588100亩，人口为7718202人，人均土地为7.2亩。其他时期有波动，但大体如此。按当时山东的农业生产水平和亩产来计算，养活近800万人应该是有余的。但山东不同地方在耕地多少、土地贫瘠程度和水利资源的便利程度上，差别相当大，经济发展极不平衡。在贫困地区，耕种的粮食不足以温饱，经商是为了找一条活路。在富裕地区，粮食有余，经商就是把本地多余的粮食运到其他地方，换取自己需要的物品与货币。

其次是自然灾害。这一点对鲁商的形成极为重要，比土地与人口的矛盾更甚。

山东是一个"十年九灾"的地方，仅在明代，山东水旱虫灾多达数百次。地方志上关于各地受灾后"草木皆枯""道多饿殍"，甚至"人相食"惨状的记载比比皆是。进入清代后，山东几乎年年有灾，无处不灾；涝时一片泽国，旱时赤地千里。据不完全统计，在清代的268年中，旱灾233次，涝灾245次，黄河洪灾127次，蝗灾45次。其自然灾害之严重超过其他各省。例如，清康熙四年（1665年）的特大旱灾，全省107个州县无一幸免。在灾害面前，除了"闯关东"，经商就是唯一选择。

最后还有人祸。明末清初的战乱给山东带来了巨大灾难，农村土地荒芜，人口锐减，一派凄惨荒凉景象。据清顺治年间记载，山东"地土荒芜，有一户之中，止存二人，十亩之田，止种一二亩，荒多丁少"。以兖州府泗水县为例。明天启四年（1624年），清丈田亩，共有"额地五千七百余顷"，此后，"人死地荒"，到清初再次清丈田亩时，只有不到200顷，不及原先的3.5%。兖州府峰县，明清之际，"数十年来，民弃本业"，流离转徙，亦已过半。东昌府高唐州，明崇祯庚辰、辛巳年间（1640—1641年），人口逃亡殆尽。到清朝建立，"户口尚弥寥寥"。清平县顺治四年（1647年），全县"豁除逃亡人丁二万三千四百十一丁"，只剩"人丁一万八千六百有奇"。莘县明崇祯年有三万五千八十三丁，清顺治四年只剩下三百一十三丁，相当于明崇祯时的4.7%。明清时代，山东各地的农民起义、动乱也给山东带来严重的灾难。如清末"鲁捻"就使山东"大半糜烂"。

严重的自然与社会灾难逼迫山东人或者去"闯关东"，到天寒地冻的东北再创农业乐园；或者留下来经商，且山东也有经商的有利条件。

交通的发展是经商的重要前提条件。山东的地理位置决定了它在国内交通中的重要地位。从陆路交通来看，山东为中国南部与中部入京的必经之地。鲁西北的临清州为"南北之咽喉"，鲁北的武定府（今惠民县）乃"燕蓟之门庭"，鲁西南的曹州府（今菏泽市）、濮州是"鲁卫之藩蔽"，鲁南的沂州府（今临沂市）是"潍徐之镇钥"，胶东半岛的登州府（今蓬莱市）、莱州府（今莱州市）为"边卫海之保障"。这五个地方除登州、莱州是海路要地外，其他四个都是山东与各省联系的重要陆上通道。

水上交通当然是大运河。大运河由苏鲁边界经峰县台儿庄入山东，经微山湖、南阳湖进入鲁西大平原，又经济宁、临清，由德州桑园镇进入直隶，直达津京。这条水路是明清时的交通大动脉。每年南漕北运季节，"帆樯如林，百货山积。经数百年之取精用宏，商业遂勃兴而不可遏"。到明中叶时，临清已是运河上主要的码头了。

山东还有数千里的海岸线。从北部渤海湾的海丰县（今无棣县），经过蒲台、利津黄河入海口，进入莱州湾，东到登州、威海，绕山东半岛进胶州湾，南下日照为止，途经五府二十余州县。这一海路是沟通国内南北各地及中外交通的枢纽。山东的物产从这一海路进入江、浙、闽、广及国外。南方商人如洞庭商人的粮布等产品也由这一海路进入山东及北方各省。

山东也有丰富的物产，尤其在明清时期，农产品商品化程度的提高也为商业发展提供了条件。根据记载，山东商品生产最早的地方是临朐县。明嘉靖年间，该县"民勤耕农，务蚕织，作绸绢。山居者，或拾山茧作绸，亦颇种棉花为布。西南乡以果树致饶，益多麦收者，好造曲交易以为利，亦或养蜂收蜜怀资者"。商业化农产品主要是棉花、烟草和花卉鲜果。明万历年间汶上县"棉花，漕河以西，地多宣之"，"布，河西乡民多纺织之"。从地方志看，到明中叶，山东各州县种棉已相当普遍。棉花在山东的普及是因为山东的土地适于种棉，加之棉花的价值高，当时一亩棉花的经济价值相当于五亩粮食，又可以用棉花代纳税粮。到明后期，山东已成重要棉产区。烟草种植始于清顺治年间。《滋阳县志》记载："烟之为物，滋阳旧无其种，自国朝顺治四年间，城西三十里颜村店、史家庄创种。相习渐广，至今（康熙十一年）遍地栽烟，每岁京客来贩，收卖者不绝，各处因添设烟行，稍为滋民一生息云。"以后种植普遍。花卉鲜果是山东特产，早在明中叶菏泽就享有"曹南牡丹甲于海内"的美誉。当时"曹州一士人家，牡丹有种至四十亩者"。此外还有肥城的水蜜桃为桃中珍品，乐陵的金丝小枣，多出口海外。聊城的胶枣，益都的核桃，青州的银瓜，山东半岛各县的苹果，莱阳的鸭梨等都蜚声国内外。

山东还有发达的手工业。早在春秋时代，齐国已用铁制农具。汉武帝时盐铁专卖，在全国设铁官48处，山东有18处。唐时兖州是全国矿冶中心之一，莱芜有铁冶13处，铜冶18处。北宋时莱州冶铁规模更大，与苏州利国监同为京东两大铁冶中心。明初，山东年产铁315万斤，居全国第三。

山东的其他矿产也相当丰富。宋时，登州、莱州产金，元丰年间黄金产量占全国的90%。明初，济南、青州、莱州三府年采铅32万余斤。清时，山东的煤矿已大量开采，最著名的峄县煤矿，清乾嘉时北运京师、奉天达数百万担。

山东的纺织业全国闻名。战国时已"冠带衣履天下"。临淄、定陶、亢文（今济宁市）是汉代三大纺织业中心，所产纺织品数量多、质量好，源源不断地通过丝绸之路运往西域等地。唐代兖州的"镜花绫"，青州的"仙纹绫"都是驰名全国的商品。宋代在青州设立织锦院，专门织造各种高级纺织品。宋神宗时山东"和买"（为求和进贡辽金）的绢帛每年达30万匹左右。明清时期，济南、济宁、临清等城市都有相当发达的纺织业，已出现手工工场。

既有自然社会灾难的压力，又有交通、物产的优势，于是明中期山东人走上经商之路，鲁商开始形成了。

清初政局稳定下来，政府也采取了一些促进经济发展的让步政策。到康熙末年，山东"休养生息，万民享乐，利之休庶，屡获栽培之荣，较前已为倍盛"。

生产发展，人口迅速增加。清代山东的人口增加大于土地增长，人口与土地的矛盾突现出来。清乾隆十八年（1753年），人均耕地7.06亩。到乾隆三十一年（1766年），人均耕地下降到3.77亩。乾隆四十九年（1784年），人均耕地下降到3.62亩。到清嘉庆十七年（1812年），人均耕地仅3.41亩。从明嘉靖二十一年（1542年）到清嘉庆十七年，共270年，山东人口增加了275%，土地仅增加了77%。人口增长远快于土地增加，粮食不足。这就促进了清代山东商业的发展，鲁商壮大了。

从明中期到清末民初，鲁商尽管不如晋商等那样辉煌，但在十大商帮中也是不容忽视的。

明清的鲁商

明中期以后，地方志中关于山东人经商的记载相当多。例如，明嘉靖《青州府志》中说，青州府益都县"农桑之外，逞逐商贩。……生齿滋繁，本实变而逐末多也"；安丘县"富人则商贾为利"；明万历《益都县志》中说"聚百物而贸易之"；明万历《东昌府志》中记载"逐末者复衣冠之族"。登州莱阳县一名叫尉世杰的商人，在明弘治年间贾江西，另一名叫刘起安的商人，明崇祯年间设账局于栖邑经商。兖州府峄县"明隆庆中，村民徐氏、高氏，开塘采石，擅其利数世；自后，民人相率以冶石为业，冶山十余里，罗掘几遍"。这些山东人经商的记载充斥在各地地方志中。明万历四十六年（1618年），满人贵族起兵反明，有山东、山西、江南、浙江在抚顺的商人16人给以资助。顾炎武在《天下郡国利病书》中谈到山东商人时说："故富商大贾累巨万，而地止数十亩。"明代小说《金瓶梅》中也记述了山东商业的兴盛，书中主人公西门庆就是一个品行低劣又与官勾结的商人。

清初经济恢复之后，山东人的经商活动更为广泛。清康熙四十六年（1707年），康熙巡行边外："见各处皆有山东人，或行商，或力田，至数十万人之多。"这说明当时山东人"闯关东"已有相当规模，且有一些人在经商。在当时的省城沈阳"省城各行，以帮分者，有直隶、山东、山西、吉林各帮；以行分者，有钱行、粮栈、丝房、皮货、山货五行，各帮采运各地货物，懋迁有无，以此地为中心点。五行立有行规，由各商组织公议会，并未经国家法律之规定，而守范围，重信用，敦品行，此其所长也"。山东商人在沈阳占重要地位，在北方四省中占第二位。东部的兴京"商无专业，一肆列货多至数十种，土人率鲜此，以直鲁人为多"。东北部的辉南县"民籍齐鲁为多，商重居积，远地贸迁，辄有倍蕴之利"。北国昌国"商多晋鲁籍者，初均导旧业"。

山东人还到多地经商。在北京，山东人完全控制了京师的估衣、饭庄、绸缎等行业，著名的绸布店瑞蚨祥、帽店盛锡福，饭店中有名的"四大楼"，便宜坊烤鸭都是山东人经营的。山东菜就是北京的菜系。在天津，山东人多经营绸布、饭馆、茶叶、皮货等行业。清入关后山东人就在上海经商，且设有山东会馆。清顺治年间，山东商人在苏州毛家桥西建立了东齐会馆。在清乾隆年间重修东齐会馆时，登州、青州、淮县、诸城、胶州众商捐资者290人。甚至在苏州附近小小的盛泽镇，还有济宁商人建的任城会馆和胶东商人建的济东会馆。在南京斗门桥北，有山东会馆。在安徽芜湖，明时就有山东会馆。在汉口有齐鲁会馆，为清代"旅汉山东帮商业集合团体"。在开封也有山东会馆。可见这时山东商人的活动范围广、实力强，已成为一个重要的商帮。

清代蒲松龄的小说《聊斋志异》中对鲁商的状况涉猎甚多。虽为小说家言，但对商业的记叙还是现实的反映，是可信的。488篇小说中涉及商人活动的有80余篇：如《金陵女子》中说沂州县商人赵某"市药诣金陵，寄货旅邸"；《齐天大圣》中记载兖州府商人许盛、许成兄弟，"贾于窗，货未居积"；《布客》中谈到长清县某商人"贩布为业，客于泰安"；《义犬》中说长山县周村镇某商人"贸易芜湖"；《王成》中平原县某故家子王成，以40两银子为资本去京都贩卖葛布；等等。

明清商业的发展形成了众多商业城镇，鲁商活跃于这些城镇。其中最重要的首先是临清。临清地处山东西北部，北临直隶，南近河南，为运河与卫河交汇之处，是运河上第一个商品集散地。

早在明中叶就成为华北最大的商业城市,素有"繁华压两京,富庶甲齐郡"之说。明代小说《梼杌闲评》中记载:"却说临清地方,虽是个州治,倒是个十三省的总路,名曰大马头。商贾辏集,货物骈填。更兼年丰物阜,三十六行经纪,争扮社火,装成故事。更兼诸般买卖都来赶市,真是人山人海,挨挤不开。"明代大学士李东阳的诗盛赞临清之繁荣:"十里人家两岸分,层楼高栋入青云。官船贾舶纷纷过,击鼓鸣锣处处闻。折岸惊流此地回,涛声日夜响春雷。城中烟火千家集,江上帆楼万斛来。"

据《明史》记载,明初,京卫设军储仓,明洪武三年(1370年)增至二十所,至明宣德年间,临清已增造可容300万石的大仓,成为运河最大的粮食转运枢纽。

明初永乐帝迁都北京后,临清在南北交通运输中的地位更重要了。大学士丘濬说,北京"南则以临清为辅,坐镇闽河而总扼河南、山东之冲,又北而南屯兵于徐州,以通两京之咽喉"。明永乐十三年(1415年),会通河疏浚后,漕粮都由大运河运往北京、通州二地,海陆运俱废。南北商客行旅也改道大运河,自淮安、清江经集宁、临清赴北京,临清成为咽喉扼要之地。明弘治年间,临清由县升州,也成为华北最大的纺织品贸易中心。明万历年间,临清城中有布店73家、绸缎店32家、杂货铺65家、纸店24家、辽东货店13家,大小典当店百余家,客店数百家,以及其他大小店铺、作坊共计千余家。政府每年在这里收的税金为83000两,超过北京崇文门钞关的税金收入。

到了清代,临清仍然是"南通江汉,北控赵燕"的"南北往来交会咽喉之地",临清是粮食贸易中心,粮食每年交易量在五六百万石以上。城内城外大量的漕运船集中停泊转运粮食货物、酒楼饭店、旅社客栈、码头驿站、配套的各种行业随之而兴。

临清纺织业的交易由于哈达和羊毛的生产而兴旺。临清的哈达生产始于元,兴于明,盛于清。尤其是"浪翠"哈达,图案复杂,工艺精湛,纯正高雅,薄似蝉翼,洁白如雪,晶莹如玉,轻柔似水,为国内仅有,颇受藏蒙等兄弟民族喜爱。清道光时全境机房七百余,浆坊七八处,收庄十家,织工五千人,年销售总额达百数十万两。远销京师、西藏、内蒙古,还出口印度、尼泊尔、伊朗等国,成为日进斗金的三大行业之一。故有"一张机子一顷地"之说。其他纺织品数量、品种亦多。其中以羊毛产品的加工最著名。这里有专收羊毛的羊毛胡同。生产的地毯具有各种鸟禽花边图案。大者为床毯,小者为车垫、马褥。到清末有织毯店七八家,每家每年需羊毛万余斤,可见规模之大。这些全由鲁商经营。

运河沿线的济宁也是一个商业繁华之地。济宁是著名的"孔孟之乡,礼仪之邦",明清时是鲁西南地区的商业中心,有"江北小苏州"之美誉。

到明中期,济宁已是一座"江淮百货走集,多贾贩,民竞刀锥,趋末者众"的商业都会,是鲁西南最大的商品集散地。当时兖州府所属27个州县的商品货物皆由济宁转运。"江淮、吴楚之贸毕集其中",苏松的丝织品、湖广的竹木材、江西安徽的瓷器、浙江的纸张及山陕的铁铜制品,都由济宁转运而来。鲁西南地区的煤炭、棉花、梨枣、毛皮、药材、粮食等也由此运往江南、京津等地。明万历年间的文人陈伯友说"济(宁)当南北咽喉,子午要冲。我国家四百万漕艘皆经其地,士绅之舆舟如织,闽广吴越之商持资贸易者,又鳞萃而猬集,即负贩之夫,牙侩之侣,亦莫不希余饷以充口实,冠盖之往来,担荷之拥挤,无隙晷也"。

清代,运河沿岸人口剧增,济宁的商业发展更迅速,外地商人纷纷涌入济宁城,开店铺、设行栈、建会馆。清乾隆年间该地有大小布店25家,绸缎店21家,杂货店35家,竹木店14家等,每年征收的商税达 7900 余两。从江南来的绸缎布匹、竹木、杂货分销兖州、青州各县。二府所产的粮食、大豆、棉花、烟草、干鲜果品等输往江南、直隶和北部的东昌府。清末时仅烟草一项就有六家经营，每年交易达 200 万两。

各省商人到此开业者不计其数，建立了各个会馆，著名的有山西、陕西、河南经营生漆、药材、烟叶商人的三省会馆；经营竹、瓷、茶、布的湖南人的湖南会馆；浙江竹丝商人的浙江会馆；南京铜器商人的金陵会馆；江苏句容县商人的句容会馆等。据不完全统计，清道光年间，济宁的会馆达 20 多个。沿运河各市镇也有外省商人的会馆，如安山镇、靳口镇、汶上等地都有山西会馆。

有江北水城之称的聊城，清以后由于会通河经过而成为"漕挽之咽喉，天都之肘腋"，才发展起来。据清同治十三年（1874年）所立的"旧米市大街太汾公所碑纪"所记，"聊摄为漕运通衢，南来商舶，络绎不绝，以故吾乡之商贩若云集焉，而太汾公所尤多。自国初至康熙间，来者踵相接，侨寓旅舍几不能客"。各地商人在这里相继建了太汾公所、山陕会馆、江西会馆、苏州会馆、武林会馆、赣江会馆等。其中以乾隆年间的山陕会馆最为有名。

据《聊城商业志》记载，清乾嘉年间仅山陕商人在此创办的商号就有五六十家，中小型者不计其数，开设的大小旅店有二三十处，经营的金店、银号、药铺、染坊、茶庄、书店、笔庄等星罗棋布。到清道光年间，山陕商人开的大型百货店铺 30 多家，前店后厂的铁店 14 家、制纸店 23 家、大小毛笔作坊 30 家，年产笔 300 多万支。到清光绪年间，聊城商业店、铺、摊、贩遍及城镇乡村。大小商号数百家，百货业、五金业、书店业、印刷业、饮食业、副食业、杂货业等几十种行业，业业俱兴。其中饮食服务铺店 50 多家，烟、茶、酒、糕点摊点 300 余家。最繁华的太平街、双街、东关街有"金太平、银双街、铁打的小东关"之美称。作为运河上的明珠，康熙帝四次、乾隆帝七次来此出巡。

清乾隆以后，随着北洋贸易和东北的开发，烟台开始兴起，在道光年取代胶州成为山东半岛最重要的城市。

明代烟台为海防重镇，人口不多，交易仅鱼盐而已，商号仅二三十家。到清道光末年，商号已逾千家，烟台成为商船往来的必经之地。各地商人来此交易，渐趋繁荣。清咸丰九年（1859年）郭嵩焘建议"烟台为南北之冲，海船经过收泊较多于他处，故以此一口（征税）为较盛。"烟台英国领事馆在 1865 年的报告中也指出，将近 30 年来，烟台已成为欧洲与中国的贸易中心。

此外，清以后莱阳、黄县、章丘、德州、胶州、益都、潍县、泰安、博山等县也成为重要的商业城镇。值得一提的是山东中部的周村在明末清初已成中国四大旱码头之一、商业名镇。周村以丝绸之乡闻名，贸易与此相关。乾隆帝下江南时曾看过周村的花灯，御题"天下第一村"。清之前，周村不仅是山东的商业中心，也是附近各县的中心市场。每年流通的白银达 1000 万两以上，数倍于济南。清中叶，丝绸印染业兴起，周村成为全国著名的丝绸加工基地。清光绪二十六年（1900 年），周村已有浆坊 40 余家，染坊 70 余家。1916 年前后有丝织户 3000 余家，纺织机 6000 台，织工数万人，年产丝绸、麻葛百余万匹，产值达 400 万两之多，占全省的 63.2%。鸦片战争后，周村建了恒光德、裕原堂、同丰、汲丰四大机械缫丝厂，是北方最早、最大的现代企业，又建立了丝绸技术专业学校，改进缫丝加工的研究机构，形成丝绸生产、科研、教学、贸易的完整体系。

鲁商的主体是位于山东半岛环抱胶州湾的登州、莱州、青州商人，他们合称为胶东帮。

登州处于山东半岛最尖端，三面临海，海运交通方便。清时登州包括九个州县。地方志记载，登州府"地狭人稠，境内所产，不足以自给，故民多逐利于四方。或远适京师，或险涉重洋。奉天、吉林，绝塞万里，皆有登人。富或为当商，或挟重资，南抵苏广，北赴辽沈，舟船之利，捷于他群"。在登州商人中又以黄县商人最为著名。清康熙《黄县志》中记载，康熙时"黄地狭人稠，有田者不数家，家不数亩，养生者以贸易为计"。清同治《黄县志》中说："黄县则滨绝海隅，距都会益远，其民习贸迁之利，航海远涉，轻去其乡。""率逐于计一而惟利是观。""黄县地狭人稠，故民多逐利四方，往往致富。远适京都，险涉重洋。奉天、吉林方万里之地，皆有黄民。"据统计，同治年间，黄县人"农十之三，士与工十之二，商十之五"。清代，黄县出现了一批资力雄厚的富商巨贾。如清乾隆年间的商人王旭，"具陶朱之才，擅茗崇之富，金银粟米之多，登、莱、青无出其右者"。清咸丰年间，黄县人张允武"服贾致富"。其次是文登县商人。清初，文登县商人已经北游燕冀，南走江淮，交易起家，懋迁成业，数十年外富陶朱。在农村小典肆不下二百家，在城内"大当始于千计"。以后大当兼并小当，文登当铺不过七八十家。栖霞县商人有牧羊至千百，成为大羊商；也有贩榆皮于京师，当粮食的粮商。还有收防风、黄芩等药材的药商。王永盛"性豪侠，善会计，京贾致富"；王英庶"毕生货殖数万计"；典当商林准"以数千金，招商开典肆"；牟相翼赴吉林经商致富。地方志中这类经商成功的记载颇多。

莱州位于登、青之间，包括七个州县，其北端是莱州湾，海上交通便利。莱州最有名的是掖县商人。掖县"凭负山海，民殖鱼盐以自利"。清道光年间"山左掖县一带滨海之地，斥卤不毛，盐利最厚"。可见掖县商人以盐业为主。此外还有粮商、布商。平度商人清道光年间在附近经商，以麦麻黍布棉牛驴羊豕为主，都为农商产品。光绪年间还去往关外三省,甚至日本。

胶州商人是鲁商中最著名的,从事长途贩运和典当。如高槐兰、逢世宽、孙铨等均经商起家。此外,即墨县、潍县商人有经营煤矿或典当业的。

青州在莱州之西,西邻济南,连接沂州。青州商人主要集中在博山县,从事煤矿业。清乾隆年间已经开始。博山煤矿开发已成完整体系,有作为土地所有者的"山场业主",担任资方代理人的"井头",监督工人生产的"洞头",收发钱财的"账房"。当时开采与销售一体,多为博山人。此外寿光县多鱼盐商,诸城县则以盐为主。

在鲁商中,胶东商人在鲁商中占绝对优势,但也还有其他商人。

以济南为中心的商人是济南帮。最活跃的是章丘人。早在清康熙年间,章丘人已经从事酿酒等生意。清末章丘人在外州县及外省者甚多。其中最著名的是章丘旧军镇的孟家。孟家为孟子后裔,在明代已经富有,后转向商业。清道光以后活跃在北京、天津、沈阳、汉口、济南、青岛、烟台、周村、保定、郑州、哈尔滨等地。他们开设了曾祥益、元祥、瑞蚨祥、阜祥、瑞生祥、春和祥、泉祥、春和祥八家绸缎庄,因字号中都有一个"祥"字,故称"八大祥"。孟家在周村开设恒祥染坊兼布店是较大的工商企业。清咸丰六年(1851年)出生的孟洛川,于光绪年间投资八万两银子在北京大栅栏开设一家绸布店,参照《淮南子》《搜神记》中"青蚨还钱"的典故,取名瑞蚨祥。仅七年时间已有资本40万两,成为"八大祥"之首。1896年周村的泉祥总号迁济南,与瑞蚨祥联营。1910年又将泉祥改为专营茶叶的专号,在各地设分号,年盈利达6万两银子。孟家的其他经营也相当出色。毕四海先生的长篇小说《东方商人》正是以旧军孟家的经营发展为原型的。

整个济南帮都是以绸缎为主业，兼营其他行业。

济宁在明清时已成为鲁西运河岸沿上的贸易中心。工商业十分发达。清道光年间官员仓世臣说"西客（山西商人）利绩剥遍天下，济宁（商人）独不能容"。这是说其他地方山西商人很多，但在济宁的地方志中并没有山西商人活动的轨迹，可见济宁人之强势。济宁驰名鲁、苏、豫、皖的玉堂酱园孙家，从4000两银子起家，经过百年成为资本10万两、雇工四五百名的企业，其酱菜、酒、油、醋等驰名省内外。整个济宁帮也以丝绸业为主。

另外有一个以贩枣为业的**东昌帮**。

从以上看，**整个鲁商可分为胶东帮、济南帮、济宁帮和东昌帮**。

鲁商的特色

鲁商的经商和其他商帮类似，也分为行商和坐商。行商是从事长途贩运，把本地货物，如粮、棉、烟以及金丝小枣之类特产运往其他地方，把外地的茶、瓷、竹木等运回本地，赚取地区差价，称为"商"。坐商就是在本地及其他地方开设店铺经营，赚取批零差价，称为"贾"。但坐商与行商之间并不直接交易，这就有了中间商人，为牙商。行商把货物交给中间商称为"投行"。这是因为政府规定了"商贾兴贩，不能不经行家（中间商）之手"。

在经营中又有独立经营者与合伙经营者。鲁商中也有许多资本不多的小商小贩，他们都是依靠自己的个人资本独立经营。甚至一些较大的商家，如旧军镇的孟家，也是独立经营。鲁商中也有合伙经营者。这种合伙经营是"永久营业，合伙生意"。股东之间"先立合伙合同"，或由大股东"邀同亲友，书立合同"，出伙时则有出伙合同。

有一些大商人自己出资，但并不经营，雇用代理人经理代为经营。如曹州刘氏大典当商就雇河南虞城人张某任经理，栖霞商人"数千金，招商开典库"，自己不经营而交付"族人经理"。这就是现在所说的所有权与经营权的分离。其原因是某人有实力想进入一个盈利高的行业，如上面提到的两个例子中的典当业。但这个行业有许多他不熟悉的专业知识及社会关系资源，因此他往往雇用在这一行业中经营已久、专业水平高，又有广泛人脉关系的职业经理人。

在这些基本共同的经营方法中，**鲁商有自己的特色，而这些特色与儒家文化密切相关。**

儒家是以"仁"为核心的，这种"仁"在政治层面上是行王道、行仁政，在处理人际关系上就是仁爱、仁慈。鲁商把这种"仁"的思想运用于商业运作。**这首先是对企业员工的"仁"，是处理企业内股东与职业经理人和员工的基本原则。**孟洛川的瑞蚨祥是其祖父所创办的商号。他从伯父手中接管企业之后进行了现在所说的股份制改造。家产由其兄弟三人继承，孟洛川把家产分为三份，由兄弟三人平分，企业由孟洛川经营。孟洛川把自己继承的财产又拿出30%分给企业中层以上的管理人员，从总号总管到分店经理，按职务高低分享不同的股份。这些管理人员不用出资而获得股份，可以参与分红。随着瑞蚨祥不断扩大，股权一再被稀释，最后孟洛川后人的股权只剩总股权的六十分之一。这就是对员工的"仁"，不是把员工仅仅作为雇佣人员，而是作为共同创业的伙伴、经商中的合作者，这种做法激励了员工。瑞蚨祥不断扩大，至今仍是知名企业。

在经商中"仁"的另一方面就是对客户的仁慈。这不仅体现在货真价实，不欺骗客户上，而且还体现在服务态度上。还是以瑞蚨祥为例：他们为了保证质量，对价格高的绫罗绸缎采用定点织造，案点印染。在验货时要求严格，对花色、幅宽、长度、分量等都按标准验收，一丝不苟。在瑞蚨祥的经营中，最有特色的产品是双青布，双青布比一般青布多了一道染水。双青布指定使用的是德国染料，布染后再包好，然后存放于地窖中闷色半年以上，以保证染料渗入纱中，不褪色。北京人喜欢到瑞蚨祥买布料，就在于它的质量让人放心。

瑞蚨祥要求员工**用仁爱的态度来招待顾客，为他们提供最好的服务**。它特别重视员工的仪表态度。山东人爱吃葱蒜，但瑞蚨祥要求任何人上班不许吃葱蒜，不准摆扇子，对顾客要谦逊、温和、礼让，不得与顾客吵架，不准吃零食，不准抽烟等。从顾客进门到买完货都有一套标准程序，要严格执行。所有去过瑞蚨祥的人都说，瑞蚨祥店大却不欺客。

当然，"仁"还包括"大仁"。**这就是鲁商成功后对社会的贡献**。清光绪十五年（1889年），山东发生灾荒，当时祥字号财东孟瑞篯"捐巨款由湖北江苏各省运米以资接济"。十年后山东又发生灾荒，孟家又"自认赈款一万四千余金"。清政府黄河工款需要，孟家又"慨输万金以助"。清乾隆时黄县有一年遇灾荒，当地大商人王旭"出粟赈饥，救活蓬（莱）、黄（县）、招（远）、栖（霞）四邑百姓"。为此，清政府"赠救命造牌坊一座，旌为义民"。山东省政使给冠带，"以尔褒扬"。清咸丰年间，黄县商人张知武，不仅向同宗人捐献了大片祭田，还出钱资助清政府镇压捻军。像这样大仁者，地方志中有不少记载。

儒家思想的另一个核心理念是"义"。山东人豪爽、正直、待人诚恳，还出过以讲"义"闻名的水浒英雄好汉。**行侠仗义的豪气还体现在他们的经商中**。鲁商在合伙经营或雇人代理经营时都签有合同，而且严格按合同办事。清康熙年间，商人周继先"以钞二百缗，托转货准常值估利二分"，即托人经营，约定获利二分，但当时钞钱偶缺，倍获利。代理人把所赚的钱都给了周继先。周说，"价有定议，外不敢取"，但代理人坚持"尔钱获利，何敢以私"，两人都是谦谦君子的态度。

受儒商影响的鲁商做生意奉行两个原则，一是不能亏良心，二是不能对不起朋友。不能对不起朋友就是我们熟悉的义气，甘愿为朋友两肋插刀，周村史家塘坞村的史朝佐就是这样一个讲义气、够朋友的商人。有一次他到浙江做生意，同住一个客店的人中有一个人感染了严重的传染病，其他人都纷纷离去。史朝佐与他非亲非故，却留在病人身边，请医生看病，为病人喂药喂饭，病人终于痊愈。这件事当时在社会上流传甚广。对有困难的乡亲，他也一心帮助。村中一董姓人，家贫，史朝佐为之娶妻。董氏有孩子后，他又接到家里与自己的孩子一起读书。董氏的本家见此人老实，想霸占董家房产，史朝佐出钱为他打官司，并且赢了。这件事在当地影响颇大。

这类山东人行侠仗义之事历代都不少见。这正是山东人"民多朴野，性皆犷直"。这种饱含儒家"义"的风尚也是鲁商成功的一个原因。

鲁商深受儒家文化影响还体现在经商成功后不忘"农本"，不忘"学而优则仕"。山东人去经商，或者是被逼无奈，或者被重利所诱，从行为上看的确背叛了儒家传统，但在他们内心深处儒家的传统仍然顽固而持久。因此，不仅在经商中自觉地按儒家传统行事，坚持"仁、义、礼、智、信"，而且在经商成功后仍然要回归儒家的"农为本"和"学而优则仕"，在以"末"致富之后再以"本"守之。

鲁商中也有纯粹的商人，即使成功了，也只经商，不务农，不进仕。如栖霞商人王英度"毕生货殖数万计"，但并不买地务农，"终其身田不满面"。但在鲁商中这种商人并不多，而且鲁商中中小商贩极多,经商仅仅解决温饱,至多达到小康水平,无买地和供子孙读书入仕的能力。对他们来说,儒家的理想在经商前后都是可望而不可即的,只有继续经商,这就成为纯粹的商人了。

许多成功的鲁商,成功后固然仍在经商,但却大量购买土地,成为商人兼地主。也许他们的资产和精力仍然放在经商上,但农为本的观念仍使他们把大部分资金用于买地,而非继续投资于工商业。例如,孟家经商之成功在鲁商中也是佼佼者,但他们仍在旧军镇附近以及邻近的邹平、齐东等县购买了大量土地。

还有许多鲁商不是经商成功才买地,而是始终亦农亦商,从来没有放弃过农。如栖霞县人林准,历来就有"远乡田产数顷",以农为本,后来又"以数千金,招商开典肆",成功后并没有放弃农本位。也许在这些商人心中,农始终为本,有余力而经商。这样亦农亦商的商人在鲁商中也不少。

在山东人的意识中,当官才是人生最大的成功,或者说"入仕"是人生的终极目标。已经下海经商的人想去"学而优则仕"是不可能了,因此就把这种理想寄托在下一代人身上。他们希望子孙不是继承父辈的商业,并将之发扬光大,而是弃商回儒,实现自己没有实现的人生理想。而且也有不少子孙的确在"学而优则仕"的路上成功。例如济宁玉堂酱园的孙家。这家企业极为成功。孙玉堂曾在嘉庆年间任两广及黔滇、浙江等省巡抚,两湖、两江总督,体仁阁大学士,这已是位极人臣了。其长子孙善宝曾任江苏巡抚,三子孙瑞珍官至户部尚书。其孙辈人中孙敏论为清咸丰年间榜眼,孙疏道为清道光年间状元。这一家可谓财官皆有。同时他们也在家乡有了万余亩土地,可以"守本"。另一位黄县的丁家,经商致富,相传资产有540万两。而且科举也很成功。整个丁家有27人考中举人、进士,五品官衔以上的有148人。许多鲁商虽然不如这两家辉煌,但也在走经商→读书→科举→入仕之路。

其实儒家思想作为传统社会的主流意识形态、作为中国传统文化的核心,已渗透进每一个商帮、每一个商人的血液中。他们在经商中和经商成功后,就与鲁商一样按儒家思想行事。也正因为这样,中国没有出现美第奇、罗斯柴尔德这样的商业大家族,也没有出现像三井、三菱这样成功地从传统社会进入现代社会的家族。鲁商成长于儒家文化的发祥地,受影响更深。正因为如此,鲁商除少数几家做大外,绝大部分是小商小贩,当传统社会于清末结束之后,除孟家等少数企业外,整个鲁商也衰亡了。

结束语　对商帮的再认识

明清时代各路商人在历史舞台上上演了一幕幕令人难忘的场景。在他们早已偃旗息鼓的今天，我们应该如何认识他们的作用与历史地位？为什么在中国社会进入一个新时代时，他们没有脱胎换骨、重振雄风？只有从他们所生存发展的时代出发，才能做出回答。

商帮活跃于传统社会

商帮形成并活跃于明清两代。过去约定俗成地把从秦到清末的社会称为"封建社会"，明清是这个封建社会的顶峰。80年代以后，越来越多的史学家对这种看法提出质疑。

封建社会的说法来自"社会发展五阶段论"。按这种理论，人类社会的发展经过原始社会、奴隶社会、封建社会、资本主义社会，最后要进入共产主义社会（其初级阶段是社会主义社会）。这是历史发展的基本规律，是历史的必然性。50年代时，人人必学的社会发展史讲的正是这些内容。当时是家喻户晓，人人皆知。尽管关于中国历史上奴隶社会和封建社会的分期在什么时代尚有争议，且成为60年代时史学争鸣的五大问题（号称"五朵金花"）之一，但教科书中的标准说法还是自秦统一以来直至清末为封建社会。

社会发展五阶段是马克思在研究欧洲历史时提出的，欧洲的确已经经历了前四个阶段。但马克思并没有把它作为可以适用于人类任何一个社会的共同规律，没有称为一种"必然性"。相反，马克思非常注意各个社会发展的差异与特殊性。他在晚年就研究了"亚细亚生产方式"。

再看中国历史，确实与欧洲差别极大，"五阶段论"也不适用。古希腊、古罗马社会分为三个阶级：贵族、自由人与奴隶。奴隶数量庞大，且是生产和战争的主力。社会有关于奴隶的法律，奴隶可以像商品一样买卖。这是一个典型的奴隶社会。再看那时的中国，古希腊大体与春秋同时代，古罗马与秦汉同时代。秦以前的社会有奴隶，但并非社会主体。生产与打仗的主力还是身份上自由的农民。中国历朝历代都有奴隶或家奴，但并没有形成一个阶级。中国没有奴隶社会这个阶段的判断大体是符合历史事实的。

如果说从西周分封诸侯国开始，到秦统一之前，中国是封建社会还算靠谱。但秦统一之后是个统一的国家，何有"分封"呢？尽管西汉有过"封国"，历代也有封王子为诸侯的，还有过分裂时代，但中国总体上是统一为主旋律。而且古罗马灭亡后欧洲进入的中世纪封建社会也大大不同于秦以前中国的封国。秦以后的中国和中世纪的欧洲有多大差剧，我想不会有一个人否定。

尽管由于习惯难改，不少人在日常用语和不太严格的意义上，仍然把秦以后的中国称为封建社会，讲"几千年的封建统治如何如何"，但越来越多的人正在改变这种说法。对于秦以后的中国社会应该称为什么社会，不同的学者提出了不同的看法，但至今没有统一、公认的说法。为了简单起见，我把秦以后直至清亡的社会称为"传统社会"，以区别于以后的"近现代社会"。**商帮正是传统社会的商人，不同于近现代社会的企业家。**

这个社会政治上是中央集权专制制度；经济上以自给自足的自然经济为基础；文化是儒家文化处于主流意识形态地位。

中央集权专制制度包括两个基本特点。一是中央集权，一切权力集中于中央，由最高统治者皇帝决定一切，不允许地方分权。自上而下的郡县制保证了这一点；二是专制，皇帝做出决策，由下面一个庞大的官僚集团来实现统治。这种专制不是建立在法律之上，而是建立在武力镇压之上。应该说中国历朝历代都有法律。但这种法律不是为了保护人民的权利、制约政府的权力，以及规范社会上每个人的行为，而是专制统治的工具。法律也不是按照一种公正的程序制定，而是完全出于专制的需要，由统治者决定。这种体制下没有"人权"或"个人自由"的理念，所有人的个人权利都被剥夺。一切全取决于皇帝个人的意愿。也许开明的君主会听取大臣的意见，但这并没有改变专制的本质。

在经济上专制社会的目的绝不是富民，而是强国。当然强国也不是使整个国家强大，而是使自己统治的力量强大。如果强国的同时也可以富民，当然富民亦可。但也不能让百姓太富，因为民富了对专制是一种潜在的威胁。沈万三这类大富之人最后都不会有好下场。法家的思想是让百姓"贫而弱"，这才好统治。如果强国与富民有矛盾，那就民再穷也要保证国强。

传统社会是农业社会，主体是自耕农和租种地主土地的佃农。整个社会处于"男耕女织"的自然经济状态。政府通过各种税收和劳役来压榨包括地主在内的农民。当然自然经济社会也不可能离开商业。而且中国历史上向来有较为发达的商业。宋元明清都是中国商业发达的社会。无论从社会需要还是统治自身的需要出发，任何一个专制政权都不会消灭商业，也无法消灭商业。但从维护专制统治的目的出发，有两种重要的政策。一是由国家控制在国民经济中举足轻重又赚钱的行业。这就是从春秋时齐国管仲开始，汉武帝以后制度化的"盐铁专卖"，由国家垄断盐与铁的贸易；二是对私人商业实行各种限制和管制，并征收重税。政府不鼓励私人商业，无非不得不让它存在与发展而已。这正是"仇商"意识形态与政策的背景。

在中国传统社会中，主流意识形态是儒家文化，这也是中国传统文化的主体。从西汉以来，儒家文化成为官方肯定的主流意识形态，并在宋以后通过科举制度把这种文化灌输给每一个人。所有人从启蒙开始，所受的教育都来自儒家经典。即使没有读过书的人，耳濡目染，也接受了儒家文化。儒家文化包括两部分内容。一是维护现有的社会秩序、维护现存的政治制度。其核心理念正是"君君臣臣，父父子子"。基本特点是保守、封闭。保守就是要维护现有制度的稳定，不容有任何改变。封闭是为了防止外来的思想对这种制度的冲击、破坏。二是个人为人处世和处理人与人之间关系的一些原则。如以义为上、仁心待人、诚信为本等。这些为人处世原则有利于建立一个和谐有序的世界，有永恒的价值，即使在今天的世界中也有意义。

正是这种政治制度、经济基础和意识形态构成了传统社会。传统社会的商人正是在这些制约条件下从事商业活动的人。**各个商帮的商人都在传统社会中生存与发展，因此都是传统社会商人。他们的经商活动要由这些制度与思想意识决定。他们的成就与衰亡都由此而产生。**

制度约束下的官商结合

传统社会中，成功的商帮和商人都走了官商结合之路。这种官商结合绝不仅仅是简单的商人用钱买权，也是官用权力换取商人的服务。官商结合是官与商双方需求都得到满足的唯一途径。

传统社会中，政府的权力不是来自民选，而是来自暴力或宫廷政变。这就是用武力夺取政权，或者用宫廷政变获得政权。合法性来自暴力，"替天行道""为民造福"云云都是骗人的。唯一的目的就是维护自己的专制统治，千秋万代而不衰。所谓民可以载这只专制大船，也可以颠覆这只大船，不是要以民为重，而是要利用民之愚昧，让民一心听专制者的话，不做非分之想。

仅仅靠皇帝、官僚集团和军队来维护专制体制正常、平稳地运行是不够的。还要借助于各种社会力量，其中包括商人的力量。政府当然可以用钱购买商人的服务，但更有效的方法是用权力让商人为它服务。权力比金钱更好，更受商人欢迎。

官员也需要官商结合，这就是钱权交易。一方面，明清时实行低薪政策，尽管清雍正以后有了"养廉银"，但没有额外的"灰色收入"难于维持与自己身份相符的生活水平。即使像曾国藩这样廉洁的官员，也不得不靠"灰色收入"来维持正常生活水平。另一方面，更重要的是，贪婪是人的本性，官员亦不例外。所谓"当官不为民做主，不如回家卖红薯"，也许是个别胸怀天下的官员所想的，但对绝大多数官员只是一个虚伪的表述。在他们心里真正想的是"千里来做官，为的吃和穿"。换言之，当官是一种敛财的方式、致富之道，与务农、经商异曲同工。同时，他们作为专制政府中的一员获得了不同程度的权力。尽管专制制度下也有防止权力滥用的各种制度，也有贪腐官员被处决，但被发现的概率还是相当低的。与受贿的收益相比，被发现的风险相当低。这样，他们就用自己手中的权力与商人进行钱权交易。

从商人的角度看，也需要政府的各种权力进行官商结合。首先，在专制体制下，政府控制了一切资源，这就是"普天之下，莫非王土"。而且政府又有至高无上而不受任何制约的权力。商人作为"民"的一员，没有任何个人权力。这样，商人就只有用钱去交换政府手中控制的资源和权力才能经商。其次，政府可以任意剥夺一切人的财产与生命。商人即使大富了，财产甚至生命也没有保障。这样他们就要出钱购买政府对他们进行保护的权力。这与现代社会购买保险有点类似。最后，传统社会中，"重本轻末"，商业活动被看不起，商人再富也没有社会地位，不受尊重。商人想要改变自己的社会地位，当然可以"弃商入仕"。但这对绝大多数商人并不现实，因此就用钱来买官，哪怕仅仅是一个名义上的官，并没有任何实权。这就是历史上无数商人愿意"捐官"，甚至为先人"捐官"的原因。用现代经济学来解释，也可以把钱权交易作为交易成本。用钱换权是各种形式交易中成本最低的。

正因为双方都有需求，官商结合之路才成为许多商人共同走的路。在中国十大商帮中，大凡极为成功的，如晋商、徽商、粤商、闽商都是官商结合的。只有一些小商帮，如陕商、鲁商、江右商、洞庭商、龙游商，以小商小贩为主，经营的行业也非国家严格控制的，故而没有明显的官商结合。宁波商帮没有官商结合仍然成功，是在鸦片战争后传统社会转型时，而且他们通过当买办而成功，也无需政府之权。

我们来看看不同商帮官商结合的情况。

晋商从始至终一直以官商结合为主线。我们仅从两个案例分析。一是清初康熙时"皇商"范氏家族的范毓馪为远征噶尔丹运粮，节约军费600万两。原本运粮并不用商人帮助，但范毓馪主动请缨，给政府帮了大忙，因此政府给予他对日贸易的特权。当年对日贸易利润极高，但没有政府授权不得参与。范家运军粮并没有亏损，也是赚了钱的，他们由对政府贡献中获得的回报极高。二是晋商的票号进入官银汇兑。清政府的"祖制"是不允许私人接手政府财政事务的。晋商票号出现后，汇兑主要是私人商业汇兑，市场规模有限。票号一直想进入官银汇兑但未果。机会出现在太平天国时，当时官方银两汇兑机制被彻底破坏，中央与地方政府的金融联系被切断，政权受到威胁。在这种情况下，政府不得不接受票号的官银汇兑。这解决了政府的财政危机，对政府有利。对票号而言，不仅可以收取汇费，而且在地方政府上交中央政府税银困难时，票号还会提供贷款，收取利息。这就是官商结合，双方获益。而且还应该强调的是，这两次官商合作是政府、商人、社会都获益的。官商结合不一定全是坏事。如果仅仅是官员和商人获利，社会反而受害，当然是坏事，但如果三方获利则是好事。不能见官商结合就斥之。

徽商的官商结合是另一种情况。政府实行盐铁专卖，垄断了盐业贸易。但当时的政府并没有能力组织盐业贸易的"国企"，由政府直接经营。政府要把盐业的垄断性经营权再转让出去获利。徽商的官商结合实际上是出钱买政府盐业贸易的垄断权。徽商盐业中的官商结合正是盐业垄断权的交易。在盐铁专卖下这也是必然的。这种官商结合使政府、官员、商人都受益。但这种交易并不是像今天无线电频道权或民航航线权拍卖一样公平、公开地进行，而是有许多见不得人的内幕，其结果必然是盐的交易成本大大增加，价格虚高，损害了社会与人民的利益。

粤商的官商结合其实是作为政府的一部分，承担了政府不愿从事或不能从事的职能。这还根源于政府行政职能的严重缺失。一个国家总要与其他国家进行贸易或其他外交活动。政府的部门中就应设置管理外贸、外事活动的部门，如晚清时的"总理各国事务衙门"。但在清初，政府六部的设计中并没有这样的机构，这是因为政府坚持"华夷之辨"，以洋人为"番"，不愿与他们打交道。就政府那些官员而言，也没有管理外贸外交的能力。这样，这些外贸外交事业就交由粤商处理了。粤商并非政府部门，但又承担政府的职能。这就要求粤商捐一个官员的身份，所以，粤商都称为"某官",如潘振承三代都是"启官",伍秉鉴是"浩官"等。政府要购买粤商的服务,当然要用权买,这就是给予粤商排他性外贸垄断权。粤商有了这种权力,还要给予政府更多的回报。这就是作为"天子南库"提供财源和各种贡品。而且这种对财源及贡品的要求是无止境的。这种官商结合对政府是有百利而无一害,对粤商则是双重的,既有丰厚的收益,又有难以忍受的痛苦。

闽商是在一种特殊情况下官商结合的。本来闽商是海盗,是匪。它们之间的官商结合是由于东南海上有众多不同帮派的"匪"。它们的存在完全影响了南海的稳定与政府的安全。政府无力剿匪,只好在各帮"匪"中选了郑芝龙这一支进行招安,官家不出钱不出力,却让它去剿匪。这样政府不仅给了郑芝龙官,还给了他垄断东南沿海航行和贸易的权力。这应该是海盗逼迫的结果。

看来各商帮的官商结合所走的路都不同,不能简单用官员与商人的钱权交易来解释。

官商结合既是一条成功之路,也是一条灭亡之路,这就是人们常说的"成于官,败于官"。

在传统社会中官场是一个充满了阴谋诡计和钩心斗角的地方。官商结合,商人就需要以一个大官为靠山。当这个靠山与其他官员争斗时,自己难免被殃及。晚清胡雪岩以左宗棠为后台,这个后台不可谓不硬。但当左宗棠与李鸿章争斗时,尽管胡雪岩并没有得罪李鸿章,但仍由于他是左宗棠的代理人而遭李鸿章手下盛宣怀的打击,这成为他最后垮台的直接原因之一。而且任何一位官场后台,无论官多大,也有失势的时候。即使贵为皇帝,死了以后新皇帝还会清理其党羽。所以靠山如冰山,一旦这座冰山垮台,商人的好日子也就到头了。

但"成也官,败也官"的核心还不是这一点。官商结合靠政府给予的垄断权或各种特权赚钱太容易了。不用在企业创新、产品创新、市场营销等方面下功夫，只要挖空心思地满足所依靠的官员的欲望就可以。这样企业必然丧失奋斗精神和创新能力，企业必然失去活力。一旦后台出问题，垮台也就快了。晋商能辉煌五百年正在于他们艰苦奋斗、不断创新，但当票号进入官银汇兑之后，依靠政府的权力，轻松赚钱，不思进取，不想改组为现代银行，终于在清政府灭亡之后断崖式垮台了。徽商也是在清道光十二年（1832年）改纲盐制为票盐制之后，失去盐业贸易的垄断权而迅速衰亡的。企业丧失活力是最可怕的事情，而一旦走上官商结合之路，企业的活力已经无商业价值，用进废退是必然的。那些不走官商结合之路的商帮，如宁波商帮、洞庭商帮才在不断适应时代的创新中获得了重生。

传统社会中，权力就是一切，商人寻求官商结合无可厚非，但这条路终究是一条死路。这就是传统社会中商帮无可避免的悲剧。

传统文化与商帮

传统社会不仅只有专制制度，而且有与之相适应的主流意识形态。这种主流意识形态通过教育灌输给每一个人，这就形成传统文化。每一个生活在这种传统中的人，无论是否受过教育，读没读过书，都深受其影响，并自觉或不自觉地按其规则行事。或者可以说，传统文化渗入每一个人的血液中，处处可以看出传统文化的印记。**传统社会的商人当然也摆脱不了传统文化，并在经商中体现出了这种文化。**

传统文化以儒家文化为主体，但内容丰富而复杂，可以说是博大精深。它塑造了中国人的许多优秀品质，使中国成为一个创造了辉煌的泱泱大国，但不可否认，传统文化中也存在许多糟粕。

五四时期一大批文化精英痛批传统文化，尽管有些过分激进，矫枉过正，但他们对传统文化中许多内容的批评，至今没有过时。**各个商帮都在传统文化影响下经商，传统文化对商帮的成功有巨大贡献，但也是商帮没有成功转型的根本原因。**

传统文化的重要内容是维护正常的社会秩序的。一个正常的社会需要长幼有序，上下分层，下服从上。在一个缺乏完善企业制度的社会中，这种秩序对企业也特别重要，只有维持了这种秩序，企业才能正常运行。各个商帮的企业中都形成东家、掌柜、员工这样一种层级结构。掌柜听东家的，员工听掌柜的，各司其职，企业才能正常经营。这种秩序正是传统文化的核心内容之一。正因为人人都接受这种文化，这种秩序才得以维持。

传统文化的另一个核心内容是把"义"作为人们行为的根本原则。传统文化的"义利观"是要"君子喻于义"，其文化偶像则是靠"义"成为圣人的关公。各商帮的商人都把关公作为"武财神"，正是出于对"义"的崇敬。**各个商帮的商业伦理正是以"义"为基础的。**

"义"包括的含义相当丰富，体现为各种为人处世的原则。就经商而言有两点特别值得注意。一是有道德地经商。经商当然要盈利，但商人经商并不是唯利是图，没有道德约束地赚钱，而是"君子爱财，取之有道"。这就是经商中的"义"，或者说"正义"。当"义"与"利"冲突时就舍利而取义。广东是鸦片走私的地方，粤商十三行的商人与英国东印度公司有密切的贸易关系，但从现有资料看，他们没有从事走私鸦片的贸易活动。从事这一行业的还是那些不入流的散商和走私者。明知鸦片贸易是一本万利的买卖，而他们"不为"正是一种"义"。我们讲过的晋商大德通票号宁可破产也要向客户支付不贬值的中央银行货币，而不支付严重贬值的晋币，这也是"舍利而取义"。类似这样的现象在各个商帮中并不少。

二是诚信经商。这包括的内容也相当广泛。在企业内部处理人与人的关系时，以诚信为本，不仅有上对下的信任与真诚，也有下对上的忠诚。企业内的员工上下诚信，也分享共同努力奋斗经营的结果。对顾客讲诚信则是"货真价实"，不用伪劣产品欺骗顾客。鲁商孟洛川的瑞蚨祥绸布店正是靠这种诚信赢得顾客，因而百余年不衰。龙游商经营珠宝，不诚信焉能活下去？更不用说晋商的票号，徽商的茶叶或者陕商的烟草了。对客户的诚信则是信守合同，一诺千金。1900年义和团运动时，大量达官贵人随慈禧西逃，到山西时想把存款取出来，或把银票换成银子。各票号面对挤兑风潮，千方百计筹措银子，信守了他们对客户的承诺。传统社会的商人在商业活动中重合同，一旦签订，无论遇到什么意外、困难，都要承诺。"言而有信"不仅说在口头上，也得落实在行动中。

传统文化还是一套做人的行为准则。这就是"穷则独善其身，达则兼济天下"。各商帮的商人正是按这个原则修身养性，将其奉为人生指导原则的。所有商人都注重读书，坚持"诗书传家"。像晋商这样根本无意入仕途的商人也极为重视对子女的教育。成功者都办了教育自己子女的私塾，老师享受大掌柜的辛金，即使东家富可敌国，也极为尊敬师长。总体上他们即使成功了，也生活俭朴，和善待人。各个商帮在成功后都热心社会公益事业，扶贫、救灾、修桥、修路。在各地的地方志中这种富人行善的事屡见不鲜。

传统文化成就了各个商帮，但传统文化中的糟粕也是商帮最后衰亡的基本原因。

这首先是传统文化中缺乏对制度建设的重视。传统文化实际上是"以德治国"，主张以"德化"来治天下。在企业中则是重观念而轻制度。在各个商帮中有完整制度建设的还属晋商。但就晋商的制度而言，有两个重要的缺陷。

一是仍然以人治为中心。换句话说，即使有制度，最终还是大东家说了算。晋商的股份制就没有公司治理结构，没有董事会，最终做出决策的还是大东家一个人。所以，他决策正确，企业就成功；他决策错误，企业就失败。也没有一套制度化的决策和纠错机制。票号没有改造成现代银行，正是大东家人治的结果。

二是信任建立在伦理道德之上，而没有制度保障。美国社会学家弗朗西斯·福山在《信任》中曾区分了两种信任。一种是以道德、血缘、乡情等为基础的低层次信任；另一种是以制度为基础的高层次信任。各个商帮中的诚信的确令人敬佩，但都没有制度基础。这样的信任范围极为有限，就不利于企业的发展，也走不出家族企业的死路。晋商用人以熟悉可信任的老乡为主，这就使它无法吸引天下英才而用之。晋商的票号只与熟悉的"客户"（称为"相与"）打交道，这就严重限制了票号业务的扩张。仅仅是熟人，能有多少？其他商帮的状况恐怕还不如晋商。晋商毕竟还有一套制度，无论如何有缺陷，总比没有强。

传统文化对各个商帮最有害的影响还在于保守与封闭。保守、封闭是传统社会中维护专制所需要的。保守不变才有专制的稳定，封闭才能"百毒不侵"。但作为传统文化极为重要的一部分已经深入人心，也体现在传统文化的各个方面。

体现在各个商帮身上，保守首先是拒绝学习、接受新事物。商人们都是有文化的，也是爱读书的，但他们学的文化仍然是传统文化，他们读的书还是"四书五经"之类经典，"经史子集"之类传统书，面对新知识，对世界之大势也不愿去认识。在20世纪初中国社会各种新思想冲击之时，看不出各商帮有什么反应。因此，他们对鸦片战争后中国所面临的三千年未有之变化也没有什么感知、认识，当然也谈不上什么应对之举，仍然按传统社会的一套经商。晋商对新生事物就是持拒绝的态度。他们不了解新时代的变化，不知道传统社会票号与现代银行的差别，也不想知道。李宏龄为了促使票号转变为现代银行，曾给大东家、大掌柜寄去北京、上海、汉口等繁华城市的明信片，并安排他们到这些地方感受新时代，了解现代银行，但被他们多次拒绝。大东家、大掌柜都满足于住在平遥这样的小城，耕自己的"一亩三分地"，对外部世界的新气象毫无感觉。正因为他们的这种保守，晋商失去了原本存在的转型机会，在新时代无可挽回地衰亡了。

封闭就是拒绝与各国交往，向各国学习。保守与封闭是相关的。因为保守而封闭，因为封闭更加保守。中国传统文化讲"华夷之辨"，"华"有文化、开化，"夷"是野蛮的生番。把自己的文化置于其他一切文化之上，把外国一切先进的东西称为"奇技淫巧"，从心底鄙视，更不要说学习了。直至清末民初才有零星对国外的介绍，仅仅是碎片化的认知，甚至是全然无知。连林则徐这样的开明人士都认为洋人的膝盖不会弯，不吃大黄就拉不出屎来。知识界对国外的认知尚且如此，你能要求商人有什么认识呢？如此不了解国外，又如此狂妄，商人们如何能适应世界大势？

保守与封闭支配着各商帮的商人，传统社会的商人必然随着这个社会而衰亡。从鸦片战争后到清末民初正是各商帮衰亡之时。传统社会的结束与商帮的灭亡是同时的。这不是偶然，是必然。

还应该指出，但凡能在某种程度上摆脱传统文化桎梏的，在社会转型中就会再创辉煌。

商帮的本质

中国的商帮尽管有悠久的历史，创造过至今令人叹服的辉煌，

但从始至终都是传统社会的商人，没转变为现代社会的企业家。

传统社会商人与现代社会企业家是两种完全不同的身份，社会地位与对社会的作用也完全不同。他们都通过经营企业而获得利润，但所从事的行业、获利的方式与利润的使用完全不同。这种不同就决定了他们对社会的贡献完全不同。

马克思在《资本论》第三卷中分析了不同时期的占主导地位的不同资本形态。在现代社会，资本主要是产业资本和金融资本。在前资本主义社会，即传统社会中，主要是商业资本和高利贷资本。在传统社会中，商业资本"发生过压倒一切的影响"。同时"高利贷资本在资本主义方式以前的时期借以存在的特有的形式，也有两类"。这就是"第一是按高利以货币贷借给那些阔绰的人，主要是贷借给地主；第二是按高利以货币贷借给那些自有其劳动条件的小生产者，其中包括手工业者，但特别是农民"。商业资本不同于产业资本，它仅仅从事商品流通，而不事商品生产。中世纪商人就是生产与消费的中介。生产由手工业者从事，商人并不介入生产，也不向手工业投资。高利贷资本也不同于现代社会的金融资本。马克思强调了"高利贷资本有资本的剥削方式，但没有它的生产方式"。

传统社会中各商帮从事的主要是商业，兼有高利贷行业。各个商帮最主要的业务仍然是经商。各商帮的业务之一是经营高利贷，即开当铺。晋商曾垄断北方的典当业，徽商曾垄断南方的典当业。其他商帮也经营典当业。票号、钱庄业务范围要广一些，但其中仍有借贷，且也是利润的主要来源之一。尽管当时传统的金融业相当发达，但主要职能仍然是为经商服务，远远和现代金融业不同，没有成为整个经济流通、筹资的关键。这种金融无论多发达，都没有现代社会金融业的作用与地位。

传统社会商人与现代企业家不仅经营行业不同，而且对利润的使用、所追求的目的也不一样。马克斯·韦伯在《新教伦理与资本主义精神》中曾对现代企业家做了经典描述。他认为，无论是传统社会商人还是现代企业家，追求利润想赚钱的目的都一样，可以说他们都是"钱，只要能赚，他就想赚"。这种出于人本能的金钱冲动，从古至今对任何人都一样。但现代企业家赚钱的冲动是永恒的。"人竟被赚钱动机左右，把获利作为人生的最终目的。在经济上获利不再从属于满足自己物质需要的手段了。"换句话说，赚钱不是满足人生的某种需求，本身就是最终目的。用马克思的话来说，存在一种永无休止的追求剩余价值的冲动。韦伯把它解释为是敬仰上帝、为上帝服务的方式。正因为这样，他们赚了钱以后就不断扩大投资，再赚更多的钱。他们的钱主要用于追求赚更多的钱，于是就不断扩大生产规模。

中国的商帮经商是为了增加财富。他们中许多人都是被贫穷逼上了经商之路，致富后并不甘于一直经商。在传统社会中，商人被歧视，没有社会地位，无论多有钱，见了官仍然要下跪。这样，他们经商成功后就想要走上仕途。一种方法是家庭脱贫致富了，让子孙读书，通过科举入仕，才能"光宗耀祖"。他们不愿子孙继承自己的商业，甚至以经过商为耻。许多成功的徽商就不愿把自己经商的经历讲给子孙。还有许多商人无法进入仕途，则花钱买官，捐一个名义上的官衔，甚至为先人买官。也有一些淡泊名利者，不愿进入腐败的官场，在经商成功后"诗书传家"，从事各种文化事业。把经商作为终生事业的并不多。经商在他们看来仅仅是一种摆脱贫困的手段。目的达到，手段就无用了。

对经商的这种态度决定了他们赚到的钱并没有主要用于扩大投资，而是用于非生产性投资。

非生产投资首先是购买土地。在传统农耕社会中，土地是最基本的生产要素，"农为本"离不了土地。所以经商成功后就投资于土地。有时买地甚至成了一种"疯狂的行为"。以晋商来说，不仅在家乡买地，而且到外省买地。例如，清乾隆五十年（1786年），河南大旱，甚至一些大户人家也不得不贱卖土地。于是"山西富户闻风赴豫，乘机放价，准折地亩取利"。清道光年间，山西长治商人宋良弼在洛阳经商，遇上荒年，当地人卖地外迁，他"以贱值得膏腴田数万亩"。不仅晋商，各个商帮莫不如此，连作为海商的郑芝龙也是"田园遍闽广"。所以，中国传统社会商人都是商人兼地主，并非纯粹的商人。

在国人的思想中，房子和土地一样是可靠而保值的资产形式。看看今天山西煤老板在各地狂买房子，甚至整栋楼地买，就可以知道这种观念如何根深蒂固。因此各商帮的商人有钱之后第一件事就是盖房子。有商帮的地方都有辉煌的建筑。徽州的民居、晋商的大院、东西山上的别墅、粤商的豪宅尽皆已被烧毁，但当年也是中西合璧、富丽堂皇。晋商乔家大院占地8700平方米，房间313间。曹家的三多堂占地6700平方米，有房276间。常家大院的气派至今让人惊讶，类似的商人大院在各处都有，许多已成为名胜。徽商不仅在徽州有民居，在扬州还有园林式豪宅。

用不着的钱则用于窖藏。把钱藏起来是不能生钱的，追求无限利润的现代企业家不会如此做。但中国商人有这种爱好。徽商的窖藏甚多，在曾国藩镇压太平天国时，"纵兵大掠"，才有"窖藏为之一空"。晋商的窖藏之多，谁也说不清，家中的窖藏是在老一代去世时交代给下一代的，如果老一代遭意外而亡，后人就无法知道了。仅阎锡山当政时，一次就在渠家藏银之地挖银30万两。

当然，赚的钱也用于奢侈的消费。商人们在起家时是勤俭持家的，成功以后不少商人也保持了这种习惯。晋商有俭朴的传统。但极富之后，不肖子孙也在挥霍，祁县巨富侯家后人与冀家后人斗富，当时就颇为轰动。尤其是许多富人子弟吸食鸦片。曹家到了后期，全家抽大烟。各家抽大烟人数之多，相当惊人。清末太谷知县陈履和说，"风闻此帮愚民喜食鸦片"，"富家大族嗜之者无数矣，即中下之家，降至乡僻小户，无不视鸦片为布帛菽粟之须臾不可离"。蔚字五联号的侯家、日升昌的李家、日升昌大掌柜雷家、太谷曹家等大户人家都因吸鸦片而衰亡。清人李斗的《扬州画舫录》记载了徽商生活之奢华，甚至用金箔叠成小船顺流放下。"徽州商人，竞尚奢丽，一婚嫁丧葬，堂室饮食，名服与马，动辄数十万。"纳妾之风更盛，有的竞纳妾达百余名。奢侈的生活也包括"食不厌精"。如今位列八大菜系的徽菜、淮扬菜、粤菜、闽菜、鲁菜、上海本帮菜等都与商人的奢侈生活相关。至于养戏班子等享受也不鲜见，连不大的陕商都以在杭州购买小女孩组成的家族戏班子出名。

但商人们却不想把资金投资于扩大企业规模。晋商票号在开始时确定资本量后就不再投资。日升昌以30万两银子开业，尽管以后利润滚滚，但从未增加投资。

中国的商帮在社会转型之时没有从传统社会商人转变为现代企业家，是中国历史之悲。不过中国商帮中也有例外。宁波商帮、洞庭商帮和一部分粤商转变为现代企业家。他们原来都是传统商人，但在鸦片战争后进入上海，从当买办开始成为中国第一代现代企业家。

他们的转型客观上是由于鸦片战争后西方各国入侵。换言之，西方商人的进入给他们提供了刺激和机会。根据费正清的"刺激—反应"模式，中国社会靠自身转型极其困难，即使转型了也极为缓慢。但西方国家用枪炮打开了中国的大门，中国社会不转型也不行。同样，如果没有这种西方的冲击，传统商人很难转型。所以，中国第一代现代企业家的出现完全是西方国家进入而产生的结果。

从主观来看，这几个商帮一直从事对外贸易，与西方人接触相当多，也逐渐接受了西方人的思想。他们虽然也是传统商人，但即使那时他们也不保守、封闭，而是以开放的心态向西方人学习，从而自觉地走上转型之路，并成功了。

当绝大多数传统社会商人衰亡时，少数原来的传统社会商人实现了转型。他们也便成为新时代中国经济的希望。

2022.12.31

参考书目

张海鹏、张海瀛主编：《中国十大商帮》，黄山书社，1993年。

杨涌泉：《中国十大商帮探秘》，企业管理出版社，2005年。

王俞现：《中国商帮600年：1370—1956》，中信出版社，2011年。

王俞现：《权力资本与商帮：中国商人600年兴衰史》，北京联合出版公司，2020年。

凿空使者：《大商帮：探秘中国商业群落》，中原农民出版社，2008年。

梁小民：《走马看商帮》，上海书店出版社，2011年。

中国人民银行山西省分行、山西财经学院《山西票号史料》编写组、黄鉴晖：《山西票号史料》（增订本），山西经济出版社，2002年。

山西省政协《晋商史料全览》编辑委员会：《晋商史料全览》（共11卷），山西人民出版社，2006年。

高春平主编：《国外珍藏晋商资料汇编》（第1辑），商务印书馆，2013年。

山西财经大学"晋商研究经典文库"，包括：山西财经大学晋商研究院编：《晋商研究早期论集》（1，2）；实业部国际贸易局编：《中国实业志：山西·金融》；陈其田：《山西票庄考略》；卫聚贤：《山西票号史》；经济管理出版社，2008年。

山西财经大学"晋商研究当代文库"，包括：崔满红等：《商业文明演进与晋商转型研究》；张亚兰：《中国对外金融关系史》；孔祥毅：《晋商与金融史论》；王永亮：《票号仿生论》；山西财经大学晋商研究院编：《晋商与经济史研究》；陈啸等：《晋商企业制度与经营管理》；山西财经大学晋商研究院编：《山西票号研究集》；孙共青：《晋商学说史概论》；山西财经大学晋商研究院编：《晋商与中国商业文明》；乔南：《清代山西经济集聚论：晋商研究的一个视角》；陶宏伟：《民国时期统制经济思想与实践（1927—1945）》；毛成刚、乔南：《晋商文化与家族商业研究》；经济管理出版社，2008年。

（清）李燧、李宏龄著，黄鉴晖校注：《晋游日记·同舟忠告·山西票号成败记》，山西经济出版社，2003年。

刘建生主编、刘成虎副主编："晋商五百年"，包括：成艳萍、王阿丽：《典商春秋》；张世满、李萍：《粮油故道》；刘映海、乔增光：《镖行四海》；张朋、刘俊：《河东盐道》；王若非、刘阳：《走西口》；刘成虎、李宁：《保晋风云》；刘成虎、韩芸：《会馆浮沉》；郭三娟：《崇儒重教》；张喜琴：《万里茶路》；燕红忠、马建华：《江通天下》；刘建生、张哲、吴丽娟：《商界翘楚》；林柏、李泽平、郭小鹏：《经营谋略》；刘亚丽、王瑞芬、陈文慧：《商贾望族》；石涛、卫平：《院宇重楼》；山西教育出版社，2014年。

张正明：《晋商兴衰史》，山西古籍出版社，2001年。

黄鉴晖：《明清山西商人研究》，山西经济出版社，2002年。

黄鉴晖：《山西票号史》（修订本），山西经济出版社，2002年。

刘建生、刘鹏生等：《晋商研究》，山西人民出版社，2002年。

张国辉：《晚清银庄和票号研究》，社会科学文献出版社，2007年。

刘建生、刘鹏生、燕红忠等：《明清晋商制度变迁研究》，山西人民出版社，2005年。

刘建生、燕红忠、石涛、李若非等:《晋商信用制度及其变迁研究》,山西经济出版社,2008年。

程光、李绳庆:《晋商茶路》,山西经济出版社,2008年。

高春平:《晋商学》,山西经济出版社,2009年。

邓九刚:《茶叶之路:欧亚商道兴衰三百年》,内蒙古人民出版社,2000年。

张正明、孙丽萍、白雷主编:《中国晋商研究》,人民出版社,2006年。

周建波:《成败晋商》,机械工业出版社,2007年。

梁小民:《游山西话晋商》,北京大学出版社,2015年。

王路曼:《中国内陆资本主义与山西票号:1720—1910年间的银行、国家与家庭》,商务印书馆,2022年。

唐力行:《徽州宗族社会》,安徽人民出版社,2005年。

王廷之、王世华:《徽商》,安徽人民出版社,2005年。

张海鹏、王迁之主编:《徽商研究》,安徽人民出版社,1995年。

黄山市徽州文化研究院编:《徽州文化研究》,安徽人民出版社,2004年。

赵华富:《徽州宗族研究》,安徽大学出版社,2004年。

王振忠:《明清徽商与淮扬社会变迁》(修订版),三联书店,2014年。

唐力行:《明清以来徽州区域社会经济研究》,安徽大学出版社,1999年。

汪崇笃:《明清徽商经营淮盐考略》,巴蜀书社,2008年。

潘小平:《徽商:正说明清中国第一商帮》,中国广播电视出版社,2005年。

江淮论坛编辑部:《徽商研究论文集》,安徽人民出版社,

1985年。

刘淼辑译:《徽州社会经济史研究译文集》,黄山书社,1987年。

(澳)安东篱著,李霞译:《说扬州:1550—1850年的一座中国城市》,中华书局,2007年。

杨黎光:《大国商帮:承载近代中国转型之重的粤商群体》,广东人民出版社,2016年。

贾植芳:《近代中国经济社会》,辽宁教育出版社,2003年。

刘正刚:《话说粤商》,中华工商联合出版社,2008年。

黄启臣:《广东商帮》,黄山书社,2007年。

李刚、王琛:《大话粤商》,陕西人民出版社,2009年。

梁嘉彬:《广东十三行考》,广东人民出版社,1999年。

彭泽益:《广州洋货十三行》,广东人民出版社,2020年。

冷东、赵春晨、章文钦、杨宏烈:《广州十三行:历史人文资源调研报告》,广州出版社,2012年。

(英)孔佩特著,丁毅颖译:《广州十三行:中国外销画中的外商(1700—1900)》,商务印书馆,2014年。

范小静:《十三行故事:1757—1842年的中国与西方》,花城出版社,2012年。

赵春晨、冷东主编:《广州十三行与清代中外关系》,世界图书出版公司,2012年。

马学强、张秀莉:《出入于中西之间:近代上海买办社会生活》,上海群书出版社,2009年。

王涛:《明清海盗(海商)的兴衰:基于全球经济发展的视角》,社会科学文献出版社,2016年。

骆昭东:《朝贡贸易与仗剑经商:全球经济视角下的明清外贸政策》,社会科学文献出版社,2016年。

雪珥:《大国海盗:浪尖上的中华先锋》,山西人民出版社,2011年。

刘强:《海商帝国:郑氏集团的官商关系及其起源(1625—1683)》,浙江大学出版社,2015年。

张培忠:《海权战略:郑芝龙、郑成功海商集团纪事》,三联书店,2013年。

李刚、赵琨:《大话闽商》,陕西人民出版社,2009年。

张守广:《宁波商帮史》,宁波出版社,2012年。

林树建、林旻:《宁波商帮》,黄山书社,2007年。

王千马:《宁波帮:天下第一商帮如何搅动近代中国》,现代出版社,2015年。

李刚、梁丽莎:《大话浙商》,陕西人民出版社,2008年。

王翔:《话说浙商》,中华工商联合出版社,2008年。

范金民、夏爱军:《洞庭商帮》,黄山书社,2005年。

马学强:《江南席家:中国一个经商大族的变迁》,商务印书馆,2007年。

李刚、袁娜:《大话苏商》,陕西人民出版社,2008年。

李刚、李丹:《天下第一商帮:陕商》,中国社会科学出版社,2014年。

李刚、赵沛:《大话陕商》,陕西人民出版社,2007年。

贺三宝:《江右商帮兴衰:对区域经济社会影响研究》,世界图书出版公司,2017年。

李刚、史娟:《大话鲁商》,陕西人民出版社,2009年。